영남대학교 독도연구소
독 도 연 구 총 서 **29**

방법 · 사료 · 언론기사로 확인하는

독도영토주권의 재인식

이태우 저

박문사

머리말

　우리에게 독도는 무엇인가? 해방 후 지금까지 해마다 되풀이 되고 있는 일본의 독도 도발행위를 보노라면 참으로 징하다는 생각이 든다. 저렇게까지 억지 요구를 되풀이 하는 것도 쉽지 않을 텐데 끈질기게 되풀이 하는 것을 보면 한편으로는 그들의 집요한 공세가 무섭다는 생각이 들기도 한다. 일본의 어린 학생들이 배우는 역사교과서에 '독도가 일본의 고유영토'라는 왜곡된 지식을 주입함으로써 미래세대들에게 잘못된 역사관을 정당화하고 있다. 일본 정부가 매년 발표하는 외교청서와 방위백서에도 똑같은 주장을 되풀이 하고 있다.

　동해의 조그마한 외딴 섬 하나일 뿐인데 - 물론 우리에게는 엄청난 의미와 가치를 지닌 섬이지만 - 왜 저렇게 집요하게 영유권을 주장할까? 하는 생각을 가져볼 수도 있다. 그들의 도발에는 분명 단순하지 않은 의도가 숨겨 있으리라 생각된다. 독도에 대해 관심을 가지고 있는 사람들은 일본이 이렇게 도발을 거듭하는 이유를 '독도를 국제적인 분쟁지역'으로 만들어 국제사법재판소(ICJ)로 가기 위함이라고 한다.

　결국은 문제가 될 수 없는 '독도문제'를 국제적인 '문제'로 만들어 국제법적으로 영토의 소속을 밝혀보자는 것이 일본의 의도인 것이다. 소위 '독도문제' 처럼 소송에서 패하더라도 잃을 것이 없는 사안에 대해서는 집요하게 국제재판을 요구하면서도, 일제강점기에 우리민족에게 고통을 안겨준 수많은 과거

사에 대한 국제적인 관심사에 대해서는 온갖 구실을 내세우며 부인하고 있는 것이 그들의 본질이다.

이미 일본은 1954년 9월 25일 독도문제를 ICJ에 가서 해결하자고 제안한 바 있다. 이에 대해 우리 외교부에서는 1954년 9월 30일 성명서를 발표하여 일본의 독도문제 ICJ 제소에 대해 "과거 일본침략에 의해 최초로 희생된 독도를 또다시 점유하려함은 대일강화조약을 파기하고 한국을 재침하려는 의도"를 드러낸 것이라고 강력하게 반박하였다.

독도는 단순히 한·일간의 영유권 분쟁의 대상이 아니다. 독도는 한반도의 자주독립과 영토주권을 상징하는 한국인의 자존심이다. 1905년 제국주의 일본에 의해 대한제국의 외교권을 빼앗기고, 국권을 상실해가며 강제로 일본에 병합되던 시기에 한반도에서 가장 먼저 빼앗긴 땅이 독도였다. 독도는 "일제 침략에 의한 최초의 희생"이라는 우리정부의 입장은 지금까지 변함이 없다.

그럼에도 불구하고 일본이 계속적으로 독도영유권을 주장한다는 것은 곧 한국을 다시 재침하여 지배하겠다는 의사를 공공연히 드러낸 것이며, 이것은 한국의 완전한 해방과 독립을 부정하는 것이라고 할 수 있다. 나아가 그들이 저지른 침략전쟁과 범죄의 역사에 대한 정당성을 주장하는 것이라고 할 수 있다. 독도는 단순히 동해의 조그만 섬에 대한 영유권의 문제가 아니라, 일본과의 관계에서 잘못된 역사의 청산과, 완전한 주권확립을 상정하는 문제와 연관되어 있음을 기억해야 한다.

이 책은 필자가 그동안 학술지에 발표한 논문과 발굴자료 해제를 모아『독도영토주권의 재인식』이라는 총괄 주제 하에 한권의 단행본으로 재구성한 것이다. 통시적 관점에서 접근한 이 책의 전체 구성은 제1부와 제2부, 그리고《부록》편으로 이루어져 있다.

제1부는《근세·근대기 독도영토주권의 재인식》이라는 대주제 하에 관련 연구를 총5장으로 구성하였다. 제2부는《현대 이후 독도영토주권의 재인식》

이라는 대주제 하에 관련 연구를 총 4장으로 구성하였다. 책의 말미에는 연구 과정에서 발굴한 관련자료와 해제를 부록으로 수록하였다.

제1부 《근세 · 근대기 독도영토주권의 재인식》의 제1장과 제2장은 필자 나름의 독도학 연구방법론의 필요성을 제기하고 그 방법론, 즉 '해석학적 방법'과 '구술사적 방법'을 적용하여 연구한 논문들을 정리한 것이다. 제3장에서 제5장까지는 《일본 근세 · 근대 관찬문서에 나타난 울릉도 · 독도에 대한 지리적 인식》이라는 대주제 하에 발표한 세 편의 논문들을 주제에 맞게 시대 순으로 재구성한 것이다.

제2부는 《현대 이후 독도영토주권의 재인식》이라는 대주제 하에 1945년 광복 이후 독도영토주권을 재인식할 수 있게 해 준 관련 주요 이슈들을 시대 순으로 정리하였다. 제6장은 「1947년 조선산악회 울릉도 · 독도 학술조사단의 활동」, 제7장은 「1948년 독도폭격사건」, 제8장은 「1950년대 독도의용수비대와 제주해녀의 독도수호활동」을 독도영토주권의 재인식이라는 관점에서 각각 연구한 것이다. 마지막 제9장은 2012년 발간한 제2기 '시마네현 죽도문제연구회'의 최종보고서」에 수록된 「스기하라 보고서」를 비판한 논문이다.

마지막 《부록》편에서는 1948년 독도폭격사건 관련 정부 공문서인 「독도 연해어선조난사건 전말보고의 건」과 구한말 일제의 울릉도 침탈의 심각성을 건의한 지방의 선비가 올린 상소문인 「논울도사(論鬱島事)」를 자료원문과 함께 해제를 덧붙여서 소개한 글을 수록하였다.

전체 주제와 부합하지 않은 논문들도 있을 수 있지만, 이 점은 책의 성격상 독자들의 아량과 이해를 바란다. 학술서적이기는 하지만 일반 독자들이 가능한 쉽게 읽을 수 있도록 약간의 수정과 편집 작업이 이루어졌다. 이 책에 수록된 논문의 출처는 참고문헌에 제시해 놓았다.

독도연구의 특성상 특별히 한 분야의 전문적 지식만으로 연구될 수 없고,

인문·사회·자연과학을 아우르는 학제 간 연구와 융·복합 연구의 성격을 띨 수밖에 없다. 이 연구를 위해 국제법, 역사학, 지리학 등 여러 학문 전공자들의 선행 연구와 직·간접적인 도움이 없었다면 연구도 출판도 불가능했을 것이다. 특히 신용하·김명기·이상태 교수님 등 원로 교수님들이 각고의 노력으로 이루어 놓은 선행연구에 많은 도움을 받았으며, 이 분들이 열정과 헌신으로 독도학계를 이끌어주신 것에 감사를 드린다.

또한 필자가 발표한 논문의 완성도를 높이기 위해 귀중한 논평을 해주시고 질정을 아끼지 않으신 대구대 최장근 교수님, 대구한의대 김병우 교수님, 동북아역사재단 홍성근 박사님, 독도재단 김수희, 박경근 박사님께도 감사드린다. 무엇보다 영남대 독도연구소 최재목 소장님과 연구소 동료 교수들인 송휘영, 박지영 교수님, 연구소 식구들의 격려가 있었기에 이 책이 세상에 나올 수 있게 되었다. 어려운 출판사정에도 불구하고 흔쾌히 출판을 결정해주신 박문사의 윤석현 사장님께 심심한 감사를 드리며, 원고 전체를 꼼꼼히 읽고 교정해주신 김은령 박사님의 노고에도 사의를 표한다. 독도연구를 하면서 건설적 토론과 비평을 해주신 주위의 모든 분들에게 감사의 마음을 전한다.

2023. 3. 1
昊然齊에서

차례

제2부 현대 이후 독도 영토주권의 재인식

제1부

근세·근대기 독도 영토주권의 재인식

제1장

1696년 안용복·뇌헌 일행의 도일과 의승수군의 역할

1. 안용복·뇌헌 일행의 2차 도일에 대한 몇 가지 의문

안용복은 지금까지 독도를 지킨 위인, 영웅호걸, 장군 등으로 불리고 있다. 정확한 통계를 계산해보지는 않았지만 국내 독도 관련 학술논문을 검색해보면 안용복과 관련한 논문들이 가장 많은 숫자를 차지할 것이다. 한국의 독도 영유권 주장을 위해서 가장 중요한 역할을 한 사람이 바로 안용복이라는 사실에 이의를 달 사람은 없을 것이다. 그만큼 독도영토주권을 둘러싸고 끊임없이 도발을 자행하는 일본에 대해 안용복은 넘을 수 없는 큰 장벽과 다름없는 존재이다.

반면에 독도 침탈 야욕을 버리지 못하고 있는 일본의 죽도영유권론자들은 안용복을 눈에 가시처럼, 아킬레스건처럼 여기고 그의 인물됨과 행위를 폄훼하는데 진력함으로써, 안용복의 도일이 우발적이고 일탈된 개인의 영웅주의적 행위에서 비롯된 것이라 주장한다.

17세기 후반 안용복은 두 번이나 일본으로 건너가 울릉도·독도에 대한 영유권을 주장함으로써 마침내 조·일 양국의 울릉도쟁계를 통해 울릉도·독도에 대한 영유권을 최종 인정받고, 〈울릉도(독도) 도해금지령〉을 이끌어 내었던 것이다. 이처럼 안용복은 독도영토주권을 확립한 상징적 인물로서 그의 공적은 결코 과소평가될 수 없을 것이다.

그런데 지금까지 안용복의 도일 관련 연구는 대부분 안용복 개인의 주도적 기획에 따라 실행에 옮긴 것으로 초점이 맞춰져왔다. 물론 1693년의 1차 도일은 의도치 않은 납치로 인해 안용복과 박어둔이 강제로 일본에 끌려간 것으로 잘 알려져 있다. 그런데 1696년 2차 도일을 감행했을 때는 안용복을 포함해 11명이 함께 건너갔으며, 그 중에는 뇌헌을 포함한 5명의 승려들이 동행한 것으로 기록에 나타나 있다. 구체적인 기록은 에도시대 일본 고문서인『원록9병자년조선주착안일권지각서』와『죽도기사』등에서 잘 확인할 수 있다. 또한『숙종실록』 1694~1697년의 기록에도 안용복과 그 일행의 도일과 관련한 사실들이 잘 기술되어 있다.

　여기서 우리는 안용복의 2차 도일과 관련해 두 가지 의문점을 제시할 수 있다. 즉 ① 안용복의 2차 도일은 안용복 자신의 사적 목적을 달성하기 위해서 그가 주도적으로 기획하고 추진한 것이며, 나머지 10명은 단순히 그의 기획에 따라 동행하고 지시에 따르기만 한 것인지? 아니면 ② 안용복이 순천승(여수 흥국사) 뇌헌 일행 5명과 뇌헌의 조카 이인성, 순천 낙안 사람 김성길 등의 주축 인물들과 협력을 통해 모종의 공동 목적을 달성하기 위해서 도일을 도모하고 실행에 옮긴 것인지?

　①에 따르면 뇌헌 등 5명의 승려들은 장사를 하면서 이득을 취하는 떠돌이 상승으로 간주되어, 단순히 지휘자 안용복의 지시에 따라 도일에 따른 대가성 보상을 받는 수동적 참여자로 파악된다. ②에 따르면 뇌헌과 그의 제자 등 일행 5명은 전라좌수영 소속 의승수군으로서 뇌헌의 조카 이인성, 순천 낙안 사람 김성길 등의 주변 인물들과 협력해서 안용복과 함께 모종의 공동 목적을 수행하기 위해서 도일한 것으로 볼 수 있다. 요즘 말로하면《울릉도·독도 영토 주권 확립을 위한 민·관합동TF팀》을 구성한 것으로 볼 수 있다. 물론 이들의 배후에는 숙종과 남구만 등 조선정부의 의지가 개입되어 있었을 것이다.

현재까지 1696년 안용복의 도일과 관련한 문헌들을 보면 대체로 ①의 입장에서 기술한 것으로 볼 수 있다. 따라서 최근까지 안용복 관련 연구들은 대부분 ①의 입장을 따르고 있다고 할 수 있다. 그렇지만 이 ①의 입장에 따르면 결과적으로 에도막부가 〈울릉도(독도) 도해금지령〉을 내림으로써 울릉도·독도의 영유권을 조선정부에 인정하게 되지만, 도해 동기는 애초에 안용복과 그 일행의 사적 이익을 도모하기 위함인 것으로 간주되어 국가의 정책적 의도와는 무관한 개인의 일탈적 행위로 파악된다.

그러나 ①의 해석을 통한 안용복의 2차 도일에 대한 연구가 주류이지만, 우리는 ②의 해석가능성도 배제할 필요는 없다. 왜냐하면 자연과학과는 달리 인문·사회과학(정신과학)에서 해석의 가능성은 언제나 열려 있기 때문이다. ②의 해석이 저자의 주관적 '선입견'에 의한 것이라 하더라도, 이 '선입견'은 새로운 이해와 해석을 가져다 줄 수 있는 해석학적 순환(hermeneutischer Zirkel)을 가능하게 하기 때문이다.[1] 비록 현재는 ①의 해석이 주류 해석이라 하더라도 새로운 증거나 사료가 발견되어 ②의 해석이 사실로 인정될 가능성도 배제할 수 없다. 왜냐하면 안용복의 2차 도일과 관련한 학계의 주류 입장 즉 ①의 패러다임(정상과학=기존학설)은 '변칙현상'과 '위기'의 출현(과학혁

---

1 W. 딜타이, 손승남 옮김, 『해석학의 탄생』, 지식을 만드는 지식, 2008 참조; 해석학적 순환이란 전승된 어떤 텍스트 전체의 의미에 대한 이해는 텍스트의 부분들에 대한 해석에 의해 이끌리고, 역으로 부분들에 대한 해석은 텍스트 전체의 의미에 대한 선취로부터 인도된다는 것, 말하자면 텍스트의 전체와 부분의 상호 규정을 가리킨다. 따라서 "해석학에서는 순환을 피하는 것이 아니라 적극적으로 그 순환에 휘말려들어가 순환 과정을 반복함으로써 오히려 해석이 완성되고 이해에 이르게 된다고 본다."(W, 딜타이, 이한우 옮김, 『체험·표현·이해』, 책세상, 2009, 130쪽.) 이때 '선입견'은 더 진전된 해석학적 이해에 도달하기 위한 긍정적 역할을 수행하게 된다. 일반적으로 우리는 '선입견'을 진리인식을 방해하는 부정적 요소로 인식한다. 그러나 '선입견'이나 '전통'이라는 개념이 진리에의 길을 막는 것은 우리가 한 번 가졌던 '선입견'이나 '전통'을 고집해서 그것을 철회하지 않있기 때문이다. 자신의 신입건을 고집하면 우리는 독단과 권위적인 주관주의로부터 벗어날 수 없다.

명=비판적 학설)과 함께 얼마든지 ②의 패러다임(새로운 학설)으로 바뀔 수 있기 때문이다.[2]

그렇다면 ②의 해석가능성을 제기하는 이유는 무엇인가? 위에서 언급했듯이 ①의 해석에 따르면 1696년 안용복의 도일은 안용복 개인의 일탈된 영웅주의에서 비롯된 행위로 영토에 대한 국가의 공적 관리 의사가 포함되지 않은 행위인 것이다. 그러나 ②의 해석에 따르면, 1696년 안용복의 도일은 울릉도·독도에 대한 영유권을 확인받기 위해 전라좌수영 소속 정규군인 의승수군을 투입한 것으로 《울릉도·독도 영유권 확립을 위한 민·관 합동 TF팀》을 구성하여 영토에 대한 국가의 공적 관리 의사를 표명한 행위로 간주될 수 있다.[3] 그렇다면 이러한 ②의 주장의 근거로서 의승수군의 존재와 역할, 조

---

2 토마스 쿤, 김명자·홍성욱 옮김, 『과학혁명의 구조』, 까치, 2014(제4판 3쇄) 참조.

3 안용복과 뇌헌 일행이 《울릉도·독도 영유권 확립을 위한 민·관 합동 TF팀》을 구성하여 도일하였다는 필자의 주장과 유사한 견해들이 최근 몇몇 학자들에 의해 제기되었다. 학자들에 따라 그 내용이 조금씩 다르기는 하지만 대체적으로 '안용복 밀사설'로 수렴되고 있다(최영성, 『조선의 밀사 안용복』, 도서출판문사철, 2019 참조). '안용복 밀사설'과 관련한 선행연구들로는 권정, 「독도에 관한 일본 고문서 연구－『竹島渡海由來記拔書控』을 중심으로」, (『일본문화연구』 38, 2011); 권정, 「숙종실록 기록으로 본 안용복－안용복 진술의 타당성에 관해－」(『일본언어문화』 19, 2011); 권정, 「안용복의 울릉도 도해의 배후－동래부사와 부산첨사－」(『일본어문학』 55, 2011); 권혁성, 「순천승 뇌헌의 일본 도해: 호국승으로서의 뇌헌」(『일어일문학』 55, 2012); 권오엽, 「안용복의 호패」(『일본문화학보』 64, 2015); 권오엽, 「남구만의 밀사 안용복」(『일본어문학』 65, 2015) 등이 있다. 반면 안용복의 도일을 "자신의 이익에 대한 기대와 함께 일본에 대한 개인적인 울분과 적개심이 국가적 차원으로 확대된 경우"로 보거나(윤재환, 「약천 남구만이 바라본 안용복의 의미」, 『동방한문학』 제69집, 동방한문학회. 2016, 323쪽; 김병우, 「안용복 연구현황과 과제」, 『경주사학』 34, 2011.12), 안용복의 2차 도일은 1차 도일 때 받은 냉대에 대한 항의 목적일 뿐이며, 안용복은 독도를 지킨 영웅이 아니라고 하는 주장(이케우치 사토시), 또는 "안용복의 개인적 피해에 대한 보상을 요구하기 위해"(박지영, 「돗토리번 사료를 통해 본 울릉도쟁계－몇 가지 쟁점에 대한 검토를 중심으로－」, 『독도연구』 25호, 2018.12, 243-244쪽) 도일한 것으로 보는 입장이 있다. 이와 관련한 가장 최근의 논의는 유미림에 의해 다루어졌다. 유미림은 「'안용복 밀사설'에 관한 비판적 고찰」(『독도연구』 27호, 2019.12, 123-161쪽)

직, 뇌헌과의 관계는 무엇인가? 이하에서는 안용복과 뇌헌 일행의 1696년 2차 도일의 성격을 '의승수군'을 중심으로 재조명해본다.

2. 의승수군의 주진사(駐鎭寺) 흥국사

여수 영취산 흥국사는 고려시대인 1196년(명종 26) 지눌(知訥)이 창건하였으며, 나라가 흥하면 이 절도 흥할 것이라는 흥국의 염원을 담고 있어 흥국사라 하였다고 한다. 즉, 변방의 국찰(國刹)로, 나라의 안정과 융성을 기원했던 기도처로, 불법 그 자체보다는 호국을 우선으로 창건된 호국사찰이다.

흥국사는 1696년 안용복과 뇌헌 일행이 일본으로 건너갔을 때 승려 뇌헌(雷憲)이 소속되어 있던 사찰이다. 『숙종실록』 30권 기록 〈동래 사람 안용복 등이 일본국에서 왜인과 송사하고 돌아오니 잡아 가두다〉에 따르면 뇌헌은 네 명의 순천승(現 여수 흥국사 승려) 제자들과 함께 안용복 등 총11명이 일본에 가서 울릉도·독도 영유권 주장을 위한 송사를 하고 돌아왔다고 기록하고 있다. 이 때 동행한 흥국사 소속 승려들의 명단을 보면 뇌헌(雷憲), 연습(連習), 승담(勝淡), 영률(靈律), 단책(丹責) 등 5명이다.[4] 뇌헌을 포함한 이들 흥국사 승려들에 관한 기록은 『숙종실록』과 『원록9병자년조선주착안일권지각서』(이하 『원록각서』), 『죽도기사』 등에 공통적으로 나타나 있기 때문에

에서 '안용복 밀사설'을 두가지 설로 구분하여 '안용복 밀사'설-1: 남구만의 밀사 안용복, '안용복 밀사'설-2: '조선정부의 밀사 안용복'설로 구분한 후, 1의 논지(권오엽)를 수용하고 구체화한 2의 논지(최영성)를 검토하고, 이 주장의 타당성을 검증하기 위한 비판을 시도하였다.

4 『숙종실록』 30권, 숙종 22년 8월 29일 기사 참조; 『인번지』, 『죽도고』에서는 이들 5명을 '대솔승(帶率僧)'이라 하였으며, 대솔이란 본디 한 집안에 딸린 식구란 의미다. 이는 승려 5명을 한 집단, 즉 의승수군 출신으로 추정할 수 있는 근거다(최영성, 『조선의 밀사 안용복』, 도서출판문사철, 2019, 125쪽).

논란의 여지가 없을 것이다. 다만 『원록각서』 발견 초기에 원문 해석상에 오류가 있어 흥국사를 흥왕사로 잘못 해독함으로써, 흥국사의 위치에 대한 혼돈이 있기도 했다.[5] 순천부 흥국사, 즉 지금의 여수시 흥국사는 고려시대부터 현재의 장소에 위치하고 있었으며, 여수와 순천 일대에 흥왕사라는 절은 예나 지금이나 존재하지 않는다.

흥국사를 언급하는 이유는 뇌헌 일행이 소속된 사찰이기도 하지만, 임진왜란 이후 조선시대 말까지 약 300년간 의승수군이 주둔했던 주진사(駐鎭寺)였기 때문이다. 전남 여수시에 있는 흥국사는 호국사찰로서 임진왜란과 떨어져 생각할 수 없는 사찰이다. 임진왜란이 발발했을 당시 흥국사에의 의승수군 대장 자운과 옥형 두 스님이 승려 300여명을 이끌고 이순신 장군을 도와 수군으로 활약하게 된다. 흥국사는 이순신 장군이 마지막 전투에서 전사한 남해 바다 노량과 인접해 있어서, 흥국사 승려들은 이순신 장군 휘하에서 수군으로 투입되어 뛰어난 전과를 올리게 된다.

---

5 『원록9병자년조선주착안일권지각서』는 2005년 영남대 독도연구소 『독도연구』 창간호(233-288쪽)에 처음 탈초 · 번역 소개되었다. 원문(237쪽)과 탈초문(253쪽)에는 흥국사(興旺寺)로 되어 있으나, 번역문(291쪽)에는 흥왕사(興旺寺)로 오역되어 있어서 한동안 연구자들이 흥왕사의 소재지를 확인하기 위해 헤맨 적이 있었다. 그러나 원문의 旺사가 '왕'이 아니라 國(국)의 고자(古字)인 '고'이라는 사실은 한자대사전이나 네이버 한자 사전 등에서도 쉽게 확인 가능하기에 뇌헌을 포함한 5명의 승려들이 소속된 사찰이 '흥국사'라는 것이 근년에 들어와서 확인되었다. 같은 오류가 『원록각서』(권오엽 · 오니시 토시테루 주해, 제이앤씨, 2009, 52-53쪽)에도 나타난다. 최근 정태상은 『원록각서』상의 '흥국사'와 '금오산'에 관한 깊이 있는 연구를 시도하여, 이와 관련한 논란을 불식시킬 수 있는 연구성과를 발표한바 있다(정태상, 「안용복 2차도일 당시 순천승 뇌헌의 역할」, 『세계역사와 문화연구』 54집, 한국세계문화사학회, 2020. 4, 29-35쪽 참조).

[그림 1] 여수 흥국사 의승수군 유물전시관

　임진왜란 당시 서산·사명 등 육지에서 활약한 승병들을 의승군이라 불렀
으며, 흥국사를 주진사로 삼아 전라좌수영에 소속되어 수많은 해전에서 활약
한 자운·옥형 등이 이끈 승병들은 의승수군(義僧水軍)으로 불렀다.[6] 즉 의승
수군은 승려로서 임진왜란 때 수군에 참전한 의병들을 가리킨다. 임진왜란
이전의 시기에 나라의 전쟁에 참여한 승려들은 일반적으로 승군이라 하고,
임진왜란, 정유재란, 병자호란, 정묘호란에 참전한 승려들은 그와 구별하여
의승군이라 한다. 흥국사에 의승수군유물전시관이라는 건물이 별도로 존재
하는 것은 이 사찰이 임진왜란 당시 주진사였기 때문이다.[7]

6　진옥 편,『호국의 성지 흥국사』, 흥국사, 2003(개정판), 71-77쪽 참조.
7　이와 관련한 연구는 김덕수,『임진왜란과 불교의승군』, 경서원, 1993, 291-330쪽; 김
　　용태,『조선 후기 불교사 연구』, 신구문화사, 2010; 김용태,「조선 중기 의승군 전통에
　　대한 재고」,『동국사학』, 2016; 양은용,「임진왜란과 호남의 불교의승군」,『한국불

흥국사가 다른 사찰에 비해 특별한 것은 공북루(拱北樓) 때문이다. 일반적으로 사찰 배치구조상 공북루가 있는 곳은 매우 드물다. 공북루는 성의 북쪽에 해당하는 데, 북쪽 성문은 성문의 북쪽에 임금이 있다하여 공북(拱北)이라했다. 그렇기 때문에 흥국사도 승군이 있었으므로 성문이 있었던 것은 당연한 일이다. 1893년 절도사 이봉호가 쓴 「흥국사공북루중수기(興國寺拱北樓重修記)」가 남아 있어 확인할 수 있으며, 건물에 걸려 있던 현판도 남아 있어 19세기 말까지 흥국사에 의승수군이 주둔하고 있었음을 확인할 수 있다.[8] 즉 공북루는 일주문처럼 사찰의 문을 가리키는 용어가 아니라 북쪽 성문 위에 세워진 누각이다. 따라서 절의 출입문을 '공북루'라 불렀다는 것은 임진왜란 당시 이 지역 사람들이 흥국사를 단순한 절이 아니라 군대 주둔지로 인식했다는 사실을 알게 해준다.

임란 이후에도 흥국사는 의승수군의 본영으로서 역할을 충실히 수행했다. 전라좌수영 절도사의 군무 통제 하에서 17~18세기 흥국사에는 많을 때는 700여명에 이르는 승군이 머물렀다고 전해지기도 하나, 19세기말까지 약 300년간의 기간 동안에 300명 내외의 의승수군들이 항상 흥국사에 진주하고 있었다. 흥국사 승군의 규모와 지위는 타 지역에 거주하는 승군들과 비교되는데, 흥국사 의승수군의 수장은 팔도도총섭의 직함을 지니고 있었다. 이처럼 조선시대 최고의 승군주둔지로 자리하면서 그 위상을 떨쳤던 곳이 흥국사이다.

교』 19집, 원광대학교 종교문제연구소, 1994; 양은용, 「임진왜란 이후 불교의승군의 동향－전주 송광사의 개창비 및 신출 복장기를 중심으로－」,『열린정신 인문학연구』 4, 원광대학교 인문학연구소, 2003 참조.
8 진옥, 같은 책, 159쪽.

3. 의승수군의 규모 및 역할

임진왜란 당시 전국에서 수군으로서의 승군은 전라좌수영과 흥국사를 중심으로 한 의승수군이 처음이었다. 1592년 처음 400명이 조직되어 스스로 군량을 조달하고, 또 관군에 군량을 확보해주기도 했다. 이듬해에 다시 300여 명으로 정비되어 활동을 해오다가 전쟁이 끝난 후에도 조직이 해체되지 않고 전후의 수습에 힘을 기울였다. 임진왜란 후 의승수군들에 관한 기록들을 보면 엄한 군율에 따라 조직을 관리하였음을 확인할 수 있다.[9]

절도사의 승군에 대한 담화문인 「완문흥국사(完文興國寺)」(1653.11)의 내용 중에는 "본사 승도는 이미 성을 지키는 군졸인즉, **임의로 이주하는 것을 금하고 군율에 의해서 처벌한다.** 본사에서 삭발하고 다른 절로 이주하는 자는 대사(大師), 수좌(首座) 이외에는 소재지를 알릴 것이며, 일일이 소환토록 경고한다."라고 명시되어 있다.[10] 이는 의승수군 승려들이 임의로 주둔지인 흥국사를 벗어나는 것을 경고한 군령인 것이다. **이러한 엄한 군령에 의거해서 볼 때 안용복 일행을 싣고 도일했던 선박과 금오승장 뇌헌과 그의 제자인 5명의 의승수군들이 상부의 특별한 지시나 허락 없이 주둔지인 흥국사를 벗어난다는 것은 생각할 수 없는 일이다.** "의승수군이 전라좌수영 소속 군인이기에 이들 5명이 일본에 들어가는 것은 전라좌수사의 비밀 허가나 묵인 없이는 불가능한 일이다."[11]

만약 그렇지 않다면 이들은 전라좌수영 군영을 무단으로 이탈, 말하자면 탈영하여 안용복 일행과 합세하여 도일하였다는 말이 된다. 이순신 장군의 영향으로 임란 후에도 엄격한 군율을 유지하고 있었던 전라좌수영 소속 군인

---

9 진옥, 같은 책, 82-83쪽.
10 진옥, 같은 책, 84-85쪽.
11 최영성,『조선의 밀사 안용복』, 도서출판문사철, 2019, 85쪽.

들이 무단 탈영하여 일본을 다녀 온 후 체포되었지만, 안용복, 이인성을 제외하고 모두 석방되었다. 이들은 다시 전라좌수영 산하 흥국사 의승수군에 복귀했을 것이다. 그런데 이들 뇌헌을 비롯한 5명의 탈영병은 자대인 전라좌수영에 복귀해서 아무 일 없었다는 듯이 다시 복무하였을까? 아마도 안용복 못지않은 처벌을 받아야만했을 것이다. 그 중 가장 큰 처벌을 받아야 할 사람은 승장 뇌헌일 것이다.

그런데 뇌헌은 1703년 흥국사 중수에 큰 역할을 하여 대웅전 공포 사이 벽면에 '뇌헌 비구'라는 시주자 그림과 이름이 올려져 있다.[12] 군대를 무단이탈하고 월경하여 국가적인 큰 물의를 일으킨 자를 조선조정의 왕과 대신들은 왜 죄가 없다고 석방해주었을까? 그리고 소속 부대로 복귀한 뇌헌 일행은 아무런 처벌 없이 흥국사 중창불사에 공헌하고 공적을 인정 받았을까? 미스테리한 일이다. 숙종과 영토확장주의 국방정책[13]을 추구한 남구만 등의 묵인이 없이 과연 가능할 수 있는 일이었을까? 따라서 "안용복 일행의 도일에 뇌헌을 비롯한 의승수군 5명이 동행했다는 것은, 그들의 도일이 조선 조정의 고위급 관리와 비밀리에 연결되었음을 시사한다."[14]

---

12 『靈鷲山興國寺重修事蹟碑』(1703년) 및 본 논문 〈그림2〉 '흥국사 대웅전 벽화에 있는 뇌헌 그림' 참조.
13 남구만의 영토수호와 관리를 위한 적극적인 입장은 그의 국방정책에 잘 담겨있다. 이와 관련한 논의는 강신엽, 「남구만의 국방사상」, 『민족문화』 14, 한국고전번역원, 1991; 성당제, 「약천 남구만의 고토 회복의지」, 『한문학보』 10, 우리한문학회, 2004; 이규철, 「약천 남구만의 북변 상소와 폐사군 · 厚州鎭 설치 논의」, 『한국인물사연구』 26, 한국인물사연구회, 2016; 윤재환, 「약천 남구만이 본 안용복의 의미」, 『동방한문학』 69, 동방한문학회, 2016.
14 최영성, 같은 책. 129쪽.

[그림 2] 흥국사 대웅전 벽화에 있는 뇌헌 그림

그렇다면 조선 조정의 지시에 의해 안용복·뇌헌 일행이 도일했다면, 왜 승선 인원의 절반에 해당하는 5명의 군인들을 정규군인 관군이나 좌수영 수군으로 구성하지 않고 승려 신분인 의승수군을 파견했을까?

그 이유는 ① 정규군을 파견함으로써 야기될 수 있는 일본과의 군사·외교적인 분쟁을 피하기 위해서라고 할 수 있다. 즉 조선 조정에서는 어리석은 백성들이 자신들의 사사로운 이익을 위해서 알아서 건너간 것이라고 하면 조선 정부는 책임을 피할 수 있기 때문이다.[15] 따라서 준군사적인 성격을 지닌 의승수군을 파견했다고 볼 수 있다.

---

15 최재목·이태우·박지영·정태만 편,『울릉도·독도로 건너간 거문도·초도 사람들』, 영남대 독도연구소 자료총서9, 도서출판 선인, 2019, 275-276쪽 참조.

또 하나는 ② 이들 의승수군이 좌수영 수군조직 내에서 맡은 역할과도 관련이 있다. 이순신 장군의 『난중일기』에서도 언급되고 있듯이, 임진왜란 당시 이들 의승수군은 해상전투에서 가장 첨병의 역할을 맡았다. 오늘날로 보면 특수임무를 수행하는 돌격대 또는 유격대, 해병대와 같은 역할을 맡았다고 할 수 있다. 따라서 **뇌헌 등 5인의 흥국사 소속 의승수군들은 안용복, 이인성 등 민간인 소송단들을 안전하게 보호하고 호송하는데 적임자들**이었을 뿐만 아니라, 일본과의 군사 · 외교적인 분쟁을 피할 수도 있는 조선 정부의 절묘한 선택이라 할 수 있다.

마지막으로 ③ 전라좌수영 소속 승장 뇌헌과 경상좌수영 소속 능로군[16] 안용복은 공통적으로 수군 소속 신분이었다. 이들 일행은 일본 에도막부에 울릉도 · 자산도(독도)가 조선의 영유임을 확인받기 위한 소송 목적도 있었지만, **일본 국내 상황에 대한 정찰 또는 정탐 목적**도 있었다. 이미 조선정부는 임진왜란(1592), 정유재란(1597), 병자호란(1636) 등 외적들의 침입을 받으면서 국토가 유린되고, 국권이 침탈되는 치욕을 겪은 바 있다. 따라서 내부적으로는 국방을 강화해야하지만, 외부적으로는 되풀이 되는 전쟁의 참화를 피하기 위해 일본의 재침 의도를 지속적으로 감시하고 정보를 수집해야할 필요성이 있었을 것이다. 일본의 군사적 동향을 파악하기 위해서도 군인 신분이었던

---

16 안용복과 거의 같은 시기를 살았던 실학자 성호(星湖) 이익(1681~1763)은 『성호사설』에서 "그가 동래부(경상좌수영) 전선의 노를 젓는 일을 맡은 군사로, 진작부터 왜관을 출입해 일본어를 잘했다"라고 기록하고 있다. 『증보문헌비고』 권31, 여지고 19에도 "동래의 안용복은 능로군으로 왜어에 능했다"고 소개하고 있다. 물론 오카지마 마사요시가 편찬한 『죽도고』(1828)에는 서울에 사는 오충추의 '사노비'로 부정적으로 묘사하고 있으며, 지금도 일본의 '죽도문제연구회'에서는 똑같이 안용복을 '노비 출신 사기꾼'으로 폄훼하고 있다. 이것은 특정인의 신분이 비천하다고 비판함으로써 그 사람이 성취한 업적까지도 평가절하 하는 오류('인신 공격의 오류')에 빠진 잘못된 추론이다. 안용복의 신분과 관련된 연구는 한일 양국의 문헌자료 비교를 통해 보다 면밀히 검토되고 고증되어야 할 과제이다.

이들의 역할이 필요했을 것이다. 이러한 필요성에 의해 안용복과 뇌헌 일행이 도일한 것이다.

4. 울릉도 · 독도 영토주권 수호를 위한 민 · 관 합동 TF팀의 구성

전라좌수영 산하의 의승수군은 육상전투를 이끈 휴정(서산대사) · 유정(사명대사) 등과 같이 전국석 조직망에서 활동한 것이 아니라, 전라좌수군에 자원종군하며 이순신의 지휘에 따라 활동하였다. 이순신의 기록에 의하면[17]

> … 각 고을에 통문을 보내어 여러 사찰에 은닉한 승려들과 병적에 들지 않은 사람들을 모두 적발하여 석주 · 도탄 · 두치 등지에 나누어 파수보도록 하였더니, 승려들이 소문을 듣고 즐거이 모여들어 한 달 이내에 4백명이나 되었는데, 그 중 용맹과 지략을 가진 자들로 순천 사는 승 삼혜는 시호별도장, 흥양 사는 승 의능은 유격별도장, 광양 사는 승 성휘는 우돌격장, 광주 사는 승 신혜는 좌돌격장, 곡성 사는 승 지원은 양병용격장으로 정하고 … 승장 삼혜 · 의능 등에게는 전선을 나누어 주어 수선하여 갈라 타고 바다로 나가도록 명령하였습니다.

임진왜란 당시 의승수군은 주요부대의 보충이나 예비의 성격이 아닌, 자체적으로 부대를 통솔하여 능동적으로 전투를 전개하였음을 알 수 있다. 위에서도 언급했듯이 이들의 주요 임무는 오늘날로 보면 특수임무를 수행하는 돌격대 또는 유격대, 해병대와 같은 역할을 맡았다고 볼 수 있다. 전라좌수군으로서의 의승수군은 전라좌수영 인근에 있는 흥국사에 주둔하여 활약하였으며, 특히 삼혜(자운, 慈雲) · 의능(옥형, 玉炯) 두 승장의 활동이 두드러졌다. 이러한 전통을 이어 임진왜란 이후부터 1894년 갑오경장으로 전라좌수영이

---

17 『이충무공전서』 권3, 「分送義僧把守要害狀」.

폐영되기까지 300명의 승려들이 상비군으로서 전라좌수군으로 편제되어 있었음을 알 수 있다.[18]

흥국사에 주둔해 있었던 전라좌수영 소속 승군의 조직은 처음부터 관군에 예속된 것이 아니라 독자적으로 유지되었다. 「완문흥국사」 현판(1653)에 "승군을 영문에 전속시키면 승군들이 반대하고 승군을 줄이면 승군 본래 창설 취지에 위배되어"라는 구절에서 알 수 있다. 그 후에도 1729년의 「봉황대루상량문」에 승군대장 3명과 승병 300여명, 1779년에 기록된 「수성비」에도 승군 300여명, 1780년의 「선당수습상량문」에도 승장 3인과 300여명의 승병, 1803년의 「적묵당상량문」에도 300여명의 승병, 1812년의 「심검당상량문」에도 300명의 명단 등을 볼 때 임진왜란이 끝난 1598년 이후 1812년까지 적어도 300여명의 승군편제를 유지하고 있었음을 알 수 있다. 이처럼 전라좌수영 소속 의승수군은 흥국사를 중심으로 20여개의 산내 암자에 분산해 있으면서 수행과 호국의 책무를 병행하며 300여 년 간 존속하였다.[19]

전라좌수영 소속 의승수군이 300여 년간 존속해왔음은 1815년에 간행된 『호좌수영지(湖左水營誌)』(해군사관학교본)과 1847년에 간행된『호좌수영지(湖左水營誌)』(규장각본)를 통해서도 입증되고 있다. 『호좌수영지』에 따르면 전라좌수영의 편제와 좌수영 시설 내에 의승수군이 하나의 단위부대로서 운영되고 있었음을 잘 확인할 수 있다.[20]

---

18 신윤호, 「『호좌수영지』를 통해 본 전라좌수군의 운영과 충무공 현창」, 『충무공 이순신과 한국해양』 3, 해군사관학교 해양연구소, 2016, 83-84쪽.

19 진옥, 같은 책, 86-87쪽.

20 의승수군이 전라좌수영에 편제되어 실제 전투부대로 약 300년간 운영되어 온 사실은 『호좌수영지』(해사본-1815), 『호좌수영지』(규장각본-1847)에 각각 기록되어 있다. 이와 관련한 상세한 논의는 다음 논문을 참조할 것. 송은일, 「『호좌수영지』를 통해 본 전라좌수영의 편제와 시설」, 『충무공 이순신과 한국해양』 3, 해군사관학교 해양연구소, 2016, 47-73쪽; 신윤호, 「『호좌수영지』를 통해 본 전라좌수군의 운영과 충무공 현창」, 『충무공 이순신과 한국해양』 3, 해군사관학교 해양연구소, 2016, 74-97쪽.

〈표 1〉 문헌별 전라좌수영 군사편성의 비교[21]

(단위: 명)

구분	만기요람 (1808)	호좌수영지 (해사본-1815)	호좌수영지 (규장각본-1847)
전라좌수사(全羅左水使)	1	1	1
우후(虞候)	1	1	1
대솔군관(帶率軍官)			9
화사(畫師)			1
한학(漢學)			1
왜학(倭學)			1
대변군관(待變軍官)	170	170	338
원군관(元軍官)			150
지구관(知彀官)	2	3	
기패관(旗牌官)	60	65	18
수성천총(守城千摠)		2	
파총(把摠)		4	
집사(執事)		1	3
기고관(旗鼓官)		1	1
초관(哨官)		8	5
군관(軍官)		600	711
중군(中軍)			1
좌·우성장(左·右城將)			2
좌성 좌·우치총 (佐城 左·右雉摠)			2
우성 좌·우치총 (右城 左·右雉摠)			2
성장(城將)			8
타장(垜長)			16

21 신윤호, 앞의 글, 80-82쪽 참조.

서기(書記)			7
영장(領將)			4
의승장(義僧將)		1	1
의승군(義僧軍)		300	300
…	…	…	…
능로군(能櫓軍)	673	189	673
…	…	…	…
총계	18,396명	35,196명	17,595명

　이 표에 따르면 전라좌수영 군사들의 숫자는 평상시 17,000명에서 35,000명 정도 유지되고 있었던 것으로 보인다. 그런데 의승수군의 숫자는 앞에서 언급한대로 1700년대 흥국사 소장 각종 유물자료에서도 300명으로 기록되어 있고, 이 외에도 「호좌수영수성창설사적비(湖左水營守城創設事蹟碑)」(1779)[22]에도 의승군 300여명이 성을 지키고 보수했다는 기록이 있다. 위의 표에서도 확인되는 것처럼 1815년과 1847년에 각각 발간된 『호좌수영지(湖左水營誌)』에도 의승장 1명과 의승군 300명이 편성되어 있음을 기록을 통해 확인할 수 있다. 이처럼 "전라좌수군 편성 가운데 특히 눈에 띄는 것은 『호좌수영지』에 기록된 '의승군'인데, 좌라좌수군으로서 정규군으로 편제되어 있다는 점이다."[23]

　또 하나 전라좌수영 소속 '의승군'의 존재를 입증할 수 있는 증거는 '의승청(義僧廳)' 건물의 존재다. 『호좌수영지』 군사편성표에서 '의승장'과 '의승군'이 편성되어 있음을 확인하였지만, 또한 좌라좌수영 시설물인 관아 건물, 병영과 막사 등의 건물배치도에 기록되어 있는 '의승청' 건물의 존재를 통해서

22　이 비석에는 1779년 당시 좌수영의 여러 시설들의 개축 상황, 운영 경비의 마련 방안 및 수량, 그리고 의승군의 존재와 활동 내용 등이 구체적으로 기술되어 있다(여수시 연등동 376번지 소재).
23　신윤호, 앞의 글, 82쪽.

도 '의승장'과 '의승군'의 존재를 확인할 수 있다. '의승청'은 전라좌수영내 건물 진남관 등 82동의 관아 건물 중 하나로 군사와 행정업무를 위해 사용한 것으로 보인다.[24] 11칸의 면적으로 된 이 건물은 주로 의승장이 행정과 군사업무를 보던 곳이었는데, 흥국사 소속 의승장은 흥국사에서 멀지 않은 이곳 좌수영으로 뱃길로 출퇴근하면서 주요 업무를 수행한 것으로 보인다.

당연히 '금오승장 뇌헌'도 흥국사에서 이곳 전라좌수영 관아에 있는 의승청을 오가며 의승군과 관련한 군사와 행정업무 등을 수행했을 것이다. 그런데 1696년 어느날 전라좌수영 소속 300명의 의승군 부대를 지휘하던 '금오승장'이 제자 의승수군 4명과 함께 탈영을 하여 '떠돌이 장사승' 행세를 하면서 돌아다니다 우연히 '사기꾼' 안용복과 합세하여 일본으로 건너갔다는 것이다. 이순신 장군의 영향 하에 군령이 엄격했던 전라좌수영에 소속되어 있었던, 그리고 엄격한 승단조직에 몸담고 있었던 뇌헌 일행이 이러한 일탈적 행동을 할 수 있었다는 사실은 납득하기 어려운, 합리적으로 설명이 되지 않는 이야기다.

이상에서 볼 때 1696년 안용복과 함께 도일한 금오승장 뇌헌을 포함한 5명의 승려들은 '떠돌이 장사승'이 아닌 전라좌수영 산하 정규군인 의승장과 의승수군이었음이 밝혀졌으며, 안용복과 뇌헌 일행은 《울릉노 · 녹도 영토주권 수호를 위한 민 · 관 합동TF팀》을 구성하여 위에서 언급한 조선정부의 특별한 임무에 따른 목적을 수행하기 위해 함께 도일한 것으로 볼 수 있다. 이제 미스테리한 안용복 일행의 2차도일의 성격은 금오승장 뇌헌과 그의 제자들로 구성된 의승수군의 실체를 밝힘으로써 풀려지게 되었다. 또한 지금까지 안용복의 2차 도일로만 주로 소개되었던 1696년의 도일 사건은 안용복과 뇌헌이 주축을 이룬 《울릉도 · 독도 영토주권 수호를 위한 민 · 관 합동 TF팀》

---

24 송은일, 앞의 글, 66쪽 참조.

의 공동작품인 것으로 확인되었다. 물론 이들의 배후에는 굳건한 영토수호의
지를 가졌던 숙종 임금과 남구만 등의 주체적 국방론자들의 의지가 작용한 것
으로 보인다.

5. 금오승장 뇌헌 관련 몇 가지 오해와 진실

이제 금오승장 뇌헌이란 인물에 대해 좀 더 자세히 고찰해보도록 하자. 승
려 뇌헌은 '떠돌이 장사승'으로서 안용복과 함께 사적인 이득을 추구하기 위
해 일행들과 함께 도일한 것으로 많이 알려진 인물이다. 지금까지 뇌헌에 대
해 왜곡된 인식이 생기게 된 원인을 찾아보고, 올바른 이해를 통해 뇌헌이란
인물을 정확히 인식하는 것이 중요하다. 왜냐하면 그것은 뇌헌이 안용복·
뇌헌 일행의 2차 도일의 성격을 이해하기 위한 열쇠(Key)가 될 수 있기 때문
이다.

이미 앞에서 상세히 밝혔듯이 뇌헌과 그의 제자들의 신분은 전라좌수영 산
하 흥국사 소속의 의승수군이다. 특히 뇌헌은 그 중에서도 금오승장으로 기
록되어 있다. 안용복·뇌헌 일행이 일본에 도착한 후 이들의 신상을 기록한
최초의 기록은 『원록각서(元錄九丙子年朝鮮舟着岸一拳之覺書)』(1696)이다.
먼저 이 『원록각서』의 기록에 금오승장 뇌헌이 어떻게 기술되고 있는지 살펴
보도록 하자.

《『원록각서』 중 뇌헌 관련 기록》

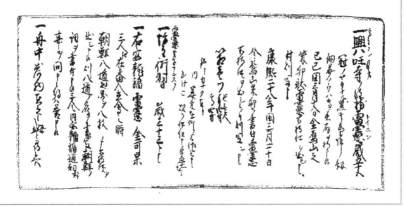

《『원록각서』 중 뇌헌 관련 기록》 번역문

[승려]

흥국사의 주지 뇌헌. 나이 55세다. 관과 같은 검은 갓을 쓰고, 목면의 끈으로 목에 매고 있었다. 결이 고운 상의를 입고 손에는 부채를 가지고 있다. 기사(원록 2년, 1689) 윤3월 18일부가 있는 금오산의 **주인장**(朱印狀)[25]을 뇌헌이 소지하고 있었다. 그것을 제출했기에 베껴두었다. 또 강희 28년(1689) 윤 3월 28일부의 금오산 주인의 서류도, 뇌헌은 가지고 있었다. 그것을 제시하자, 즉시 베껴두었다.

상자 하나가 길이 1척(30Cm), 폭 4촌(12Cm), 높이 4촌이고 그 상자에는 쇠붙이의 자물쇠가 붙어 있다. 안을 보니, 대나무로 만든 **산목**(算木)이 있고, 또 그 안에 작은 상자에 싸인 벼루가 있고, 붓과 먹도 있었다.

---

25 붉은 도장이 찍혀 있는 증명서.

『원록각서』원문과 번역문은 국내에서 2종류가 소개되어 있다.[26] 안용복 일행의 2차 도일과 관련해 중요한 정보를 기록하고 있는 이 자료는 번역과 해석상 몇 가지 오류를 범하고 있다. 이러한 번역과 해석상의 오류는 뇌헌과 관련한 왜곡된 정보를 제공함으로써 뇌헌 뿐만 아니라 나아가 안용복 일행 전체에 대한 부정적 인식을 야기하고, 결국 1696년 2차 도일의 의도나 목적마저도 왜곡되게 판단할 소지가 있도록 만든 부분이 있다. 이렇게 잘못된 번역과 해석은 뇌헌이란 인물을 결정적으로 왜곡하게 만들었고, '떠돌이 장사승'이란 왜곡된 이미지는 결과적으로 안용복·뇌헌 일행의 도일 목적 자체를 왜곡하게 만들었다. 따라서 뇌헌에게 씌어진 '떠돌이 장사승'의 이미지를 올바른 해석을 통해서 바로 잡아야 하며, 이는 결국 안용복·뇌헌 일행의 도일 목적에 대해 올바른 평가를 내릴 수 있도록 해 줄 것이다.

우선 이 자료에서 뇌헌과 관련한 부분만 검토해보면, 몇 가지의 번역 및 해석상의 문제점을 찾아볼 수 있다.

첫 번째 해석상의 문제는 흥국사를 흥왕사로 번역하면서 연구자들로 하여금 많은 혼돈을 초래하였다. 각주5)번에서도 언급했듯이『원록각서』원문(영남대본 237쪽, 권오엽·오니시본 22쪽)과 탈초문(영남대본 253쪽)에는 흥국사(興旺寺)로 되어 있으나, 번역문(영남대본, 291쪽, 권오엽·오니시본 23쪽, 53쪽)에는 흥왕사(興旺寺)로 오역되어 있어서 한동안 연구자들이 흥왕사의 소재지를 확인하지 못해 어려움을 겪었으며, 뇌헌이란 인물 또한 어떤 인물인지 전혀 알지 못했다. 또한 금오승장과 의승수군이 어떻게 연결되어 있는지도 밝히기 어려웠다. 결국 흥국사라는 명칭이 확인됨으로써 전라좌수영－흥국사－의승수군－금오승장 뇌헌으로 이어지는 퍼즐을 올바로 맞출 수 있게 되었다.

---

26 『원록9병자년조선주착안일권지각서』,『독도연구』창간호, 영남대 독도연구소, 2005, 233-288쪽; 권오엽·오니시 토시테루 주해,『원록각서』, 제이앤씨, 2009 참조.

두 번째 해석상의 문제는 대나무로 만든 산목(算木) 또는 산가지에 대한 해석이다. 이 대나무 기구에 대한 해석은 뇌헌을 '떠돌이 장사승'으로 왜곡하는데 결정적으로 기여하였다. 『원록각서』영남대 번역문(291-292쪽)은 "상자 하나 길이 1척, 폭 4촌, 높이 4촌, 방울 장식(자물쇠)이 있음. 안에 **산가지(算木: 수효를 셈하는 기구)가 있는데, 대나무로 만들었습니다. 산가지는 주판(珠板)과 같은 것임.** 딸린 상자에 벼루를 넣었는데, 붓과 먹이 있음"으로 번역되어 있고, 권오엽·오니시 번역문(53쪽)에는 "상자 하나가 길이 1척(30Cm), 폭 4촌(12Cm), 높이 4촌이고 그 상자에는 자물쇠가 붙어 있다. 안을 보니, **대나무로 만든 산목(주판)이 있고**, 또 그 안에 작은 상자에 싸인 벼루가 있고, 붓과 먹도 있었다."로 번역하고 있다.

『원록각서』원문에 나오는 산목(算木)이라는 글자를 두 가지 번역본 모두 대나무로 만든 산목 또는 산가지로 번역하면서, 이 산목의 용도를 **계산에 사용하는 주판과 같은 것**으로 해석하고 있다. 바로 이 해석에서 뇌헌이란 인물을 결정적으로 왜곡하는 오류를 범하고 있다. 안용복 일행을 조사하던 일본 관리들이 뇌헌이 소지하고 있는 상자 속에 들어 있는 대나무 산가지를 '산목'으로 기록하였고, 번역자들은 이 대나무로 만든 '산목'을 **계산에 사용하는 대나무, 즉 '주판'과 같은 것으로 오역**함으로써, 결국 뇌헌에게 '떠돌이 장사승'이라는 인식을 가지도록 만든 것이다.

그러나 뇌헌이 소지하고 있었던 산목, 즉 산가지는 계산을 하는데 사용된 주판과 같은 것이 아니라 **'주역 점을 치기 위한 점술 도구'**로 사용된 것이다. 사실 대나무 산가지는 오랫동안 민간에서 점술도구로서 사용되어 왔다. 민중들의 길흉화복을 예측하기 위한 도구로 오랜 세월 애용되어 왔다. 조선시대 사대부들이나 한문을 가까이 두고 볼 수 있었던 사람들은 누구나 주역 점을 보기도 했다. 타인의 운세뿐만 아니라 자기 자신의 앞날에 대한 운세까지도 이 산가지를 이용해서 예측하고자 했다.

일반 민간에서와 마찬가지로 뇌헌을 비롯한 승려들도 이 대나무 산가지를 평소 점을 치는 용도로 이용했을 것이다. 물론 빈번하게 이 산가지를 이용한 주역 점을 치지는 않았겠지만, 사찰과 관련한 중요한 사안을 결정하거나 신도들의 요구가 있을 경우 불가피하게 한번 씩 사용했을 것이다. 일엽편주에 의지해 망망대해를 건너 일본으로 건너가야 하는 안용복·뇌헌 일행에게는 언제 불어닥칠지 모를 폭풍을 피해 과연 무사히 일본에 도착할 수 있을지, 도착한 후에는 어떤 일들이 닥쳐올지, 울릉도(독도)의 영유권을 확인받기 위한 일본정부와의 송사는 원만히 잘 이루어질 수 있을지, 그리고 무사히 고국으로 돌아갈 수 있을지? 하는 불안과 두려움을 떨칠 수 없었을 것이다. 이러한 상황에서 흥국사의 큰스님이며 의승수군장으로서, 안용복과 함께 일행의 항해를 지휘했던 뇌헌은 일행의 안전을 기원하고, 주어진 과업을 성공적으로 수행하기 위해 중요한 결정을 내려야 할 고비마다 이 산가지를 이용해 점을 쳤던 것이다.

이로써 지금까지 뇌헌에게 씌워졌던 왜곡된 이미지, 즉 '떠돌이 장사승'이라는 잘못된 인식을 바로잡을 수 있게 되었다. 안용복·뇌헌 일행의 2차 도일은 안용복 개인의 의분을 풀고 사사로운 이익을 취하기 위해 '떠돌이 장사승' 뇌헌 일행과 합세하여 감행한 것이 아니라, 안용복과 전라좌수영 소속 의승수군이 협력하여 조선의 영토인 울릉도(독도)의 영유를 확약 받고자하는 공동의 목적을 수행하기 위한 것이었다.

오히려 최근의 관련 연구에서는 안용복 보다 뇌헌이 더 주도적 역할을 수행했다는 설도 제시되고 있다.[27] 『원록각서』에는 안용복과 뇌헌, 김사과 3인 중 일본 관리와의 문답에서 주도적 역할을 한 것은 뇌헌이었으며, 안용복은 통역을 한 것으로 기록되어 있다. 만약 이 기록 내용을 있는 그대로 받아들인

---

27 정태상, 앞의 논문, 41-42쪽.

다면, 안용복은 통역을 하고 문답 내용을 주도한 것은 뇌헌이 된다. 뇌헌이 결코 안용복의 꾐에 빠져서, 또는 떠돌이 상승으로서 사적인 이익에 눈이 어두워 일본에 간 것이 아니라는 사실을 입증하는 것이다.

6. 1696년 2차 도일에서 뇌헌과 의승수군의 역할

독도의 일본영유권을 주장하는 대부분의 일본학자들은 1696년 안용복 일행의 2차 도일에 대해 '노비 출신의 포악한 성격의 안용복과 뇌헌 일행이 사사로운 이익을 추구하기 위해 떠돌이 장사승들을 꾀여 함께 도일한 것'이라고 주장해왔다. 일본학자들은 안용복을 노비 출신 사기꾼으로 폄훼하면서 안용복·뇌헌 일행이 1·2차 도일을 통해 성취한 울릉도·독도 영유권 확립 업적까지도 평가절하 하는 인신공격의 오류에 빠져있다. 이러한 일본 학자들의 주장은 조선정부 차원에서 울릉도·독도에 대한 영유권을 주장하고 관리하려 했다는 점을 의도적으로 부정하기 위한 주장이다.

오히려 국방정책과 변방관리에 특별히 많은 관심을 기울인 숙종 임금과 영의정 남구만 등 조선정부 관리들은 행정적으로 영토를 관리하기 위한 적극적인 정책을 추진하였다. 1693년 안용복의 1차 도일, 1694년 수토사 장한상의 울릉도 파견, 특히 1696년 안용복·뇌헌 일행의 2차 도일은 이러한 숙종 당시의 조선정부의 주체적인 국방정책과 영토관리 의지가 강화되는 시기와 부합한다는 점을 주목할 필요가 있다. 이러한 조선 조정의 분위기는 계속 이어져 그후 정조 임금 때에는 이복휴에 의해 울릉외도(송도=독도)가 조선영토임을 확인하는 비석을 세우자는 의견이 제출되었던 것이다.[28]

---

28 정조 17년(1793년) 10월 1일 자 『승정원일기』와 『일성록』에는 당시 예조 정랑이었던 이복휴(李福休, 1729~1800)가 '독도에 영토비를 세우자'고 건의한 기사를 찾아볼 수

그런데 조선 조정의 지시에 의해 안용복·뇌헌 일행이 도일했다면, 승선인원의 절반에 해당하는 5명의 군인들을 정규군인 관군이나 좌수영 수군으로 구성하지 않고 왜 승려 신분인 의승수군을 파견했을까? 그 이유는 **첫째, 정규군을 파견함으로써 야기될 수 있는 일본과의 군사·외교적인 분쟁을 피하기 위해서**라고 할 수 있다. 즉 조선 조정에서는 어리석은 백성들이 자신들의 사사로운 이익을 위해서 알아서 건너간 것이라고 하면 조선 정부는 책임을 피할 수 있기 때문이다. **둘째, 뇌헌 등 5인의 흥국사 소속 의승수군들은 안용복, 이인성 등 민간인 소송단들을 안전하게 보호하고 호송하는 데 적임자들**이었을 뿐만 아니라, 일본과의 군사·외교적인 분쟁을 피할 수도 있는 조선 정부의 절묘한 선택이었다. **셋째,** 이들 일행은 일본 에도막부에 울릉도·자산도(독도)가 조선의 영유임을 확인받기 위한 소송 목적도 있었지만, **일본 국내 상황에 대한 정찰 또는 정탐 목적**도 있었다. 외부적으로는 되풀이 되는 전쟁의 참화를 피하기 위해 일본의 재침 의도를 지속적으로 감시하고 정보를 수집해야할 필요성에 의해 안용복과 뇌헌 일행이 도일한 것이다.

이상에서 볼 때 1696년 안용복과 함께 도일한 금오승장 뇌헌을 포함한 5명의 승려들은 '떠돌이 장사승'이 아닌 전라좌수영 산하 정규군인 의승장과 의승수군이었음이 밝혀졌으며, 안용복과 뇌헌 일행은 《울릉도·독도 영토주권 수호를 위한 민·관 합동 TF팀》을 구성하여 위에서 언급한 조선정부의 특별한 임무에 따른 목적을 수행하기 위해 함께 도일한 것으로 볼 수 있다. 이제 미스테리한 안용복 일행의 2차 도일의 성격은 금오승장 뇌헌과 그의 제자들

있다. 해당 기사에서 이복휴는 "신이 본조(예조)의 등록을 살펴보니 울릉외도는 그 이름이 송도(松島)로, 바로 옛날의 우산국입니다"라면서 "신라 지증왕 때 이사부가 나무사자로 섬사람들을 겁주어 항복을 받았습니다. 지금 만일 송도(독도)에 비를 세워 이사부의 옛 자취를 기술한다면 그 섬이 우리나라 땅임을 증빙할 수 있을 것입니다"라고 건의했다.

로 구성된 의승수군의 실체를 밝힘으로써 풀려지게 되었다. 동시에 그동안 '떠돌이 장사승'이라는 뇌헌에 대한 왜곡된 이미지는 『원록각서』에 대한 몇 가지 잘못된 번역과 해석으로 인해 생긴 것임을 확인할 수 있다.

방법 · 사료 · 언론기사로 확인하는
독도영토주권의 재인식

제2장
거문도 · 초도 사람들의 울릉도 · 독도 도항과 영속적 경영

1. 독도연구 지평 확장을 위한 '구술증언' 방법의 필요성

독도에 대한 일본의 도발과 왜곡된 영유권 주장이 해마다 되풀이 되고 있다. 한반도를 침탈하고 식민지화한 가해 당사자인 일본은 갈수록 '독도반환'을 요구하는 공세적 목소리를 높이고 있다. 반면에 그럴 때마다 식민지 침략의 피해자인 한국은 '독도영토주권'을 침해하는 일본을 규탄하거나 수세적 반박만 되풀이 하고 있는 상황이다. 이러한 상황은 과거 식민 통치를 경험했던 국민이 안고 있는 트라우마를 자극함으로써 결국 국민적 분노를 야기한다. 왜냐하면 독도는 단순히 한반도 동쪽 끝의 작은 섬이 아니라 한반도의 자주독립을 상징하는 '한국인의 자존심'이고, 일본의 거듭된 허위주장은 한국의 주권을 침해하는 행위이기 때문이다.

광복 후 지금까지 일본과 독도영유권을 둘러싸고 많은 학술적 논쟁이 있었다. 독도영유권 주장을 위해서는 당연히 역사적 사료와 기타 근거자료들이 주장근거로 제시되었다. 우리 측 주장을 뒷받침 하는 역사적 사료와 기타 자료들을 지속적으로 발굴하고 있고, 최근에는 「태정관지령」 등 일본 측 고문헌과 자료에서 독도가 한국의 영토임을 입증할 수 있는 증거를 찾는 연구도 계속되고 있다.

이처럼 대부분의 연구자들은 지금까지 독도관련 사료나 문헌자료에 의존한 연구를 해왔다. 물론 당연히 역사적 사료나 문헌자료에 1차적인 가치를 부여해야 한다. 그렇지만 독도연구의 방법과 범위, 대상을 여기에만 국한시킬 필요는 없다. 즉 기존의 독도관련 사료나 문헌자료에 국한된 연구에만 정당성을 부여해오던 관점을 다변화시킬 필요가 있다. 일제에 의해 주입된 실증주의 역사학 방법론에만 매몰되어 독도연구를 한다면, 자료의 진실성 여부를 떠나 자료 그 자체의 확실성을 전제로 스스로가 구획한 틀에 매몰될 수밖에 없다.

독도연구의 지평을 넓히기 위해서는 이러한 기존의 연구방법과 범위를 넘어설 필요가 있다. 이 연구의 방법을 '구술증언'을 중심으로 한 이유도 여기에 있다. 비록 역사적 가치를 인정받는 문헌자료는 아니지만, 거문도·초도 지역민들의 울릉도·독도 도항과 관련한 생생한 구술증언을 통해 우리는 이들이 수백 년 동안 울릉도·독도를 생활터전으로 경영해왔음을 밝히고자 한다. 즉 전라도 남해안 지역민들, 특히 거문도·초도 사람들이 이미 19세기말 이전부터 울릉도·독도를 왕래하면서 이들 해역을 삶의 터전으로 실질적으로 활용하고 있었다는 사실은 이들이 울릉도·독도를 영속적으로 경영해왔음을 입증해 주는 것이다.

특히 1905년 일본이 독도를 불법 편입하기 이전, 조선정부에 의해서 시행된 울릉도 개척령(1882)과 대한제국칙령 제41호(1900)에 의해 이미 울릉도·독도는 실효적으로 지배·관리 되고 있었다.[29] 즉 "주권을 행사한다는 의도

---

29 영토의 취득·변경 등을 규율하는 국제법에 의할 때 '실효적 지배'라는 개념은 통상 국가가 대상지역에 대해 평화적이고 온전하게, 또한 계속적으로 통치권 내지 영유권을 행사하는 것을 뜻한다. '대한제국칙령 제41호' 제2조의 규정상 독도가 울릉도의 속도라는 사실의 입증을 위해서는 시제법(時際法, intertemporal law)상 1900년 10월 25일 제정·공포된 '대한제국칙령 제41호' 이전에 독도가 울릉도의 속도로 인정되어 온 사실의 입증이 요구된다. 이를 입증하기 위한 역사적 근거로 '세종의 우산무릉등처안무사로 김인우 임명·파견(1425)', '세종실록지리지(1454)', '숙종의 수토사 장한상 울릉도 파견(1694)', '고종의 검찰사 이규원에 대한 지시(1882)', '고종의 동남제도개척사

와 의사를 가지고 영토에 대하여 행하여지는 지속적이고 평화적인 국가권력의 행사"[30]가 실행되고 있었다. 따라서 이미 19세기말 이전부터 거문도 · 초도 사람들과 동남해 연안민들이 울릉도 · 독도해역을 수백 년간 영속적으로 경영해 옴으로써 자연스럽게 정부의 행정적 관리를 받게 되었고, 결국 울릉도 · 독도에 대한 실효적 지배로 이어질 수 있게 되었다는 것은 의문의 여지가 없는 사실이다. 이처럼 거문도 · 초도 사람들과 동남해 연안민들이 울릉도 · 독도에서 어로활동을 하며 울릉도 · 독도 어장을 영속적으로 관리 · 경영해 왔다는 사실은 1905년 일본의 독도 불법편입결정 이전에 이미 한국이 독도를 실효적으로 지배해왔다는 유력한 근거가 된다.

그 때문에 일본이 독도를 편입했다고 주장하는 1905년 이전에 독도를 우리가 실질적으로 활용하고 있었다는 증거를 확보하는 것이 독도에 대한 우리의 영유권을 공고히 하는데 반드시 필요하며, 이러한 자료 수집 활동은 무엇보다도 선행되어야 할 작업이다.

이 연구는 역사적, 국제법적으로 중요한 자료인 울릉도 독도 관련 거문도 자료들이 멸실되기 전에 관련자료를 수집, 보존하기 위해 여수와 거문도 지역 주민들을 대상으로 이루어진 현지조사 결과를 바탕으로 이루어졌다. 이러한 현지조사 결과를 바탕으로 이 연구는 전라도 남해안 지역 어민들, 특히 거문도 · 초도 사람들이 울릉도 · 독도로 건너간 이유와 도항 방법, 활동내용을 지역 주민의 구술증언을 통해 생생하게 제시해보고자 한다.[31]

로 김옥균 파견(1883)' 등 수많은 역사적 근거가 있다(김명기, 『한일합방조약 부존재론과 독도의 법적 지위』, 영남대독도연구총서24권, 도서출판 선인, 2020, 265-274쪽 참조). 그렇지만 이러한 역사적 근거 이전에 수 백년 동안 울릉도 · 독도를 삶의 터전으로 삼아 관리 · 경영해 온 동남해 연안민들, 특히 거문도 · 초도 사람들의 목숨을 건 도항과 어로활동, 생업활동이 있었기에 조선정부에 의한 실효적 지배와 통치가 가능할 수 있었다.

30 이용희, 「국제판례상 실효적 지배의 개념과 독도에 관한 고찰」, 『Ocean and Polar Research』 35(4), 한국해양과학기술원, 2013.12, 314쪽.

결과적으로 울릉도·독도 해역을 삶의 터전으로 삼은 이들의 생업활동에
의해 울릉도·독도에 대한 영속적인 관리·경영을 할 수 있게 되었고, 국제법
적으로도 영토주권의 효력을 확인할 수 있는 독도의 실효적 지배가 가능하게
되었음을 제시하고자 한다.

2. 연구방법론 및 선행연구 검토

19세기 말 이전 울릉도·독도를 왕래하며 어업이나 선박건조 활동 등을 해
온 거문도·초도 사람들은 이미 수 백 년 동안 그 곳 울릉도·독도를 기반으
로 생업활동을 해오고 있었다. 거문도·초도를 비롯한 동남해 연안 어민들의
울릉도·독도 관련 도항과 생활상은 비록 문자로 기록되지 않았지만, 「거문
도 뱃노래」와 같은 노동요나 구전자료로, 유형·무형의 생활자료로 전승되
어 왔다. 다만 이들 지역 어민들이 생산한 이러한 울릉도·독도 관련 구술자
료들이 그동안 학술적 근거자료로서 정당한 평가나 가치를 인정받지 못했을

---

31 거문도·초도에 대한 현지조사는 영남대 독도연구소 주관으로 2018년 1월~10월까지
총 3차에 걸쳐서 실시하였다. 1차 현지조사는 2018년 1월 15일~17일에 거문도를 대상
으로 실시하였다. 그리고 2차 조사는 2018년 2월 5일~10일까지 5박 6일간 실시하였
다. 특히 제2차 조사는 거문도를 비롯한 초도와 손죽도 및 여수시도 조사 대상으로 삼
아 광역 조사를 실시하였으며, 해당 섬에 현존하는 울릉도, 독도 관련 유적들에 대한
조사도 병행해서 실시하였다. 3차 조사는 2018년 10월 27일~10월 31일까지 4박 5일간
실시하였다. 3차 최종 조사는 1, 2차 조사 때 면담하지 못했던 주요 제보자들에 대한
추가 및 보완 조사를 위해 보충 조사를 실시한 것이었다. 증언자들의 연령이 고령이
라 기억력에 의존한 증언내용이 명확하지 않은 부분도 있다. 하지만 이번 조사를 통
해 거문도와 초도의 주민들이 과거에 울릉도와 독도를 활용하며 생활했었다는 것이
그들의 기억 속에 명확한 형태로 남아있는 것을 확인할 수 있었다. 따라서 독도영유
권 확립을 위해서는 이처럼 사라져가고 있는 기억들을 현 시점에서라도 채록하여 후
세에 남기는 것이 중요한 작업이라고 할 수 있다. 그러므로 현재까지 생존하고 있는
고령자들을 대상으로 앞으로도 꾸준한 증언 채록 작업이 지속되어야 할 것이다.

뿐이다.

일제강점기 식민지 역사교육의 영향으로 역사적 사료에만 자료적 가치를 부여해 온 학계의 풍토에서 구술자료는 그저 '입에서 입으로 전해져 오는 근거 없는 이야기'일 뿐이었다. 그러나 일제강점기 철학자인 범부(凡父) 김정설 (金鼎卨)도 어떤 사실을 입증하기 위한 근거로서 구증(口證)의 중요성을 제시하고 있다. 그는 사적(事蹟)을 연구하는 방법이 문헌(文獻)에만 의거하는 것이 아니며, 비록 문헌자료가 부족하더라도 물증(物證), 구증(口證), 사증(事證) 등의 자료를 이용할 수 있다고 하였다. 심지어 그는 이 사증(四證)이외에도 우리들이 공통적으로 가지고 있는 혈맥(血脈=血證), 즉 우리의 심정, 민족정신에서도 그러한 근거를 찾을 수 있다고 하였다.[32]

이처럼 울릉도·독도 도항과 관련한 구술증언자료를 채록, 수집, 정리작업이 필요한 이유는 첫째 일본의 독도영유권에 대한 공세적 주장을 반박하기 위한 근거 자료의 확보를 위해, 둘째 80대 전후 구술증언자들의 고령화와 사망시기의 임박으로 인한 구술증언 채록의 시급성, 셋째 문헌자료 위주의 기존독도연구의 한계성 탈피와 학술자료의 확대 및 구술증언 자료의 가치 상승의 필요성을 위해서이다. 무엇보다 독도영유권을 주장할 수 있는 문헌자료가 부족하다고 독도영유권 주장의 설득력이 없다거나 영유권 주장을 포기해서는 안되기 때문이다.

아이러니하게도 일본은 최근 독도영유권 주장을 강화하기 위해 어민들의 구술증언을 채록하기 시작했다. 2014년 7월 14일 일본 요미우리 신문은 일본 정부가 오키섬 주민들을 대상으로 울릉도·독도 어로활동 관련 구술증언을 채록하고 영상으로 촬영했다고 보도했다. 이들의 증언을 채록한 것은 독도영유권을 주장하기 위한 자료 수집 차원이라고 하였으며, 이렇게 수집·정리된

---

32 김범부, 「국민윤리 특강」, 『화랑외사』, 이문출판사, 1981, 228쪽 참조.

자료를 인터넷에 공개할 방침이라고 하였다.[33]

이러한 일본의 움직임에 대응하기 위해서라도 울릉도 · 독도 도항 관련 구술증언을 채록하고 기록으로 남기는 일은 절대적으로 필요한 일이라 하겠다.[34] 당연히 이에 대한 조사와 연구에 의미와 가치를 부여하는데 소홀히 해서도 안 될 것이다.[35] 거문도 · 초도 사람들을 포함한 동남해 연안민들은 수백년 동안 울릉도 · 독도에 건너가 어렵과 선박건조 활동 등을 해왔다. 이것은 결국 이들이 수백 년 동안 울릉도 · 독도 어장을 경영해온 살아 있는 증거

---

33 【TV조선】, "日 정부, 독도 영유권 증언 · 자료 수집" 2014.07.14,【경북매일】독도영유권 자료조사 나선 日 "넋 놓고 있다 당할라" 우려, 2014.08.15,【연합뉴스】"日정부 '독도영유권' 주장 자료 조사"2014.07.13,【MBN】"일본, '독도 영유권' 자료 조사" 2014.07.14, 보도자료 참조.

34 영남대 독도연구소에서는 2018년 1월부터 10월까지 3차례에 걸쳐 거문도와 초도, 여수 현지조사에서 울릉도 · 독도 도항 관련 제보자들과 인터뷰를 실시하였다. 대부분 80대 전후의 고령임에도 불구하고 독도에 대한 애정과 열정으로 인터뷰에 적극적으로 응해주신 구술자분들께 감사드린다. 특히 거문도 서도리 김태수 씨는 선친 김병순 옹이 평생 동안 기록 · 정리해둔 울릉도 · 독도 관련 자료를 제공해주있다. 영남대 독도연구소는 이 자료를 엮어서『울릉도 · 독도 관련 거문도 자료 I 』(영남대 독도연구소 자료총서5, 도서출판 선인, 2018)과『울릉도 · 독도 관련 거문도 자료 II』(영남대 독도연구소 자료총서6, 도서출판 선인, 2018), 그리고 이 두 권의 자료집에 대한 해제 집으로『울릉도 · 독도 관련 거문도 자료 해제』(영남대 독도연구소 자료총서10, 박지영 편, 도서출판 선인, 2019)를 발간하였다. 또한 제보자들과 면담한 구술증언 내용을 정리하여『울릉도 · 독도로 건너간 거문도 · 초도 사람들』(영남대 독도연구소 자료총서9, 최재목 · 이태우 · 박지영 · 정태상 편, 도서출판 선인, 2019)을 발간하였다. 이 4권의 거문도 · 초도 사람들의 울릉도 · 독도 도항 관련 자료집은 향후 독도영유권 확립을 위한 귀중한 연구자료로 활용될 것이다.

35 울릉도 개척령(1882)을 전후로 거문도 · 초도 등 전라도 남해안 연안민들의 울릉도 도항과 관련한 구술조사 기초자료는 주강현,「제3장 구술자료: 선주민의 구술」,『울릉도 개척사에 관한 연구 - 개척사 관련 기초자료 수집 - 」,『독도연구』2009.4, 한국해양수산개발원, 2009, 168-202쪽 참조; 지역민들에 대한 구술조사 자료를 분석하여 19세기 이전 거문도 · 초도 등 옛 흥양현에 속한 도서 지역 민가의 건축 양식이 근대기 울릉도 민가의 건축 양식에 미친 영향을 연구하여 양쪽의 상관성을 밝히고자 시도한 연구로는 문정민 · 정명섭,「전라남도 흥양 도서(島) 민가와 근대기 울릉도 민가의 상관성,『건축사연구』제27권1호, 통권116호, 2018.2, 17-28쪽 참조.

이며, 나아가 독도의 실효적 지배를 입증할 수 있는 가장 확실한 증거자료로 활용 될 수 있을 것이다. 이하에서는 거문도·초도 사람들의 울릉도·독도 도항과 활동 관련 지역민들의 구술증언을 토대로 이들이 울릉도·독도로 건너간 이유와 도항 방법, 활동내용 등을 밝힘으로써, 결과적으로 독도의 실효적 지배를 가능하게 하였음을 제시하고자 한다.

전라도 남해안 지역 사람들, 특히 거문도·초도 사람들이 울릉도·독도를 수백 년간 지속적으로 왕래하면서 생업활동을 해왔다는 사실에 대한 연구는 2011년 이후에 본격적으로 시작되었다. 연구가 시작된 지 이제 약 10년이 지났다. 그동안 김수희(2011)[36], 김기주(2012)[37], 김윤배(2012)[38], 정태상(2019)[39] 등 4편의 연구논문이 발표된바 있다. 이들의 선구적인 연구 덕분에 거문도·초도 사람들의 울릉도·독도 도항과 관련한 '이야기'들이 학술의 장에서 '이론화'되고 있다.

김수희는 조선시대 거문도의 사회구조를 분석하여 거문도인들의 조세부담으로 인한 울릉도행과 상업활동, 그리고 거문도인이 부르는 노동요 〈술비소리〉를 통해 거문도인들이 울릉도에 도항하여 100년 이상 경제활동을 해왔음을 밝힌바 있다.

김기주는 일본의 '무주지 선점론'과 '공도론' 비판을 목적으로 조선후기~대한제국기 전라도인의 울릉도·독도 도항, 울릉도 개척에 있어서 전라도인의 역할에 관한 역사적인 근거를 체계적으로 분석·정리하였다.

---

36 김수희, 「개척령기 울릉도와 독도로 건너간 거문도 사람들」, 『한일관계사연구』 38, 한일관계사학회, 2011.4, 197-229쪽.

37 김기주, 「조선후기~대한제국기 울릉도·독도 개척과 전라도인의 활동」, 『대구사학』 109집, 대구사학회, 2012, 71-122쪽.

38 김윤배, 「조선시대 전라지역민들의 울릉도·독도 항해와 경로」, 『일본의 독도침탈 정책, 어떻게 극복할 것인가』(학술대회자료집), 독도학회, 2012.10.5, 11-21쪽.

39 정태상, 「거문도인의 독도 조업 – 김윤삼·박운학의 증언을 중심으로 – 」, 『독도연구』 제27호, 영남대학교 독도연구소, 2019.12, 165-202쪽.

김윤배는 거문도 현지조사를 통해 거문도인의 울릉도·독도 도해근거를 찾고 당시의 항해를 인문사회과학적 관점 뿐만 아니라 자연과학적 관점에서도 분석하여 학제간 융합연구를 시도하였다.

가장 최근에 관련 주제로 발표된 연구는 정태상의 「거문도인의 독도조업」이다. 이 논문은 1960년대 초 거문도 주민이었던 김윤삼, 박운학의 울릉도·독도 도항 증언을 중심으로 독도 도항 시기, 독도 도항 방법, 독도의 모습 등을 다루었다.

이상과 같은 기존의 연구성과를 바탕으로 이 연구에서는 거문도·초도 사람들이 울릉도·독도를 영속적으로 도항하고 경영해옴으로써 결과적으로 독도를 실효적으로 지배할 수 있는 근거를 제공해주었다는 점을 강조하고자 한다. 특히 이 연구는 기존의 연구에서는 시도되지 않았던 거문도·초도 지역민의 구술증언을 중요한 연구의 자료로 삼아 연구주제를 논증하기 위한 근거로 제시한다는 점에서 기존의 연구와 차별성을 가진다.

3. 거문도·초도 사람들의 울릉도·독도 도항의 역사

거문도·초도 사람들을 포함한 전라도 주민들의 울릉도 도항 사실을 알 수 있는 가장 오래된 근거는 17세기 말에 발생한 안용복과 박어둔 피랍사건 당시의 진술 내용에서 찾을 수 있다.

일본의 돗토리 지방으로 납치되어 끌려갔던 안용복과 박어둔은 조선으로 귀국하는 도중에 나가사키와 대마도에서 몇 차례에 걸쳐서 피랍경위에 대한 조사를 받았는데, 당시의 조사기록에 따르면 안용복이 일본인들에게 납치되었을 당시에 울릉도에는 3척의 배가 조업을 하고 있었다고 한다. 그리고 그 중 1척이 전라도 순천의 배였다고 진술했다.[40] 당시 순천은 현재의 순천지역과 여수지역 일대를 통괄하는 지명이었으므로, 거문도와 초도 또한 순천부에 소속된 섬이었다.

뿐만 아니라 안용복이 1696년에 자발적으로 일본으로 도항하였을 때 그의 일행 중에 '순천승' 5명이 포함되어 있었다는 기록이 『숙종실록』에 기록되어 있으며, 이 사실은 현재의 여수, 순천 지역 주민들이 울릉도와 독도로 도해하고 있었다는 것을 명확하게 입증해주는 것이기도 한다.

> 동래(東萊) 사람 안용복(安龍福) · 흥해(興海) 사람 유일부(劉日夫) · 영해(寧海) 사람 유봉석(劉奉石) · 평산포(平山浦) 사람 이인성(李仁成) · 낙안(樂安) 사람 김성길(金成吉)과 순천(順天) 승(僧) 뇌헌(雷憲) · 승담(勝淡) · 연습(連習) · 영률(靈律) · 단책(丹責)과 연안(延安) 사람 김순립(金順立) 등과 함께 배를 타고 울릉도(鬱陵島)에 가서 일본국(日本國) 백기주(伯耆州)로 들어가 왜인(倭人)과 서로 송사한 뒤에 양양현(襄陽縣) 지경으로 돌아왔으므로, 강원 감사(江原監司) 심평(沈枰)이 그 사람들을 잡아가두고 치계(馳啓)하였는데, 비변사(備邊司)에 내렸다.[41]

이 기록에서 보듯이 여수, 순천지역의 승려인 뇌헌(雷憲) · 승담(勝淡) · 연습(連習) · 영률(靈律) · 단책(丹責)이 안용복과 함께 도일하였다는 것을 명확하게 알 수 있다.[42]

---

40 『죽도기사』 원록 6년 9월 4일; 경상북도 독도사료연구회 편, 『竹嶋紀事Ⅰ』, 도서출판 지성인, 2013, 35-38쪽.

41 『숙종실록』 숙종 22년 병자(1696, 강희 35) 8월29일(임자)

42 필자는 『숙종실록』에 등장하는 '순천승' 5명은 당시 순천부 관할의 의승수군(義僧水軍)이 주둔하던 흥국사의 승려였으며, 이들은 뇌헌과 안용복을 중심으로 일본으로부터 '울릉도 · 독도의 영유권'을 확약받기 위해 정부의 밀명을 받아 일본으로 건너간 것이라는 주장을 제기한 바 있다. 이태우, 「1696년 안용복 · 뇌헌 일행의 도일과 의승수군에 관한 해석학적 연구」, 『독도연구』 28호, 영남대학교독도연구소, 2020.6, 139-167쪽 참조.

그리고 1787년 프랑스의 라페루즈 탐험대가 울릉도를 발견하고 울릉도에 다즐렛이라는 이름을 붙였을 당시에 라페루즈는 울릉도에서 다수의 조선인들을 목격했다는 내용을 기록하고 있다. 그는 "배를 건조하는 작업장을 발견했다. 이들은 조선인 목수들로 여름이면 섬에 식량을 가지고 와서 배를 건조한 후 본토에 가져다 판매하는 것 같았다."[43]라고 기록하고 있는 데, 이러한 조선인의 행동은 그 후의 한국 측 기록과 대조해볼 때 거문도와 초도의 주민들이 보여줬던 행동과 일치하고 있다.

따라서 이 당시에 라페루즈가 목격한 조선인이 거문도와 초도의 주민이었을 가능성이 높다고 할 수 있다. 그리고 라페루즈가 해도에 기록한 울릉도의 모습을 보면 울릉도의 서쪽 지역만을 묘사하고 있으며, 동쪽 지역은 생략하고 있다. 따라서 라페루즈 탐험대가 울릉도의 서쪽 지역만을 조사했다는 것을 알 수 있다. 그러므로 그들이 조우한 조선인들이 울릉도의 서쪽 지역에서 선박건조 활동을 하고 있었다는 것 또한 알 수 있다. 이 또한 그 후의 기록에 나오는 것처럼 거문도와 초도 주민들이 주로 검은작지(현재의 현포지역)를 중심으로 활동했었다는 것과 일치하고 있다.

또 정약용이 강진유배 시기(1801~1818)에 지은 '탐진어가(耽津漁歌)'에도 전라도 어민들이 해산물을 채취하기 위해 울릉도로 도해하는 내용이 들어있다.[44]

漁家都喫絡蹄羹	어촌에서 모두가 낙지국을 즐겨먹고
不數紅鰕與綠蟶	붉은 새우 녹색 맛살(조개)은 하찮게 여기는구나.
澹菜憎如蓮子小	홍합(조개)이 연밥같이 작은 게 싫어서
<u>治帆東向鬱陵行</u>	**돛을 달고 동으로 울릉도로 간다네.**

---

43 이진명, 『독도, 지리상의 재발견』, 삼인, 2005, 53쪽.
44 정약용, 『다산시문집』 제4권, 시(詩), 민족문화추진회 편, 1982.

정약용은 강진에서 유배생활을 하던 시기에 지역주민들과 많은 교류를 하였으며, 이때 그들의 생활상을 담아서 남긴 것이 바로 '탐진어가'이다. 정약용은 이 시조에서 지역 주민들이 홍합(조개) 등을 채취하기 위해 울릉도로 간다는 내용을 담아 전라도 남해안 연안민들의 울릉도 도해가 생활과 아주 밀접한 관련을 띠고 있었다는 것을 후세에 남기고 있다.

그리고 고종의 명령을 받아 1882년에 '울릉도 검찰사'로 울릉도로 건너갔던 이규원(李奎遠, 1833~1901)이 남긴 『울릉도검찰일기』에 따르면 이규원이 울릉도를 시찰하는 도중에 많은 거문도와 초도 출신 어민들을 만났었다는 것을 알 수 있다.

〈표 2〉 『울릉도검찰일기』에 기록된 울릉도 도항자들

검찰일	장소	대표자	대표자 출신지	작업내용
4월 30일	소황토구미	김재근(金載謹)+격졸23명	홍양(興陽), 삼도(三島)	선박건조, 미역채취
5월 2일	대황토구미	최성서(崔聖瑞)+격졸13명	강원도 평해	-
	대황토구미	경주사람 7명	경상도 경주	약초채취
	대황토구미	연일사람 2명	경상도 연일	연죽(烟竹)벌목
5월 3일	왜선창포	이경칠(李敬七)+격졸20명	전라도 낙안(樂安)	선박건조
	왜선창포	김근서(金謹瑞)+격졸19명	홍양(興陽) 초도(草島)	선박건조
	나리동	정이호(鄭二祜)	경기도 파주(坡州)	약초채취
5월 4일	나리동	全錫奎	경상도 함양	약초채취
5월 5일	도방청~장작지	일본인 내전상장(內田尚長) 등 78명	남해도, 산양도 등	벌목
	장작지	이경화(李敬化)+격졸13명	홍양(興陽) 삼도(三島)	미역 채취
	장작지	김내언(金乃彦)+격졸12명	홍양(興陽) 초도(草島)	선박건조
5월 6일	통구미	김내윤(金乃允)+격졸22명	홍양(興陽) 초도(草島)	선박건조

위의 표는 이규원의 『울릉도검찰일기』에 기록된 내용을 기초로 하여 이규원이 만났던 사람들에 대한 정보를 분류하여 작성한 것이다. 이 내용에 따르면 당시 이규원이 만난 조선인들은 모두 140명이었으며 그중에 거문도 주민이 38명, 거문도 주변에 있는 초도(草島) 주민 또한 56명에 이르렀다. 즉 거문도와 초도 지역에서만 울릉도로 건너온 주민이 94명이나 되었다는 사실을 알수 있다. 이들 거문도 및 초도에서 울릉도로 건너온 주민들의 주된 목적은 선박 건조와 미역채취였다. 낙안 사람 21명을 포함하면 전라도인들이 115명으로 전체 인원의 82%를 차지하고 있다.[45]

이와 같은 거문도 사람들의 활동 내용을 기록한 사료 뿐만 아니라 거문도 출신의 오성일이라는 사람이 1890년부터 울릉도의 도감을 지내 거문도와 울릉도의 관계가 한층 더 돈독해지는 일도 있었다. 1854년 거문도 서도리에서 출생한 오성일 도감은 1924년 70세의 일기로 생애를 마쳤는데, 도감에서 퇴임한 후에는 고향인 거문도로 돌아와서 고향 발전에 힘을 쏟았다.

거문도와 초도를 비롯한 전라도 지역의 주민들이 울릉도와 독도에서 어로활동을 했었다는 것은 이미 오래전에 밝혀진 사실이다. 1920~30년대의 신문기사 등을 살펴보면 울릉도의 지명유래 또는 울릉도 개척민의 정책에 전라도 주민들이 깊이 관련되어 있었다는 것을 찾아볼 수 있다.

1881년에 통구미에 정착한 전남 강진 출신의 김종수 노인은 "예전에 약초 캐려고 오든 전라배(羅船)가 풍랑에 밀려 이 섬에 닿아가지고 뱃멀미에 입맛을 잃었다가 아홉 가지 맛을 통했다고 해서 이 포구 이름을 통구미라고 부른다 한다"며, 울릉도 통구미의 지명 유래가 전라도 배에 탄 사람의 뱃멀미와 관련이 있다는 내용을 증언하고 있다.[46]

---

45 김기주, 「조선후기~대한제국기 울릉도 · 독도 개척과 전라도인의 활동」, 『대구사학』 109집, 대구사학회, 2012, 19-21쪽.
46 『동아일보』, 「울릉도 방면(6) 절벽마다 산림 울창한 완연한 洋上仙境」, 1928.09.06.

울릉도 대풍감의 지명도 전라도 사람들의 도항과 관련해서 유래하였음을 알 수 있다. "예전에 전라도에서 약초를 캐려고 이섬에 와서 약초도 캐거니와 삼림이 울창하니까 제맘대로 벌목을 하여 새로 목선을 지어가지고 이곳서 바람 자기를 기다리다가 떠난 곳이라서 해서 대풍감이라고 불른다 한다"[47]며, 울릉도의 대풍감이 전라도 배들이 목선을 건조해서 이곳에서 바람이 자기를 기다리다가 떠난 곳이라는 지명의 유래를 전하고 있다.

또한 전라도 사람들이 울릉도에 들어와서 배를 만들어 갔다는 신문기사도 찾아 볼 수 있다. "이보다 먼저 이 섬에 드나들기 시작하기는 전라도 사람들로 이들은 초여름에 헌배를 타고 들어오면 온 여름동안 울창한 삼림 속에서 좋은 재목을 베어 새 배를 지어 타고 타오는 것"이라며, 울릉도 개척민 보다 먼저 울릉도에 드나들기 시작한 것이 전라도 사람들이라는 것과 그들이 초여름에 헌 배를 타고 와서 선박을 새로 건조해서 타고 나갔다는 내용을 기술하고 있다.[48]

그리고 『민국일보』 기사에 따르면 거문도에 거주하고 있던 김윤삼 옹(1876년생)은 원산 등지에서 명태 등을 실은 배를 울릉도에 두고 뗏목(떼배)을 저어 돌섬(독도)에 도착하여 가제(강치)를 잡았다고 증언하고 있다. 김윤삼 옹은 이러한 활동이 1800년대 초 부터 시작된 것으로 기억하고 있다.[49]

이러한 사실은 『조선일보』에 보도된 박운학 옹(1885년생 추정, 당시 78세 추정)의 증언을 통해서도 확인할 수 있다. 그의 증언에 따르면 거문도 사람들은 울릉도로 떠나기 전에 서해안 의주, 진남포, 장산곶 등에서 쌀을 사서 싣고 동해안 울진, 강릉, 원산 등에서 쌀을 판매했으며 이어 울릉도에 도착했다고 증언하였다. 그는 돌섬(독도)의 가제(강치) 가죽으로 갓신, 담배쌈지도 만들

---

47 『동아일보』, 「울릉도 방면(7), 옛화전 낡은터에 풍작 전하는 절천지」, 1928.09.07.
48 『동아일보』, 「눈 속에 묻힌 哀話 ④우산국의 옛자취」, 1934.02.24.
49 『민국일보』, 「독도는 옛날부터 우리 땅-9순 노옹의 증언」, 1962.3.20.

[그림 3] 민국일보(1962.3.20.) 김윤삼 옹의 인터뷰 기사   [그림 4] 조선일보(1963.8.11.) 박운학 옹의 인터뷰 기사

었으며, 기름을 짜서 불을 켰다고 기억하고 있었다.[50]

또 1973년에 발간된 "울릉도 석포 개척지"에 따르면 최초 정착민 중의 한 사람인 김정하 씨가(영일 출생) 1891년에 미역 채취를 위해 울릉도를 왕래하는 전라도 배를 타고 울릉도에 건너와 석포 마을에 정착했다고 기록되어 있다.

이러한 거문도 및 초도 주민들의 울릉도·독도 어렵활동을 증명해주는 것으로 거문도에 남아있는 뱃노래의 한 종류인 "술비소리"라는 민요가 있다. 현재 〈거문도 뱃노래 전수회〉가 전수하고 있는 민요로 그 내용을 살펴보면 예전에 거문도 주민들에게 울릉도가 상당히 큰 생활상의 의미를 지닌 섬이었다

---

50 『조선일보』, 「바다의 개척자」, 1963.8.11.

는 것을 여실하게 보여주고 있다.

〈술비소리〉
간다 간다 나는 간다, 에이야아 술비야, (후렴: 에이야 술비야)
울릉도로 나는 간다 (후렴), 고향 산천 잘 있거라(후렴),
부모형제 잘 계시오 (후렴), 인제 가면 언제 오나(후렴),
오도록 만 기다리소 (후렴) ……

울릉도를 가서 보면 (후렴), 좋은 나무 탐진 미역 (후렴),
구석구석에 가득 찼네 (후렴), 울고 간다 울릉도야 (후렴),
어기 영차 배질이야 (후렴), 알고 간다 아릿역아 (후렴),
이물에 이 사공아 (후렴), 고물에 고 사공아 (후렴),
허리띠 밑에 하장이야 (후렴), 돛을 달고 닻 감아라 (후렴),
(생략)

이들 거문도와 초도 주민들의 울릉도 행은 상당히 힘든 여정이었을 것으로 보이며 당시의 선박사정을 고려하면 목숨을 건 사투였을 것이다. 하지만 울릉도에 있는 좋은 나무와 기름진 미역을 싣고 오기 위해서 그들은 목숨을 걸고 힘든 여정을 무리해서 감행한 것으로 판단된다.

이처럼 20세기 초반 이전에 울릉도에서 이루어진 거문도 및 초도 지역 주민의 활동은 명백하게 역사 사료 속에서 입증되고 있으며, 그들의 목적 또한 확실하게 기록되어 있음을 알 수 있다. 이처럼 울릉도의 전라도 주민과 울릉도와의 관련성을 기록한 20세기의 기록이 많이 남아 있다. 이러한 기록 외에도 우리는 지역 주민들의 구술증언을 통해서 울릉도 · 독도 도항 관련 사실을 확인할 수 있다.

4. 거문도·초도 사람들의 울릉도·독도 도항 이유

사방이 바다로 둘러싸인 거문도 섬 사람들은 주변 바다에도 고기와 해산물을 많이 잡을 수 있었을텐데 왜 굳이 멀리 있는 울릉도까지 간 것일까? 오히려 가까운 서해 쪽으로 가면 더 많이 고기를 잡을 수 있을 것인데 말이다. 거문도 사람들은 일찍이 물고기나 쌀 보다는 오히려 해조류가 더 중요하고 값어치가 있다는 것을 알았기에 인근의 섬이나 어장에서 그것을 찾기 보다는 사람들의 손길이 닿지 않는 무인도에서 찾고자 했다. 울릉도·독도는 거문도·초도 사람들이 찾고자 한 최적의 섬이었고 그들이 말하는 보물섬이었다. 더구나 바다를 누비고 다닌 거문도·초도 사람들에게는 울릉도·독도가 그렇게 멀리 있는 곳이 아니었다.

> 옛날에는 바다에 바위에 붙어 있는 해조류라는 것이 중요하다는 것을 몰랐잖아요. 돈이 된다는 걸 얼른 말해서 쌀보다도, 그때는 쌀이 최고의 우리 자산이었어요. 근데 섬사람들은 쌀보다 더, 음~ 더 이득이 되고 더 수확이 되고 재물이 된다는 것을 섬사람들이 알았잖아. (…중략…) 그러면 무인도로, 무인도로 찾아갔을 것 아닙니까? (…중략…) 여기서는 저쪽 동해 쪽 해로 고기 잡으러 다닐 필요가 없는 거에요. 이 황해 쪽으로는, 고기 잡으려면 거기 가서 군산, 목포 뭐 칠산포, 뭐 이런 데는 매년 다녀봤거든. 여기 분들이 고기를 잡으러 뭐 칠산바다. 이런 데 까지는 전부 다 다녔어요. 그러다보니깐 이 항해라는 것이 그렇게 우리가 생각할 때는 울릉도가 그렇게 멀지만은, 우리 조상들은 그걸 그렇게 멀게 안느꼈다는 거지요.[51]

---

51 『울릉도·독도로 건너간 거문도·초도 사람들 – 거문도·초도 사람들의 울릉도·독도 도항 관련 구술증언 자료집』(영남대 독도연구소 자료총서9, 최재목·이태우·박지영·정태상 편, 도서출판 선인, 2019), 65쪽.(이하 『울릉도·독도로 건너간 거문도·초도 사람들』로 약칭함.)

거문도 사람들이 자신들의 생명을 담보로 울릉도를 찾아간 이유는 힘든 여정만큼이나 주어지는 수익이 많았기 때문이다. 거문도와 인근 섬에서도 해산물이 나오지만 어장의 주인도 있고, 한정된 어획 자원들로 인해 어민들이 채취할 수 있는 수량도 제한될 수밖에 없었다. 때문에 방해받지 않고 무제한 해산물을 채취할 수 있는 울릉도·독도는 그야말로 일확천금을 가져다주는 천혜의 섬이요, 생명을 걸고 모험을 해서라도 찾아가야하는 보물섬이었다.

> 현재 육지 사람들은 비교를 못하지. 모르죠. (…중략…) 뭣 하려고 거기를 뭣 하려고 갔겠냐 이 말이여. 그런 것 때문에 가서 보니까는 그야 말로 무인도니깐 (해산물들이) 그대로 썩어 떨어지죠, 그대로 있는 것, 이게 돈이거든. 여기에 거문도에서 살면서 여기 미역이나 뭐 다시마나, 전복 이런 게 돈이잖아요. 그런데 거기는(울릉도) 임자가 없으니깐 맘대로 하잖아요. 그러니깐 <u>여기야 말로 우리를 살리는 섬이</u>다라고 생각했던 것이지요. (…중략…) 그렇죠. 보물섬이죠.[52]

거문도·초도 사람들은 한마디로 목숨을 걸고 울릉도·독도를 왕래하였다. 누구보다도 바다에 대해 잘 아는 그들이었지만 예측불가능한 바다의 특성상 지역민들의 희생이 늘 따랐다고 할 수 있다. 이렇게 가족과 친지, 이웃 주민들의 희생을 무릅쓰고 울릉도·독도로 가지 않으면 안되는 이유는 무엇일까? 무엇보다 경제적인 측면에서 울릉도가 보물섬이었기 때문이다. 즉 섬에 널려 있는 해산물들은 건져 올리기만 하면 큰 돈이 되는 자원들이었으며, 한 번 다녀오면 빚을 갚고도 한해를 살 수 있을 만큼의 수익이 창출되었기 때문이다. 한마디로 울릉도·독도는 거문도·초도 사람들에게 삶의 터전이었던 것이다.

> 왜냐면[겨울엔] 할 일이 없잖아요. 먹고 살기도 어렵고. 겨울에 (먹을 식량도)

---

52 『울릉도·독도로 건너간 거문도·초도 사람들』, 66쪽.

없고. 그럼 목숨 내놓고 다니거든. 그러면 배를 지어요. 새 배를 지어서 여기서 타고 간 배와 함께 거기에서 채취한 해조류라든지 약초라든지 전복 말린 것, 전부 싣고 오는 거예요. 여기서 갈 때는 사람이 많이 가지요. 올 때는 배를 다 분승해오는 거예요.[53]

  사회경제적인 측면에서 봤을 때 무엇보다 거문도는 인구에 비해 토지가 부족한 곳이었다.[54] 아무리 농사를 열심히 잘 지어도 거문도 사람이 먹을 수 있는 식량은 일 년치 식량의 3분의 1인 3~4개월치 식량 밖에 되지 않았다. 따라서 나머지 일 년치 식량의 3분의 2는 외부에서 조달할 수밖에 없었다. "거문도 사람이 시집 갈 때 쌀 한 말을 못 먹고 시집 간다고 그래요. 그만큼 못 먹고 살았다는 것이죠. 우리 어렸을 때[도] 쌀 얼마 못 먹었어요. 설, 추석, 일 년에 3번 정도밖에 먹었어요."[55]

  거문도의 자연지리적 환경으로 인해 이들 섬 사람들은 생존을 위해 원거리 항해를 하지 않으면 안되었다. 울릉도·독도에서 채취한 미역과 해산물, 약초 등을 해안의 주요 포구에 형성된 시장에서 판매하거나 곡식이나 생필품 등으로 물물교환을 하였다. 이렇게 섬에서 부족한 식량을 원거리 항해를 통해서 해결해 나갈 수 있었던 것이다.

  원용삼의 구술에 따르면 거문도 사람들은 매년 울릉도·독도로 건너갔으

---

53 『울릉도·독도로 건너간 거문도·초도 사람들』, 194쪽.
54 부족한 토지뿐만 아니라 거문도인들에게 부과되는 세금도 타 도서보다 월등히 높았다. 참고로 거문도 어선세를 주변도서와 비교해 보면 청산진 42량, 소안도 53량, 어도 44량으로 타 도서보다 약 2배~5배가 많았다. 거문도와 초도는 다른 도서 지역에 비하여 토지가 적었으나 선혜청이나 강흥창, 군자감에 많은 세금을 납부하였다. 미역 채취가 주업인 거문도인들이 어선세와 포구세 그 외 잡세와 같은 많은 세금을 부담할 수 있었던 것은 이들이 외양항로를 이용한 상업활동을 하였기 때문이다. 김수희, 「개척령기 울릉도와 독도로 건너간 거문도 사람들」, 『한일관계사연구』 38, 한일관계사학회, 2011.4, 204-205쪽; 214쪽 참조.
55 『울릉도·독도로 건너간 거문도·초도 사람들』, 231쪽.

며[56], 울릉도에 간 이유는 고기를 잡으러 간 것이 아니라(고기는 가까운 서해 바다에서 얼마든지 많이 잡을 수 있었다.) 미역이나 해산물을 채취하러 갔다. 1882년 개척령 이전에 울릉도는 아무도 살지 않는 무주공산이었기 때문에 미역이나 해산물은 무진장으로 널려 있었다.[57] 이렇게 채취한 미역이나 해산물, 약초는 서해안을 거슬러 올라가며 강경장 같은 큰 장에서 곡식으로 물물교환 하기도 한다는 것이다.

> 거문도 와 가지고서는 이제 해산물이 많죠. 그런 걸 한 가득 싣고, 저 서해안으로 거슬러 올라가서, 강경까지 간다는 거예요. 그러면 아실 거예요. 옛날에는 강경장이라는 곳이 팔도 삼대 장의 하나이니까. 금강을 거슬러 올라가서 거기서 이제 그때는 물물교환을 많이 할 때니깐 곡식하고 이제 많이 확보하지요. 그러니깐 거문도에서 난 곡식가지고서는 식량 가지고는 거문도 사람들이 한 3~4개월 밖에 지탱을 못해요.[58]

거문도·초도 사람들은 울릉도에 도착해서 주로 배를 만들거나 해산물을 채취하는 일을 했다. 날씨가 좋은 날에는 독도로 건너가 미역, 전복 등을 따면서 강치잡이도 병행했다. 이들에게 울릉도에서 독도로 왕래하는 일은 별로 어렵지 않은 일이었다. 김충석의 구술증언을 빌면 한 마디로 "식은 죽 먹기였다."

> 근데, 패철이라고 그거 있잖아요. 못자리 잡고 하는 거, 그거 하나가지고 동서남북 찾고 천문항해를 하신거예요. (…중략…) 저도 수산고등학교를 나왔지만, 어렸을 때 들어보면 저 별이름이 무슨 별이고... 그런 얘기들이 있었거든요. 그게 기가 막힌거예요. 그 울릉도를 거길 어떻게 찾아갑니까 울릉도를. (…중

---

56 『울릉도·독도로 건너간 거문도·초도 사람들』, 165쪽.
57 『울릉도·독도로 건너간 거문도·초도 사람들』, 167쪽.
58 『울릉도·독도로 건너간 거문도·초도 사람들』, 171쪽.

략…) 망망대해죠. 여기 보면, 제주도하고 여수하고 한 가운데가 초도입니다. 초도에서나 거문도에서 보면 한라산이 보입니다. 하늘 위로 보여요. 근데 초도 에서 울릉도를 찾아간다고 생각해보세요. 요즘 선장들도 잘 못 찾아요. 그런데, 울릉도에서 독도로 가는 건 식은 죽 먹기라.[59]

김충석의 증언에 따르면 초도에서 울릉도로 갈 때는 먼저 '울릉도에 가 서 일할 사람들'을 모집하는데, 사공을 제외하고는, 목수가 직업이고 선원 일도 잘 할 수 있는 건강한 청장년을 모집한다. 모든 준비를 끝내면 추석 후 가을에 하늬바람이 불기를 기다리다 15~20톤 내외의 노와 돛으로만 움직 이는 풍선을 타고, 장군바위 앞에서 고사를 모시고 출항한다. 망망대해 그 먼 곳을 하늘의 해와 달과 별, 음력날짜(물때를 안다)와 손안에 든 조그마 한 패철(나침판) 하나에 의지해서 조류의 흐름을 보고, 시간도 알고 방향도 안다고 한다. 이때 제일 중요한 것이 바람인데, 하늬바람(북서풍)이나 서마 (남서풍)나 마파람(남풍)이나 샛마파람(남동풍)이 불어야 울릉도에 가기 가 좋고, 일을 다 마치고 되돌아올 때는 샛바람(동풍)이나 높새바람(북동 풍)이 불어야 쉽게 배질(항해)을 할 수 있다고 한다. 그래서 추석을 지나고 갔다가 다음 해 7~8월에 오든가. 겨울을 보내고 2월 중순에 울릉도를 떠나 온다고 하였다.[60]

5. 거문도 · 초도 사람들의 울릉도 · 독도 도항 방법

거문도 사람들은 울릉도 · 독도로 출항할 때 언제, 어떻게 준비해서 갔을 까? 거문도사람들의 울릉도 · 독도 출항과 관련하여 이귀순(87세)[61]은 출항시

---

59 『울릉도 · 독도로 건너간 거문도 · 초도 사람들』, 189-190쪽.
60 초도향토사편집위원회, 『초도향토사』, 2020. 373쪽.

기와 준비물, 준비물을 만드는 방법에 대해 마을이나 집안 어른들에게 들었던 얘기를 생생하게 증언해주었다. 이귀순에 의하면 거문도 사람들이 울릉도·독도로 출항하는 시기는 봄바람이 불어오기 시작하는 삼사월경이다. 그전에는 울릉도·독도서 미역을 채취하면 말릴 수 있는, 거문도 방언으로 '뜸'이라고 불리는 억새풀로 엮은 자리를 만들었다고 한다. 왜냐하면 울릉도·독도에는 채취한 미역을 말릴 수 있는 장소가 마땅치 않기 때문에 준비해간 자리(또는 명석)에 미역을 말려서 가져와야하기 때문이다.

그러니까 여기서 인제 그 삼사월이 되면 마파람이 많이 불잖아. 남풍이 많이 주로 불잖아 봄바람이 이제 남쪽 바람이. 그러면 그 전에 인제 그 가보셨으면 알지만은(…중략…). 거기에서는 미역이나 이 해조류를 (채취)하면 널 바위가 없잖아요. 이게 자리가 없잖아요. 미역을 말려야 될 거 아니에요. 말리는데 울릉도든 뭐든 지형이 말릴 데가 없어. 그러니까는 거문도분들은 9, 10월에 저기서 (울릉도에서) 와가지고 웃녘에(서해안을 따라 위쪽으로) 가가지고 그놈(미역 등 해산물)을 팔고 금강이나 영산강이나 그 심지어는 그 제물포 그러니까 마포까지도 가가지고 팔아가지고 곡식하고 이렇게 바꿔가지고 와가지고는 이 3,4월이 되도록까지는 산에서 새[62], 풀, 거문도에는 무디기 수로 있으니까 그 놈 비어다가 이 뜸이라 그러지 그 이제 뜸, 그걸 보고 이제 뜸이라고 하는데 그걸로 이걸 엮어가지고 자리를 만드는 거지. 자리 이 저 미역 말릴 자리. 그놈을(자리를) 인자 말아가지고 인제 한 배씩 싣고 가야 거기 가서 그놈을 펴놓고 미역을 말려야 상품이 되는거지요. 그래 안하면 어데 그 울릉도에, 요새로 말하자면 이 이런 말릴 데가 없잖아요. (…중략…) 이게 그러니까 그놈을 해가지고 가야 바위에다가 펴놓고 걸쳐놓고 거기다가 (미역을) 널어야 (상품이 되요). 그거 (만드는) 일이 바빴대요.[63]

거문도 사람들이 울릉도·독도로 갈 때에는 물과 식량을 보충해가며 동

---

61 거문도뱃노래 전수회장. 서도리 장촌마을 거주.
62 억새풀을 지칭함.
63 『울릉도·독도로 건너간 거문도·초도 사람들』, 56-57쪽.

남해 연안을 거쳐서 갔기 때문에 부산이나 삼척 등 중간 정착지에서 울릉도로 약초를 캐러가려는 사람들을 태워갔다고 한다. 개척령 이전에 이미 오래 전부터 울릉도에 정착해서 농사를 지으며 살았던 사람들은 이렇게 해서 정착한 경우라고 한다. 울릉도에서 채취한 약초와 미역, 전복 등 해산물은 서해안을 따라 올라가면서 판매를 하였으며 고가에 팔렸다고 증언하고 있다. 특히 <u>상쾡이 또는 물개 기름으로 만든 어유(魚油)는 부르는게 값이어서 떼돈을 벌 수 있었다</u>고 한다. 거문도 사람들이 목숨을 걸고 울릉도에까지 간 이유이다. 물론 울릉도 나무로 새 배를 만들어 오는 일이 가장 큰 이유가 될 것이겠지만.

인자 문제는 울릉도를 거문도 사람들이 가기 전에, 아니 간 이후로 농사를 짓든지 뭘를 했든지 했던 사람들은 거문도 사람들이 가면서 부산이나 이런데서 농사 없고 그런 이제 그 때만 하더라도 부산이나 삼척이나 이런 데는 농사 없는 (…중략…) 사람들이 가면 약초도 캐고 뭐 하고 하니까는 그럼 나도 좀 실어다 주라 이제 그렇게 해서 운반해서 간 사람들이 많고 그것이 [울릉도 정착의] 기초가 됐다고 그래요. 그래서 가면 그 사람들이 인제 일 년 우리가 갔다 오도록까지 그러면 너네가 약초를 캐놔라. 응 약초를 캐놓으면 캐서 이렇게 이렇게 만들어서 이렇게 해놔라. 그리고 인자 식량을 주고 오는가봐요. 그러면은 인자 그 놈을 먹고 그 사람들이 인제 그 약을 캐가지고 이렇게 장만을 해놓으면 거문도 사람들이 다시 인제 싣고 와서 그 때 당시만 하더라도 산약이라는 것이 마포나 이 금강이나 그 저저 영산강 같은데 이게 농촌에 이런데 가면 고가거든 이거는 전라도의 저 남북도라던지 이쪽은 농토도 넓지만은 그런 약초 같은 게 귀했죠. 그러니까 인제 자연히 고가로 팔 수 밖에 없어요. 그러니까 그 사람들이 해준 거는 가져와서 아주, 덩달아 이제 마포(한강) 같은 데를 들어가면 서울사람, 한양사람들은 더욱 이 약초에 대해서는 더 양반들이 더 소중히 여기고, 고가에 팔 수가 있었고. 더욱 더 또 하나 인제 그 여기서는 상쾡이 기름이라고 그러고, 상쾡이라고 그러는데, 물개 기름, 그걸 이제 어유(魚油)지 소위, 어유를 만들어가지고 가면 (…중략…) 없어서 못 파는 거고. 부르는 것이 값이지. 허허. 우리 할아버지들이 이거한 그릇 이렇게 떠주면서 쌀 한가마니. 그렇게 [쌀] 한가마니야 얼마든지 있지만 은 이건(어유는) 없거든. 그러니 그렇게 떼돈을 버는 거예요.[64]

이렇게 울릉도에서 채취한 미역과 전복 같은 해산물과 더덕, 인삼 같은 약초들을 새로 지은 배와 타고 갔던 배에 나누어 싣고 구월~시월경 가을바람이 불면 동남해 연안의 여러 포구를 거쳐 거문도로 돌아왔다. 그리고 [추석 쇠고] 다시 서해안을 따라 영산강(목포), 금강(군산), 한강(마포), 인천(제물포), 장산곶, 진남포, 의주(신의주)를 거슬러 올라가며 큰 강 주변의 시장을 중심으로 채취한 미역 등 해산물과 약초들을 팔기도 하고, 쌀로 바꾸는 물물교역도 하면서 상업활동을 하였다.[65]

> 조사자: 그 울릉도까지 직진으로 바로 가진 않으신거네요.
> 이귀순: 그렇겠지. 바로 울릉도까진 직선, 직항은 안했다 이 말이지요. 가서 물 싣고, 주로 부산포나 삼척이나 이런데 가서 물 싣고, 뭐 하고, 생활필수품은 그런데서 많이 사 싣고 갔거든, 그러면서도 거기 사람들을 싣고, [울릉도로] 실어다 준거지.[66]

다시 봄이 오면 부산을 거쳐 울산, 동해안의 장기곶(포항), 울진, 강원도 강릉, 원주와 함경도까지 거슬러 올라가며 쌀과 곡식을 판매하거나 명태 등과 물물교환을 하기도 했다.[67]

이들이 울릉도로 갈 때 항해하던 외양항로는 연도, 욕지도를 돌아 경상도에 진입한 후 평해에서 바람 등 항해 조건을 살피 후 동해안과 울릉도로 갔다. 그리고 북동계절풍을 이용하여 장기곶을 거쳐 남해안의 섬과 섬 사이를 타고

---

64 『울릉도 · 독도로 건너간 거문도 · 초도 사람들』, 59-61쪽.
65 『울릉도 · 독도로 건너간 거문도 · 초도 사람들』, 146쪽; 「바다의 개척자」, 『조선일보』, 1963.8.11 참조.
66 『울릉도 · 독도로 건너간 거문도 · 초도 사람들』, 61-62쪽.
67 「독도는 옛날부터 우리 땅-9순 노옹의 증언」, 『민국일보』, 1962.3.20. 참조.

거문도로 돌아왔다.[68] 이들은 전라좌수영 수군들의 눈을 피하기 위해 섬과 섬을 돌며 남동해안으로 이동하였다. 이들의 항로는 거문도→ 연도→ 욕지도→ 거제도→ 지세포→ 가덕도를 돌아서 부산→ 울산→ 장기→ 평해→ 울릉도로 건너갔다.[69]

[그림 5] 거문도·초도사람들의 울릉도 독도 도항 항로

동해안으로 내려오면서 이들은 동해안의 포구에서 울릉도로 약초를 캐러

---

68 삼산면지발간추진위원회,『삼산면지』, 2000년, 27쪽.
69 김수희,「개척령기 울릉도와 독도로 건너간 거문도 사람들」,『한일관계사연구』38,
    한일관계사학회, 2011.4, 208-209쪽 참조.

가기 위해 대기하고 있던 약초꾼들을 싣고 울릉도로 가서 수개월간 체류하면서 벌목해둔 울릉도 나무로 배를 건조했다. 맑은 날은 떼배를 타고 독도로 건너가 미역 등 해산물을 채취하고 강치도 사냥했다. 그리고 9~10월 샛바람이나 높새바람이 불면 타고 갔던 헌 배와 새로 지은 배에 해산물을 가득 나눠 싣고 거문도로 귀환하는 것이었다. 그러나 그 과정에서 거문도 사람들이 바다에서 많은 희생을 당하기도 했다. 구술자 이귀순의 조부와 김태수의 증조부 3형제도 그렇게 해서 돌아가셨다고 하였다.

> 이귀순: 그래가지고 쌀을 가득 싣고 이제 뭐 이렇게... 내려오다가 우리도 뭐 그 울둘목, 명량, 그 해남하고 이래... 인제 그 거기서 (…중략…) 우리 할아버지는 거기서 돌아가신 거 같다고 그래요. (…중략…) 하여튼 뭐 북극성을 보았던지, 뭘 했든지, 예 그렇게 했었지만은, 오다가다 풍랑에 많이 희생이 되고. 그래가지고 그 음... 선친들, 여기 선친들이 많이 희생됐어요. 살아남은 사람이 별로 없어요. 그 고혼이 된거지, 수중고혼이 된거지.[70]

> 이귀순: 그런데 몰살을 했으니깐. 제사 날도 이거는… 짐작을 해서 한 거에요. 그래가지고 1년에 이 마을에서 12집이 하루 저녁에 같이 제사를 모셨어요. 우리 어렸을 때. (…중략…) 그러니까 저희 조부님 묘가 헛장이에요 헛장. 헛장인데, 참 우리 어려서 보면 바다에서 신(神)을 건져요. 시케이쿠시라고 해서 진도에 유명한. 나 어려서 씻김굿을 하면, 그때는 여기는 없었거든. 그러니깐 그게 [무당을] 불러와야 돼. 그러니깐 큰 이 재산이 없으면 그것도 못해. 그렇잖아요? 그게 무당, 무당 뭐 서이, 너이, 또 뭐 심부름 그래가지고 보통 4인조 5인조 하는데, 그분들 일당 줘야지, 뭐 해야지. 뭐 하면, 지금은 뭐 한다 그러면 돈 천 만원 가까이 들어야 그걸 해요. 그러니까 그것도 버거웠다고. 그런데 나 어려서 할아버지 그거 혼 갖다가, 헛관을 만들어서 거기다가 해 가지고 묻었는데. 그런데 우리 조모는 할 수 없이, 헛장이지만 [할아버지] 옆으로 [묻히셨어], 나중에 돌아가셔서.[71]

---

70 『울릉도 · 독도로 건너간 거문도 · 초도 사람들』, 61-62쪽.
71 『울릉도 · 독도로 건너간 거문도 · 초도 사람들』, 85-87쪽.

실제로 김태수의 부친인 김병순 옹의 조부가 활동하던 1800년대 중 · 후반을 전후로 거문도를 출항해서 울릉도 · 독도와 동 · 서해를 항해하며 상업활동을 하던 거문도 서도리 장촌마을과 덕촌마을의 선박들 중에서도 조난을 당한 배들이 많았다. 상세한 피해상황이 기록되어 있지는 않지만 1970~1980년대까지 마을에서 전해오는 조난 관련 사실들을 서도리 김병순의 기록[72]을 통해 확인할 수 있다.

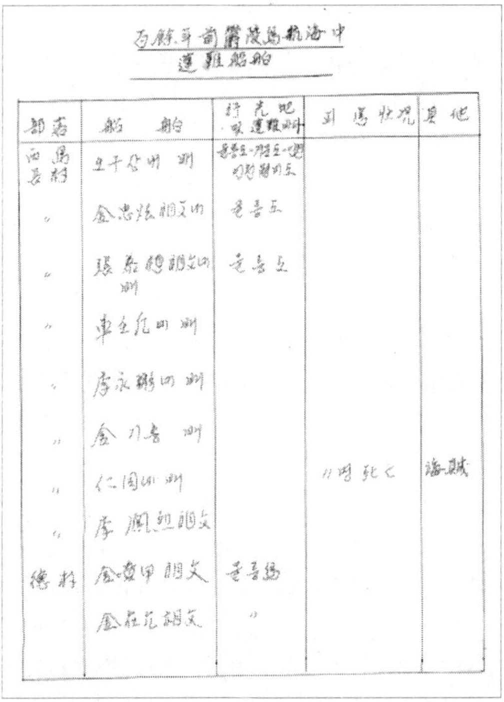
百餘年前鬱陵島航海中
遭難船舶

部落	船舶	行先地 및 遭難海域	[illegible] 狀況	其他
西島 長村	[illegible] 배	울릉도-거문도-[illegible]		
〃	金[illegible] 船主배	울릉도		
〃	張[illegible] 船主배	울릉도		
〃	車[illegible] 배			
〃	李永[illegible] 배			
〃	金기[illegible] 배			
〃	仁[illegible] 배		〃 명 [illegible]	海賊
〃	李[illegible] 船主			
德村	金[illegible] 船主	울릉도		
	金[illegible] 船主	〃		

[그림 6] 백여년 전 울릉도 항해 중 조난선박. 울릉도 도항 관련 거문도 선박의 조난상황을 정리해 놓은 김병순의 기록

72 『울릉도 · 독도 관련 거문도 자료 Ⅰ』 자료총서5, 영남대 독도연구소 편, 도서출판 선인, 2018, 58쪽.

김병순은 서도리 장촌·덕촌 두 마을에서만 10척의 배들이 직·간접적으로 울릉도를 항해하던 도중 조난을 당한 것으로 기록하고 있다. 배 한 척에 15~20명 내외의 선원들이 타고 있었다고 보면 많은 수의 지역민들이 희생을 당했다고 볼 수 있다. 특기할 사항은 대부분 폭풍우 등 기상악화로 인해 사고를 당했다고 볼 수 있겠지만, 해적을 만나 희생을 당한 경우도 있었다. 1894년 갑오동학농민전쟁 때 패주한 동학군들이 남서해안에서 해적이 되어 항해하던 선박에 피해를 입힌 경우도 기록을 통해 확인할 수 있다. 김병순 옹의 조부시절 때만 해도 이 정도의 피해가 있었음을 짐작해볼 때, 거문도 어민들이 얼마나 많이 자주 울릉도·독도를 왕래하고 있었는지 알 수 있다.

『울릉도·독도 관련 거문도 자료』[73]를 제공해 준 김태수의 증조부 3형제도 병신년(1896.10.16)에 울릉도·독도로 건너갔다가 돌아오는 길에 풍랑을 만나 결국 돌아오지 못하고 수중고혼이 되고 말았다. 장남을 제외한 증조부 3형제가 한꺼번에 변을 당했던 것이다.

　　김태수: 내가 오죽했으면 족보를 찾았을까요. 그리고 나의 할아버지 몇 대 할아버지께서 거문도서 배를 타고 어디를 거쳐서 어디를 갔던가? 그래서 돌아가셨어요, 3형제가. 그것이 내가 지금 알고 있는 것은 내가 지난번에 울릉도 갔을 때도 그런 말을 했는데 그 할아버지가 돌아가셨는데, 그 할아버지가 과연 나의 몇 대 할아버지였던가. 그럼 그 때 당시에 할아버지가 돌아가시고 인제 3대 할머님이 19살 때 혼자 되신거예요. 아버지가 독자의 독자야.(…중략…) 저희 지금 할아버지가 울릉도를 다녀서 그것이 어디가 있냐 하면 족보 속에 [나와 있어요]. 아버지는 돌아가시고 할아버지가 묘자리가 없어. 나가(내가) 확인할 수 있는 방법은, 나는 인자 할아버지가 그렇게 돌아가셨단건만 알지, 그분들이.[74] (…중

73　영남대학교 독도연구소 편, 『울릉도·독도 관련 거문도 자료 I 』, 영남대 독도연구소 자료총서5, 도서출판 선인, 2018; 영남대학교 독도연구소 편, 『울릉도·독도 관련 거문도 자료II』, 영남대 독도연구소 자료총서6, 도서출판 선인, 2018.
74　『울릉도·독도로 건너간 거문도·초도 사람들』, 113-114쪽.

략…)

김태수: 여기에 형제간들이 현재 아까 네 분 있[었]지요. 이 할아버지가 현재 묘가 없어요. 저희 할머니가 현재 고령 신씨 할머니가 열 아홉살 때 혼자 되신거죠. 이분이 묘는 없어요. 그 형제가 저희가 인제 알고 있는 건 제사를 옛날에는 제사를 어머니께서 같은 날 모셨[대]드라, 그래서 결국은.

조사자: 근데 잠깐만요, 무덤이 묘가 없다는 얘기가 무슨 뜻입니까?

김태수: 묘가 없다는 얘기는 [바다에서] 돌아가셔서 시신을 건질 수 없었다는 거죠.[75]

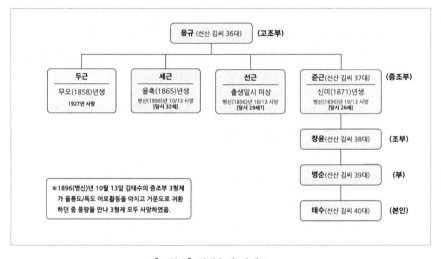

[그림 7] 김태수씨 가계도

거문도 서도리 덕촌마을 출신으로 여수에 거주하고 있는 원용삼도 1867년 경 증조부가 울릉도에 건너갔다 돌아오시는 길에 조난을 당해 돌아가셨다고 증언했다.

75 『울릉도 · 독도로 건너간 거문도 · 초도 사람들』, 119-121쪽.

증조부가 울릉도 갔다오시다가 조난을 당해가지고 올 때 그래됐죠. 나로도. 거기까지 와가지고 거기서 조난당해가지고 거기서 돌아가셨어요. 그래가지고 서는 그때 이제 그 배가 조난당해가지고 많이 죽고 사람이. 거기 그래서 생존자들이 마침 증조부님께서는 그 바닷가에 시체가 밀렸던 모양이요. 그래가지고 수습 해가지고 거기다가 가매장을 해놓고 왔는데, 그때 할아버지가 몇 살 이냐 하면 9살 때입니다. 증조할아버지가 돌아가셨을 때.(…중략…) 그러니깐 조부님이 1858년생입니다. 1858년12월19일생이신데 조부님이, 그 돌아가셨다는 증조부님은 1834년 8월 15일생이거든요. 그러면 저의 조부님 되시는 분은 1858년생이고, 그러면 9살 때라고 하니깐 말하자면은 (돌아가신 해가) 1867년도 그쯤 되겠죠.[76]

원용삼의 증조부는 1867년 6월 17일 울릉도에서 돌아오다 조난을 당해 돌아가셨고, 김태수의 증조부 역시 1896년 울릉도에서 귀항하다 조난을 당해 결국 고향으로 돌아가지 못했음을 알 수 있다. 한마을 십여 가구에서 한 날 한 시에 제사를 지낼 수밖에 없었던 이유가 여기에 있었다.

거문도·초도 사람들의 울릉도·독도 도항과 관련하여 200여년 전부터 조상들이 초도에 입도하여 살았던 초도 출신 김충석(전 여수시장)은 몇 가지 주목할 만한 증언을 하고 있다. 그것은 울릉도로 도항한 시기, 여자들의 울릉도 진출, 선박 건조시 사용한 나무못과 관련한 증언 등이다.

첫째는 배를 만들기 위해 울릉도·독도로 건너가던 시기가 기존에 알려져 있던 4월경이 아니라 추석 쇠고 가을걷이 할 때쯤인 10월말 전후라는 것이다. 그 이유는 새 배를 짓기 위해서는 당연히 목재가 필요한데, 4월경에 울릉도에 건너와서 배를 만들기 위해서는 늦가을에 벌목하고 겨울에 눈이 오면 눈을 이용해서 벌목한 나무를 산에서 끌어내린 후, 젖은 나무를 말려 두어야만 4월경부터 본격적으로 배를 지을 수가 있다는 것이다.

---

76 『울릉도·독도로 건너간 거문도·초도 사람들』, 157-158쪽.

전라도 사람들이 4월 달에 왔다는 건 말도 안되는 소리다. 산에서 나무를 베가지고 끌고 내려와서 켜서 말려가지고 배를 짓는거야. 생나무로 배를 지을 수는 없다. 그럼 언제 만들겠나? 추석 쇠고, 가을걷이는 나머지 사람들이 품앗이해서 살고, 미리 울릉도 갈 사람들, 사공을 정하면 사공이 알아서 선원을 정해. (…중략…) 그래서 바로 추석 지나면서 물 때 따라서 도망가는거야. 근데 전라 좌수영 배, 경상 좌수영배에 걸리면 죽거든. 그러니까 얼마나 멀리 이렇게 해서 가야하잖아요. 그렇게 해서 가는데, (…중략…) 이게 그래서 추석 쇠고, 바로 준비해놨다가, 하늬바람 불면 썰물 따라서 가면 거의 거제까지는 가요. 그래서 부산만 지나면, 물이 동해안은 거의 위로 올라갑니다. 동해안은 해류가 위로 올라가기 때문에…[77]

음력으로 8월 하순, 9월 초에 가서, 그때부터 산림이 [벌목하기] 좋았으니까 산에서 나무를 벤 것이다. 베어서 가지 다 쳐놓고, 그 다음에 겨울에 눈이 많이 왔을 때 [산 위에서] 떠밀어 내리고… [봄, 여름에 가서 벌목하면] 어떻게 그걸 끌어서 내려올 것이냐.[78]

둘째는 남자들만 울릉도 · 독도로 건너간 것이 아니라 여자들도 함께 갔다는 것이다. 여자들이 울릉도 · 독도로 건너가기 시작한 것은 1882년 개척령이 시행되면서였다.[79] 남자들이 주로 배를 만드는 일을 하는 동안 여자들은 주로

---

77 『울릉도 · 독도로 건너간 거문도 · 초도 사람들』, 187-190쪽.
78 『울릉도 · 독도로 건너간 거문도 · 초도 사람들』, 194쪽; 거문도 · 초도인들이 울릉도에서 배 건조 작업을 시작하는 시기는 4월 이후에 본격적으로 시작되지만, 실제로 배를 만들기 위해서는 10월 말 전후 울릉도로 도항한 것으로 볼 수 있다. 이들은 선발대(벌목반) 격으로 먼저 울릉도에 도착해서 산에서 선재(船材)로 쓰일 나무를 벌목한다. 그리고 겨울에 내린 눈을 이용해 산 위에서 해안으로 목재를 운반한 후, 마지막으로 배를 만들기 위한 건조 작업을 해 놓음으로써, 초여름에 후발대들(배목수)이 도착해서 여름에서 가을까지 본격적으로 배를 짓기 위한 사전 작업을 미리 해두었다.
79 물론 조선정부의 울릉도 개척령과 그에 따른 이주정책에 따라 육지에서 농사를 짓기 위해 입도한 농민들은 가족 단위로 입주했기 때문에 당연히 여자들도 동반했다. 이들은 거문도 · 초도 사람들과 달리 어업에는 종사하지 않았고 대부분 농업을 주된 생계 수단으로 삼았다.

식사 등 주거생활과 관련한 기본적인 생활을 도와주기 위해 함께 갔다고 볼 수 있다. 물론 틈틈이 미역이나 해산물 채취, 농사일도 병행했을 것이다. 전통 사회에서 이루어지던 남녀 간의 역할분담이 울릉도에 와서도 자연스럽게 이어졌다고 하겠다.

> 김충석: 여기 보면 우리 집안에 서덕업 할머니라고 그 분한테 70년대에 얘기를 물어봤어요. 울릉도 갔다 왔다고 하길래, "할머니 어찌 갔어요?"(…중략…)
> 조사자: 여자 분도 가셨습니까? 그때 어떻게 여자 분이 배를 탔지요?
> 김충석: 원래는 안타는데, 울릉도 가면 필요하잖아요. 울릉도에 여러 달 있어야하니까, 남자들만 처음엔 가다가, 검찰사가 가서 1882년에 공도 정책이 해제되었잖아요. 그 뒤부터 가신 것 같아요 할머니는. 그래가지고, 고흥 금산분이거든, 고흥 거금도. 할머니한테 물어보니까 자기 처녀 때 자기 아버지가[선원으로] 뽑혔다 그거야 금산 사람 중에서. 그래서 거기에서 초도 와서 의성리에서 있다가, 여자들 몇이 가족들하고 가서 밭에서 농사짓고, 밥 해먹고… 옛날 농사하던 터가 있[었]기 때문에…[80]

셋째는 배를 만들 때 사용하던 못으로 쇠못이 아니라 나무못을 사용한 이유에 대한 것이다. 이미 신문이나 논문에서도 소개된바 있지만[81], 이 증언은 배를 만들 때 독도에 서식하던 소나무로 나무못을 만들어 사용했다는 기존의 주장을 뒷받침하는 것이다. 또한 앞으로 더 많은 연구가 필요하겠지만, 19세기 말 이전까지 수백 년간 일본이 독도를 송도(松島)로 불렀던 이유일 수도 있다.[82]

---

80 『울릉도·독도로 건너간 거문도·초도 사람들』, 188-189쪽.
81 「독도의 나무(이규태코너)」, 『조선일보』, 1990.03.29.5면; 김수희, 「개척령기 울릉도와 독도로 건너간 거문도 사람들」, 『한일관계사연구』38, 한일관계사학회, 2011.4, 200쪽 참조.
82 독도 토양의 화분 분석 조사에 의하면 독도에는 소나무속(Pinus) 화분을 포함한 여러 종류의 화분층이 다량 검출되었다. 이것은 독도에는 암벽이 아니라 수림이 형성되었음을 입증하는 것이다.(경상북도·문화재청, 『2007년 독도 천연보호구역 식생복원을 위한 타당성 조사연구』, 2008; 김수희, 위의논문, 227쪽에서 재인용.)

조사자: 일본 수로지 보면, 그때 가서 관찰해보니까 조선인들이 못을 쓸 줄 몰라서 나무 못을 쓰는데, 나무를 생나무를 쓰더라. 그래서 사계절 변형이 안된다는 보장을 할 수 없겠다는 기록이 있어요.

김충석: 근데 나무 못을 쓰는 것은 쓸 줄 몰라서 그런 것이 아니라...

(…중략…)

김충석: 집도 쇠 하나도 안 들어가고 지었잖아요. 배도 마찬가지야. 전부 왜정시대 들어와서... 못이 두 가지 종류야. 외쪽지 못이라 해서 이렇게 된 못이 있고, 양쪽지 못이라 해서 이렇게 된 못이 있어요. 이것은 옆으로 박는 것이고, 이건 나무 끼리 연결시키는 거예요. 그래서 우리 조선 사람들은 나무가 더 정석이야. 왜 정석이냐면, 쇠는 물에서 빨리 썩어버리는데, 나무는 같은 성분이기 때문에 물 속에 있는 건 아무 문제가 안된다는 거예요. 그리고 바로 생나무로 안 짓는다니까.[83]

이상과 같은 김충석의 구술증언을 종합해보면, 그동안 조선정부의 쇄환정책으로 울릉도가 빈 섬으로 방치되어 있었고, 1882년 울릉도 개척령이 시행된 이후에야 사람들이 본격적으로 이주해와 살았다는 주장은 재고해볼 필요가 있을 것 같다. 물론 수토사의 눈을 피해 산 속에서 한시적으로 약초를 캐던 소수의 약초꾼들도 있었지만, 배를 만들기 위한 사전 준비 작업을 하기 위해 11월~3월말까지 벌목과 제재작업을 하던 적지 않은 사람들이 이미 수토사 등 조선정부에서 검찰하러 온 관리들의 눈을 피해 울릉도에 상주하고 있었던 것이다.

따라서 기존에 알려져 있던 봄에 울릉도·독도로 건너가 가을에 거문도·초도로 돌아왔다는 기존의 학설은 틀린 것은 아니지만, 새롭게 수정·보완이 필요하다. 즉 전라도 남해안 어민들, 특히 거문도·초도 사람들은 봄부터 가을까지만 울릉도·독도에서 어렵·어채활동과 선박건조작업을 한 것이 아니라, 늦가을에서 초봄까지도 울릉도에서 상주하며 벌목과 제재작업을 이어

---

83 『울릉도·독도로 건너간 거문도·초도 사람들』, 194-195쪽.

왔다고 볼 수 있다.

이처럼 거문도 · 초도 사람들은 1년 내내 울릉도 · 독도에 거주하며 울릉도의 산림을 이용하였고, 울릉도 · 독도 해역에서 해산물과 해조류를 채취하고 강치잡이를 병행하면서 수백 년간 울릉도 · 독도를 경영해왔던 것이다. 이렇게 거문도 · 초도 사람들과 동남해 연안민들이 울릉도 · 독도 어장을 관리하며 수백년간 영속적 · 실질적으로 경영을 해왔기 때문에, 1882년 울릉도 개척령과 1900년 대한제국칙령 41호로 이어지는 조선정부에 의한 울릉도 · 독도에 대한 실효적 지배가 국제법적으로도 그 효력을 가질 수 있게 된 것이다.

6. 거문도 · 초도 사람들의 울릉도 · 독도 생활

그러면 거문도 · 초도 사람들은 그들의 삶의 터전인 울릉도 · 독도에서 무엇을 하였을까? 거문도 · 초도 사람들은 울릉도에 도착해서 일부는 배를 만드는 작업을 했고, 일부는 울릉도와 독도에서 미역과 전복 등 해산물을 채취했다. 날이 맑아 한 번씩 독도에 들어가게 되면 몇 일씩 머물면서 해산물 채취와 함께 강치를 잡기도 하였는데, 강치에서 나오는 부산물도 사람들에게 인기가 있어서 제법 비싼 가격으로 팔리곤 했다고 한다.

1962년 『민국일보』에 울릉도 · 독도 도항 관련 인터뷰를 했던 김윤삼 옹의 손녀 사위인 김충현은 김윤삼 옹으로부터 들었던 독도에서 강치를 잡는 방법에 대해 구술해주었다. 먼저 거문도 사람들이 울릉도 · 독도로 건너간 시기를 약 200년 전이라고 하였으며, 강치는 거문도 말로 '옥배기'라고 불렀다고 한다. 잡은 강치로는 가죽신발이나 가죽옷, 강치기름 등을 만들었으며, 포획방법은 새를 잡는 방법을 원용해서 잡았다고 한다.

그래서 할아버지(김윤삼 옹)가 갔을 때. 독도를 무엇하러 갔냐면은 주로 미역도 땄지만은 물개도 잡으러갔어. 할아버지는 물개(강치)라고 하는데 여기말로는 표준말이 아니겠지? '옥배기'라고 그래. 거문도 말로는 그러지. 그러면 그 물개를 잡으면 껍질은, 그때 할아버지 말에 의하면, 가죽 신발도 만들고, 그것이 비쌌답니다... 옥배기 어떻게 잡았습니까 하고 물어보니까. 포획 방법은, 그러니까 독도가 큰 섬 두 개 말고, 잘잘한 다른 섬들 많이 있을 거 아니야? 여기 작은 잘잘한 섬에 까맣게 몰려온다고 그래요, 그러면 그 할아버지는 거기 갈 때도 아까 떼배처럼 통나무를 베어가지고 조그만한, 보초만 설 수 있는, 두 사람 만 올라갈 수 있는 보트를 만들어서 큰 배에 싣고 다녔다고 그래요. 그것을 어디다 쓰냐면은 그거를 잡을 때 이제 포획 방법은 이제 이런 식인데, 이렇게 해가지고 여기다가 Y자로 해가지고. 그러면 둘이 셋이 돌 주어다가 넣고, 여기다가 줄을 당겨 조그만 배에 줄을 묶어. 큰 배는 못 대니깐. 조그만 배 줄을 쳐놓고 하단에 당번을 해요. 밤에. 언제 들어갈지 모르니깐. 이제 거기다가 놓아두고 돌을 받혀 놓으면은 한 사람 두 사람이 당직을 서지요. 그렇게 잡았다고 해요.[84]

1900년대 초 나카이 요자부로가 총기사냥으로 독도강치를 남획해 멸종시킨 것에 비하면 거문도 · 초도 사람들이 독도에서 강치를 사냥하는 방식은 거의 원시적인 수준이라고 볼 수 있다. 덫을 놓아서 잡는 방식으로 한번 독도에 들어가 2~3일씩 머물면서 잡아도 많아야 10~20마리 정도일 것으로 추정된다. 그 때문에 시장에서 필요한 만큼의 공급량이 부족해서 강치 부산물들은 비싸게 팔릴 수밖에 없었다. 강치를 잡는 또 다른 방법으로는 쥐덫을 만드는 방법을 응용해서 큰 덫을 만들어서 잡기도 했다.

물개는 초도 사람이 쉽게 못 잡지. 포수로 잡았으면 몰라도. 덫으로 잡으면... 초도에 덫이 있었거든. 쥐덫같이 해달피 잡는 덫이 있었어. 그것이 쇠줄이 이렇게 해서 덫에다가 물고기를 묶어놓으면, 그놈 먹으려다가 덫에 걸려 있으면 대장간 하시는 분이 잡아다가 물개 잡아서 팔고 그랬거든. 우리 아버지도 [물개 가

84 『울릉도 · 독도로 건너간 거문도 · 초도 사람들』, 216-218쪽

죽으로 만든 윗 한 벌 있었는데, 나중에 아버지 돌아가시고 찾으니까 우리 집사 람이 버렸다고 그래. 그걸 왜 버렸는지...[85]

거문도 · 초도 사람들이 울릉도로 건너가서 했던 가장 중요한 일은 울릉도 나무로 배를 만드는 일이었다. 어떤 배를 어떻게 만들었는지에 대해서는 아 직 좀 더 연구가 필요하지만, 그 당시 울릉도를 왕래할 때 많이 타고 다녔다고 하는 풍선배(돛단배), 한선이라고 볼 수 있다.[86]

그 때 당시에 한선이라고 그랬는데. 우리 한국 배라고 그래서 한선이라 그러 는데. 그 때 당시에는 볼트라는 게 없었잖아요. 이 쇠못 이런 게 전부 없었잖아 요. 그때 당시에는. 그러니깐 전부 대나무 못, 대나무로 못 대신에 대나무로 썼 고, 볼트 대신, 이게 칡넝쿨로 양쪽으로 이렇게 해가지고... 태릉개라는 건데, 우 리 삼도(거문도) 말로 태릉개라 그래요. 이렇게 돌려서 이렇게, 그 하면 안벌어 지게끔 딱. 그런 식의 배지요.[87]

아까도 말했지만 볼트나 너트라던지, 이런게 일체 없었으니깐. 전부 대나무 로 이렇게 못을 만들어서 그렇게 했고. 이쪽하고 이쪽하고 안 벌어지게 하는 것 은 칡넝쿨로 이렇게 줄을 만들어서 이렇게 해가지고 가운데서 이렇게 감으면... 이놈이 오그라들게 아니에요? 그놈을 안움직이게 딱 받쳐 놓은. 그런 식으로 이 렇게, 그런 배를 타고 울릉도를 다녔으니 참.[88]

그러나 나무못의 사용에 대해 김충석은 위의 구술자들과는 조금 다른 증언 을 하였다. 일본인들과 달리 조선에서는 배를 만들 때 쇠못이 없어서가 아니

85 『울릉도 · 독도로 건너간 거문도 · 초도 사람들』, 196-197쪽.
86 김윤삼은 1962년 『민국일보』와의 인터뷰에서 천석짜리 뗏목배를 타고 거문도와 울 릉도를 내왕했다고 증언하였으며, 박운학은 1963년 『조선일보』와의 인터뷰에서 사 발배를 타고 울릉도와 동해, 서해를 철따라 불어오는 계절풍을 이용해 다녔다고 증언 하였다.
87 『울릉도 · 독도로 건너간 거문도 · 초도 사람들』, 83쪽.
88 『울릉도 · 독도로 건너간 거문도 · 초도 사람들』, 85쪽.

라 의도적으로 쇠못을 사용하지 않았다는 것이다. "근데 나무못을 쓰는 것은 쓸 줄 몰라서 그런 것이 아니라 (···중략···) 집도 쇠 하나도 안 들어가고 지었 잖아요. 배도 마찬가지야 (···중략···) 우리 조선 사람들은 나무가 더 정석이 야. 왜 정석이냐면, 쇠는 물에서 빨리 썩어버리는데, 나무는 같은 성분이기 때 문에 물 속에 있는 건 아무 문제가 안된다는 거예요.[89] 배를 만들 때는 오히려 쇠못을 사용하지 않고 나무못을 사용하는 것이 더 튼튼하고 수명이 오래가는 배를 만드는 방법일 수 있다는 것이다.[90]

배의 크기나 승선 인원은 정해져 있지 않았고, 배를 소유한 선주의 경제적 형편에 따라 배의 크기나 숫자, 승선 인원이 달랐던 것으로 보인다. 이귀순의 증언에 따르면,

> 뭐 배에 따라서 열 사람, 열두 사람, 일곱 사람 배도 있고, 그러니깐 여기서도 뭐, 지금도 단대인 배, 저 뭐냐, 골래내 배, 누배 다 그 배들이 있는데, 주로 그러니 깐 우리 할아버지가 돌아가신 배는 열두 사람이 다니는 큰 배...[91]

더 많은 증언과 자료조사가 필요할 것으로 생각되지만 대략 작은 배는 10 명 내외, 큰 배는 20명 내외의 인원이 승선했을 것으로 본다. 1696년 안용복의 2차 도일 때에도 11명이 승선한 것으로 볼 때, 약 15명 내외의 인원이 승선했

---

89 『울릉도·독도로 건너간 거문도·초도 사람들』, 194-195쪽.
90 조선시대에 배(한선)를 만들 때는 목정(木釘=나무못)을 사용하여 만드는 것이 특징 이었다. 한선 구조에서 철정(鐵釘=쇠못)은 잘 쓰여지지 않았다. 그 이유는 철정을 쓰 면 개삭(改槊)이 불가능하기 때문이다. 개삭은 배를 일정한 기간 동안 사용하고 나서 묵은 목정을 갈아 끼워 수명 연장을 기하기 위한 것이었다. 나무못(목정)의 사용과 개 삭 시공법은 일본이나 중국과는 달리 우리나라에서 창안된 독특한 공법이다.(삼산면 지발간추진위원회, 『삼산면지』, 2000, 151쪽 참조.) 조선시대 조선술과 관련해 목정 과 철정의 사용은 고정되어 있지는 않았다. 지역이나 선박의 유형에 따라 목정 또는 철정이 사용되기도 했다. 이와 관련해서는 강만길, 『조선시대상공업사연구』, 한길 사, 1984, 202-205쪽 참조.
91 『울릉도·독도로 건너간 거문도·초도 사람들』, 85쪽.

던 것으로 보인다. 그러나 울릉도로 갈 때와 거문도·초도로 돌아올 때의 승선 인원은 달라지는데, 그 이유는 울릉도로 갈 때는 한 척이었지만, 돌아올 때는 타고 간 배와 울릉도에서 새로 만든 배를 합쳐 두 척의 배로 나누어 타고 돌아왔기 때문이다.

특히 관심을 끄는 배는 울릉도와 독도를 왕래할 때 사용했다고 하는 '떼배'이다. 울릉도로 갈 때 타고 갔던 배는 큰 배이기 때문에 독도에서 어렵활동을 하기에는 적합하지 않았다는 것이다. 특히 독도주변에는 배를 정박해둘 곳도 마땅치 않고, 수시로 불어오는 바람을 예측하기 어려울 뿐만 아니라, 주변의 암초도 위험하기 때문이라는 것이다. 따라서 독도에서만 사용되는 특수한 배를 제작해서 타고 다녔는데 거문도 사람들은 그 배를 떼배라고 불렀다. 울릉도 통나무로 만든 2층 구조로 된 떼배의 용도는 주로 미역과 같은 해조류를 건져 배에 올려 실을 때 용이하기 때문이란 것이다. 그렇지만 단순한 통나무로 만든 뗏목배가 아니라 돛을 달고 노를 저을 수 있도록 만들었다.

> 조사자: 그러면 독도 갈 때에는 인제 떼배타고 갔다고 그렇게 증언을 하셨는데, 그 떼배가?
> 이귀순: 떼배가 이중 떼배. 이중, 이중이고. 거기에 돛을... 돛을 달았죠. 뗏목이 이렇게 있으면 이중으로 이렇게 한다. 이놈이 부력이 되가지고, 이놈은 항상 위에 있잖아요. 그러면 떠 있잖아. 그러면 모든 생활필수품은 여기다(2층에다) 싣고.
> 신황현: 이렇게 여러 개를 얽어가지고, 길게끔, 그 사이에다가 쐐기를 박아가지고 못 움직이게 해 놓고, 그 위에다가 일단을 더 얹은 거에요, 똑같이 이단으로. 그러니까 일단(일층)에서는 물이 올라오니깐 못살잖아요. 그러니깐 이단(이층)으로 물이 못 올라오게.
> 이귀순: 여기서 우리 마을에서 도(섬)의 바깥에 나갈 때, 미역 채취하고, 몰 캐오고, 자주 줬습니다. 몰, 말이라고 하죠, 말 캐고 뭐 몰 하고 저 미역 채취 그런 걸 할 때. 그 배를 가지고 사용했죠.

신황현: 그냥 바로 실어버리면 되니깐 물이 아무리 올라와도 괜찮아요. 가라 앉지 않으니까. 그때 그냥...

조사자: 울릉도에서 독도까지 갈 때 이 뗏목을 타고 갔다는 거지요?

이귀순: 그러니까요. 내가 그림을 잘못 그렸는데, 이게 수면, 수면에 있는, 그 위로도 뗏목을 이렇게 만들어서 위에다 이렇게 같이 세워요. 그러면 공간이 아 닙니까, 물이 이렇게 들어올 수 있게, 수면이 되고. 노를 여기다 이렇게 해가지고 젓던지.

조사자: 노는 여기 위에 2층에다가 …

신황현: 노도 2층에 달고, 돛도 2층에다가 달아야지.

이귀순: 2층에서 밑에 하고 통과를 해가지고 돛대를 이렇게 세우지요. 그래가 지고 돛을 이렇게 달면, 바람을 [타고 바다로 나가게 됩니다.]92

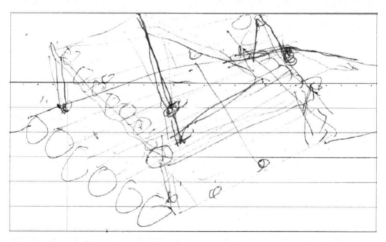

[그림 8] 이귀순 회장이 직접 그려준 뗏배 그림. 2층으로 된 뗏목 배에 돛을 세우고 노를 달아서 울릉도와 독도를 왕래했다. 거문도로 돌아올 때는 해체해서 배에 싣고 와서 목재 로 사용했다.

92 『울릉도·독도로 건너간 거문도·초도 사람들』, 89-93쪽.

[그림 9] 거문도에서 본 조선 뗏목(『런던 화보 뉴스』, 1887.11.26.). 울릉도에서 독도로 미역을 채취하러 간 거문도 · 초도 사람들이 독도 동도와 서도 사이를 왕래하며 미역 채취할 때 탔던 것으로 추정되는 떼배. 채취한 미역과 해산물은 떼배 2층에 실어 옮겼다. 울릉도—독도를 왕래할 때는 돛을 달아 운행했다. (그림 출처: 백성현 · 이한우, 『파란 눈에 비친 하얀 조선』. 새날. 2006.)

원용삼도 어렸을 적 들었던 울릉도에서 독도로 건너가 어로활동을 했었다는 어른들의 체험담을 증언하였다. 독도에 들어 갈 때는 울릉도에서 만든 돛을 단 뗏목배(떼배)를 타고 들어가서 1박 2일 정도 짧게 머물면서 미역채취, 강치잡이 등을 하고 돌아온다고 한다. 오래 머물지 않는 이유는 식수가 부족하고, 날씨가 나쁠 때는 배를 정박해둘 장소도 마땅치 않았기 때문이다.

독도는 우리가 듣기에는 울릉도 가면은 일본사람들이 와있으면 일본 사람을 쫓아냈다고 그래요. 그런데 울릉도에서 뗏목(떼배)을 만든다고 그래요. 뗏목을 만들어 가지고 날씨 좋은 날 봐 가지고 독도를 건너간다고 그래요. 독도를 가면 미역 같은 거, 천지로 널려있으니깐 거기에서 이제 독도에서 그 하루 채취해가지고 독도에 1박을 하고 그 다음날 이제 울릉도로 건너온다고 그래요. (…중략…) 오래 있을 수도 없고 또 날씨가 나쁘면 어디 배를 놔둘 만한 곳도 없고. 그리고 음… 실제 지금 생각해보면 가능했던가 모르겠는데 뗏목을 만들어서 그 뗏목에다가 돛을 달았다고 그러거든 (…중략…) 지금 생각해보면 거문도 그… 울릉도에 갈 때 쓰는 줄(칡넝굴 줄), 그 술비야 노래 그 전해오지요? 그때 줄을 묶어서 했다는데… 그걸 가지고 배를 막 묶었다고 그래요 이렇게. 그래서 그때는 지금같이 쇠못 같은 걸 별로 쓰지도 않았던 거 같아요. 그래요 나무 못 같은 거, 이런 걸 매가지고 배가 부실하니깐 그걸 매가지고 그냥 가다가 떨어지면 또다시 매고 그랬다고 해요. 말하자면. 그래서 울릉도를 가면 배가 완전히 못써버리니깐. 울릉도에서 다시 배를 또 울릉도엔 나무가 처판으로 널려있으니깐. 그래가지고 울릉도서 배를 만들어가지고 타고 오고. 우리가 어렸을 때까지만 해도, 상당히 오래됐었는데, 서도리 같은 데는 울릉도에서 (나무를) 가지고 와가지고 지었다는 집도 있었어요.[93]

　　여기는 이제 그걸 갖다가 뗏목 배라 했던 모양인데, 보통 배죠. 보통 배고, 우리가 말하는 울릉도에서 독도로 갔을 때, 뭔가 많이 실어야 하니깐 돛을 달게 했던 모양이죠. 그래서 날씨 좋은 날 가지고 울릉도에서 독도로 건너간다는 거에요. 가면 미역 같은 거 천지니까. 막 쓸어가지고 오래 있지는 못하니깐. 또 날씨가 나빠지면 뭐 못하니깐. 하루 머물고, 해 가지고 울릉도로 돌아온다고요.[94]

독도에서 미역 등 해조류를 채취하기 위해 타고 갔던 뗏배는 울릉도로 돌아와서는 어떻게 사용했을까? 울릉도・초도 사람들은 자원을 재활용하는데 뛰어난 지혜를 가졌던 것 같다. 타고 온 뗏배는 울릉도에서 해체를 해서 집 지을 가재목이나 집안 살림살이용 가재도구로 만들어 쓰기 위해 귀향하는 배에 싣고 돌아온다는 것이다. 그리고 돌아오는 배 위에서 항해의 무료함을 달래기 위해 울릉도 목재를 깎아 여러 가지 가재도구를 만들었다고 한다.

---

93 『울릉도・독도로 건너간 거문도・초도 사람들』, 158-161쪽.
94 『울릉도・독도로 건너간 거문도・초도 사람들』, 170쪽.

조사자: 떼배를요, 울릉도에서 떼배를 만들어서 독도를 갔다 오시잖아요. 갔다 오시고 난 뒤에 독도 갔다 오고 난 뒤에, 그 떼배를 가지고 오시는 거에요? 여기까지? 아니면 버리고 오세요?

이귀순: 아뇨 안 가지고 오죠. 뗏목을, 나무를 해체를 해 가지고. 뗏목은 가지고 와도 떼배는 안가지고 와. 뗏목은 가지고와. 그거를(떼배를) 해체를 하면 이렇게 빼 버리면 하나하나 분리가 되요. 간단해. 그러면 그거(목재)를 이제 싣고 오면, (…중략…)우리 어려서만 해도 울릉도 그 저 나무 저, 뗏목이, 골목에 이렇게 쌓여있고 그랬었어요. (…중략…) 그리고 인자 그 뭐냐 울릉도에 가재목, 집을 짓기 위해서 하는 그 나무는 그 인자 노간주라고 그랬어요 노간주. 노간주라는 그 나무가 지금도 끝은 이렇게 썩어가는데 지금도 이렇게 까보면 빨~개요. 그게 그 좋은 나무들이 거의 다 고가들에는 전부 그 나무들로 전부 짓지는 못했지만은 상기둥 제일 힘, 우리 한옥을 지으면 제일 힘을 많이 쓰는데 있잖아요. 그거 기둥들은 거의가 다 울릉도에서 그 좀 부잣집이고 잘 산다는 집은 그 노간주로 전부 그 했어요(집을 지었어요). 그 집이 지금 딱 한 채 남아있어요.[95]

[그림 10] 울릉도 목재로 건축된 고가(古家) 사진(김병순씨 소장 사진)

울릉도산 노간주나무로 가옥을 지을 때 가재목으로 사용하기도 했고, 가재도구로 만들어 쓰기도 했다. 주로 다듬이 방망이, 빨랫방망이, 홍두깨, 베

---

95 『울릉도·독도로 건너간 거문도·초도 사람들』, 96-97쪽; 박지영 편, 『울릉도·독도 관련 거문도 자료 해제』, 영남대 독도연구소 자료총서10, 도서출판 선인, 2019, 62쪽.

틀 등을 만들었다. 이런 가재도구들은 귀향하는 배 안에서 선원들이 특별히 할 일이 없었기 때문에 내구성이 좋은 튼튼한 노간주나무로 만들었다는 것이다.

> 이귀순· 많이 있었지. 다듬이 방망이. 뭐 홍두깨. 다듬이 돌, 뭐 그 노간주나무가 그렇게 좋아요. (…중략…) 아주 단단하지요. 몇 백년이 돼있어도 속은 가만히 있어요. 빨~가니, 아주 그 저저~~ 빨랫방망이, 옛날에 그 좀 저 잘사는 집들에는 다 있었어. 그러니까 할아버지들이 인제 울릉도 갔다 오면서 항해하면서 심심하니까 뭐 홍두깨도 만들고 뭐도 만들고 했지요. [배타고 울릉도에서 거문도까지 오는 동안에는] 일을 안 하잖아요. 인제 그 긴 시간 동안에 오면서. 응 키만 앉아서 잡고 그것도 교대로 잡고 쉬니까 이거 인제 만드는 거예요 그 뭐 물레도 만들고, 씨앗이도 만들고. 베틀, 나 어려서 우리 집에 베틀까지도 있었어요. 울릉도 나무로 베 짜는 베틀.[96]

[그림 11] 울릉도산 향나무(거문도 동도리
박경문씨 소장)

[그림 12] 울릉도산 나무로 만든 함지(거문도
김윤식씨 소장. 『거문도 자료 해제』, 90쪽)

---

96 『울릉도·독도로 건너간 거문도·초도 사람들』, 98~99쪽; 186-187쪽 참조.

1992.
울릉도 천부동 우노인 증언 6月25日 (107세)
天府洞에서 70年
○ 타인들은 一년에 한척의 배를 지었다
○ 타인들은 죽으면 꼭 반장을 해갔다
○ 식량을 싣고온다 소금도 시려왔다
○ 타인들이 미역을 따고 건조한(採藿한 미역을 싣고가면 식량을 시려온다 타인들만이 採藿을 했다.

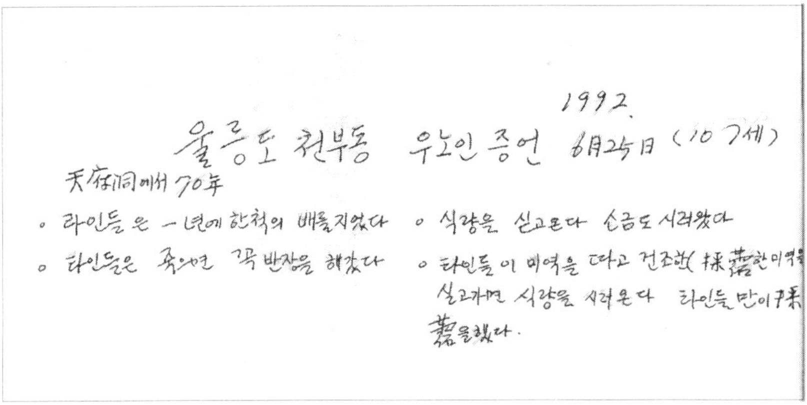

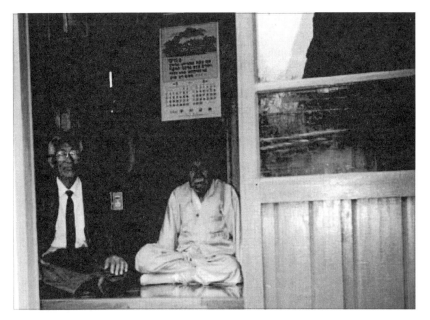

[그림 13] 김병순 씨가 우노인의 증언을 듣고 기록한 메모장(1992.6.25.)

[그림 14] 1992년 6월 25일 울릉도를 방문한 김병순(당시 77세) 씨는 천부동에 사는 우노인(당시 107세)을 만나 거문도 사람들이 울릉도 · 독도에서 했던 일과 생활에 대한 증언을 듣고 기록으로 남겼다

거문도·초도 사람들은 울릉도에서 어떻게 생활했을까? 거문도 선조들의 울릉도 행적을 조사하기 위해 1992년 울릉도를 방문한 거문도 서도리의 김병순·김동주 씨는 천부동에서만 70년을 살았다는 우노인(당시 107세)으로부터 관련 증언을 듣고 메모로 남겼다. 우노인의 증언에 따르면 라인(羅人, 전라도인)들은 1년에 배 한척을 만들었고, 울릉도에 올 때는 식량과 소금을 싣고 왔으며, 갈 때는 미역을 따서 건조시켜 갔다고 증언했다. 전라도 사람들만이 미역 채취를 했으며, 사망자가 생기면 울릉도에서 장례를 치르지 않고 소금에 반장을 해서 거문도로 실어가서 장례를 치렀다고 했다.

일본의 독도 도발에 항의하고, 거문도인들이 수 백 년간 울릉도·독도를 경영해왔음을 주장하기 위해 김병순은 당시 국가재건최고회의 의장(박정희)에게 건의서(1962년 5월)를 보냈다[97] 건의서 내용에 의하면 거문도인들은 매년 7, 8월(음력)에 울릉도에서 거문도로 귀향해서 서해안을 따라 올라가며 해산물과 곡식을 교환하여 도정한 양곡을 창고에 보관해둔다고 한다. 그리고 2,3월(음력)에 서풍이 불면 다시 울릉도로 출항하여 미역을 채취한다. 울릉도를 오랫동안 무사고로 왕래한 경험이 있는 김홍악 형제로부터 들었던 얘기로 독도에 가서는 미역을 따고 가지어(강치)를 잡기도 하는데 강치의 기름은 병충해 약으로도 사용되었다고 한다. 이들은 거문도인들의 울릉도 도항이 가장 활발했던 시기는 1800년대이며, 당시 울릉도에서 조선인과 일본인이 각각 도끼와 톱으로 벌목하던 모습을 생생하게 증언하고 있다.

> 7, 8월이면 울릉도의 생산물을 적재하고 귀향을 하고 충청도를 비롯하여 각지에서 양곡을 교환하고 구매를 하여 도정양곡을 창고에 보관하고 있다가, 2,3월 서풍이 불어오면 출항할 날을 기다려 가족들과 기약 없는 이별을 하고 떠나는

---

97 『울릉도·독도 관련 거문도 자료 I 』, 83-84쪽; 박지영 편, 『울릉도·독도 관련 거문도 자료 해제』, 영남대 독도연구소 자료총서10, 도서출판 선인, 2019, 57-58쪽.

것입니다. 울릉도 주민들은 나인(羅人 - 전라도인)들의 귀환을 기다려 미역채취를 기다려야 하고 도착할 날을 고대하고 있다고 합니다. 부산을 기항하면 이주하는 희망자가 동승하게 된다고 합니다. 김홍악(金興岳) 형제는 현재 120세, 무사고로 울릉도를 왕래한 바다에 익숙한 분으로 이렇게 전해주고 있습니다. 독도에 가서 미역을 따고 서식하고 있는 가지어를 포획하면 기름을 내어 농가의 벼멸구 약으로 사용하고 육지에서 처분된다고 합니다. 거문도(흥양 삼도), 울릉도의 역사는 1800년대가 전성기라고 보고 있습니다. 목재는 조선재로 건물용으로 벌채를 하는데, 나무 밑 부분을 반경(半徑) 쯤 도끼로 찍고 위 꼭대기에 줄을 매어 잡아당기면 반반으로 갈라지면 이것을 다듬어 조선용재로 쓰이게 된다고 합니다. 일본인들은 들어오면 톱을 이용하여 귀목(규목=느티나무), 향목(향나무)을 절차를 무시하고 벌목을 해 간다고 합니다.

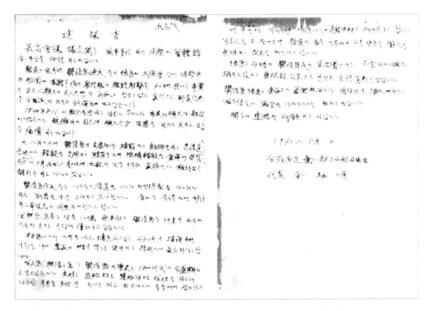

[그림 15] 박정희 국가재건최고회의의장에게 보낸 김병순 옹의 건의서(초안. 1962.5)

김병순이 박정희 의장에게 보낸 건의서에 대해 당시 국가재건최고회의 의

장비서관(전두환)은 "건설적 고견에 대해 충분히 검토하여 시책에 참고"하겠다는 회신을 보냈다.

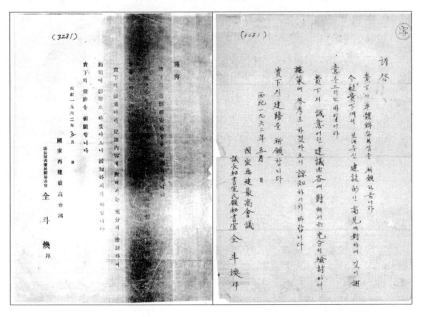

[그림 16] 김병순의 건의서에 대한 국가재건최고회의 의장비서관(전두환)의 회신(1962.5)

여수시 삼산면장을 역임했던 박종산 씨(1937년생)에 따르면 그의 큰할아버지, 작은할아버지 등 선조들이 울릉도에 다니면서 울릉도에도 자녀를 두었으며, 울릉도에서 낳은 자녀들이 거문도에 찾아왔을 때 거문도에서는 그들을 "울도야"라고 불렀다고 한다. 그리고 울릉도와 전라도와의 연관성을 나리분지의 명칭에서도 찾아볼 수가 있다고 했다.

이제 울릉도 하고 교류도 있어. 왜냐하면 우리 할아버지 때 울릉도 가면, 거기 작은 사람(부인) 얻어 있거든. 그러면 한 6개월 동안 거기 있으면, 거기서 애들도 낳고, 그러면 걔들이 할아버지 찾아 여기(거문도)로 와. 그러면 나도 우리 아버지, 거시기 우리 할아버지 세대가 와. 그 울릉도는 가난하지. 거문도는 부자에요. 그러면 이제 찾아오면 걔 보고[울릉도에서 낳은 아이라고] 울도야 그래. 그런데 거기서 인제 아버지 5촌, 우리 배를 타, 우리 배를 티면서 그래시 도움 부르면 가고. 그 섬(울릉도) 이번에 가봤어.[98]

거문도 · 초도 사람들이 울릉도를 왕래하는 횟수가 많아지고 울릉도에 머무는 기간이 길어지면서 점차 거문도 · 초도와 울릉도간의 인적교류도 활발해지게 된다. 특히 1882년 '울릉도 개척령'으로 육지에서 들어온 이주민들이 증가하면서 다양한 형태의 인적교류가 자연스럽게 생긴 것으로 보인다. 울릉도에서 사망한 거문도인을 소금에 반장해서 거문도로 옮겨왔다는 장례의식이나 '울도야'로 불리던 울릉도인과 거문도인 사이에 태어난 2세, 3세들의 가족사를 확인하는 것도 울릉도 · 독도를 영속적으로 관리 · 경영해온 확실한 증거가 될 수 있을 것이다. 이것은 서론에서도 언급한바와 같이 문헌자료를 포함한 5가지 증거자료 중에서 혈증(血證)에 해당할 것이다.

7. 울릉도 · 독도의 지속적 도항과 경영

지금까지 독도연구는 주로 독도관련 사료나 문헌자료를 분석하여 독도영유권이 역사적 · 지리적 · 국제법적으로 대한민국에 있음을 논증하는 방식으로 이루어져왔다. 당연히 역사적 사료나 문헌자료에 1차적인 가치를 부여해야겠지만. 그러나 여기에만 국한시킬 필요는 없다. 독도연구의 지평을 넓히기 위해서는 기존의 연구방법과 범위를 넘어설 필요가 있으며 '구술증언'을

---

98 『울릉도 · 독도로 건너간 거문도 · 초도 사람들』, 260쪽.

활용한 연구 방법도 중요한 연구방법론의 하나로 평가받을 수 있다.

거문도·초도 지역민들의 울릉도·독도 도항과 관련한 생생한 '구술증언'을 통해 우리는 이들이 수백 년 동안 울릉도·독도를 생활터전으로 이용해왔음을 확인할 수 있다. 즉 전라도 남해안 지역민들, 특히 거문도·초도 사람들이 이미 19세기말 이전부터 울릉도·독도를 왕래하며 이들 해역을 삶의 터전으로 실질적으로 활용하고 있었으며, 이 사실은 이들이 울릉도·독도를 영속적으로 경영해왔음을 입증해 주는 것이다.

특히 1905년 일본이 독도를 불법 편입하기 이전, 조선정부에 의해서 시행된 울릉도 개척령(1882)과 대한제국칙령 제41호(1900)에 의해 이미 독도는 대한민국의 영토로 실효적으로 지배·관리 되고 있었다. 19세기말 이전부터 거문도·초도 사람들이 울릉도·독도해역을 수백 년간 영속적으로 경영해 왔으며, 이러한 이들의 활동은 자연스럽게 정부의 행정적 관리를 받게 되었고, 결국 울릉도·독도에 대한 실효적 지배로 이어질 수 있게 되었다는 것은 의문의 여지가 없는 사실이다.

19세기 말 이전 울릉도·독도를 왕래하며 어렵이나 선박건조 활동을 해 온 거문도·초도 사람들은 이미 수백 년 동안 그 곳 울릉도·독도를 기반으로 생업활동을 해오고 있었다. 거문도·초도를 비롯한 전라도 남해 연안민들의 울릉도·독도 관련 도항과 생활상은 비록 문자로 기록되지 않았지만, 「거문도 뱃노래」와 같은 노동요나 구전자료로, 가옥이나 건축물 등 유형·무형의 생활자료로 전승되어 왔다. 다만 이들 지역 어민들이 생산한 이러한 울릉도·독도 관련 구술자료나 생활자료들이 그동안 독도영유권을 입증하는 학술적 근거자료로서 정당한 평가나 가치를 인정받지 못했을 뿐이다.

거문도·초도 사람들은 이미 수백 년 전부터 울릉도·독도에 건너가 어렵과 미역채취, 선박건조 활동 등 경제활동을 해왔다. 이것은 이들이 수백 년 동안 울릉도·독도 어장을 경영해온 살아 있는 증거이며, 나아가 독도의 실효적 지배를 입증할 수 있는 가장 확실한 증거자료로 활용 될 수 있을 것이다. 이러한 관점에서 이 연구는 거문도·초도 사람들의 울릉도·독도 도항과 활동 관련 지역민들의 구술증언을 토대로 이들이 울릉도·독도로 건너간 이유와 도항 방법, 생업활동 등을 밝힘으로써, 결과적으로 독도의 실효적 지배를 가능하게 하였음을 제시하고자 하였다.

이상과 같은 거문도·초도사람들의 구술증언을 종합해보면, 그동안 조선 정부의 쇄환정책으로 울릉도가 빈 섬으로 방치되어 있었고, 1882년 울릉도 개척령이 시행된 이후에야 사람들이 본격적으로 이주해 살았다는 주장은 수정될 필요가 있다. 물론 수토사의 눈을 피해 산 속에서 한시적으로 약초를 캐던 소수의 약초꾼들도 있었지만, 배를 만들기 위한 사전 준비 작업을 하기 위해 11월~3월말까지 벌목과 제재작업을 하던 적지 않은 사람들이 이미 수토사 등 정부 관리들의 눈을 피해 울릉도에 상주하고 있었던 것이다. 이러한 사실은 이규원의 『검찰일기』를 통해서도 잘 확인할 수 있다.

따라서 기존에 알려져 있던 봄에 울릉도·독도로 건너가 가을에 거문도· 초도로 돌아왔다는 기존의 학설은 틀린 것이 아니지만, 새롭게 수정·보완이 필요하다. 즉 전라도 남해안 어민들, 특히 거문도·초도 사람들은 봄부터 가을까지만 울릉도·독도에서 어렵활동과 선박 건조작업을 한 것이 아니라, 늦가을에서 초봄까지도 울릉도에서 상주하며 벌목과 제재작업을 이어왔다고 볼 수 있다. 결국 거문도·초도사람들은 1년 내내 교대로 울릉도·독도에 거주하며 울릉도의 산림을 이용하여 선박을 건조하였고, 울릉도·독도를 왕래하며 해산물과 해조류를 채취하고 강치잡이를 병행하면서 수백 년간, 영속적으로 울릉도·독도를 경영해왔음을 알 수 있다.

이처럼 19세기말 이전에 이미 동남해 연안민들, 특히 거문도·초도 사람들이 울릉도·독도 어장을 관리하며 수백 년간 영속적·실질적으로 경영해왔음을 알 수 있다. 이들의 이러한 활동이 있었기에 1882년 울릉도개척령과

1900년 대한제국칙령 41호로 이어지는 조선정부에 의한 울릉도·독도에 대한 실효적 지배가 가능할 수 있었으며, 결과적으로 국제법적으로도 그 효력을 가질 수 있게 된 것이다.

제3장
일본근세사료에 나타난 울릉도·독도의 지리적 인식

1. 독도에 대한 일본의 '17세기 고유영토 확립설'의 문제점

　일본 시마네현 〈죽도문제연구회〉는『죽도기사』,『죽도고』,『원록각서』 등의 일본근세사료를 소위 17세기 '고유영토 확립설'을 주장하는 근거로 삼고 있다. 안용복의 도일과 울릉도쟁계(죽도일건)의 과정을 기술하고 있는 이 세 사료들은 공통적으로 울릉도(당시의 죽도)와 독도(당시의 송도)의 영유에 대한 일본 측의 인식·태도 등을 잘 보여주고 있으며, 특히 울릉도·독도에 대한 지리적 인식을 통해서도 잘 드러나고 있다. 물론 각각의 사료마다 울릉도·독도를 다루는 기본 입장이 같지는 않다. 죽도기사』,『죽도고』가 일본 측 입장에서 안용복과 울릉도쟁계, 울릉도·독도를 주관적으로 기술하고 있다면,『원록각서』는 상대적으로 좀 더 객관적인 관점에서 이 문제를 기술하고 있다는 점에서 사료에 대한 신중한 접근이 필요할 것이다.

　그렇다면 일본근세사료를 통해 울릉도·독도의 지리적 인식에 관한 연구가 필요한 이유는 무엇인가? 물론 17세기 한·일간 울릉도·독도 영유권을 둘러싼 안용복의 활동과 울릉도쟁계의 타결과정을 이해하고, 결정적으로 독도가 한국의 영토임을 밝히는데 중요한 의미를 가진다는데 이견이 있을 수 없을 것이다. 그러나 무엇보다 일본의 17세기 고유영토설 비판의 열쇠가 된다는 점에서 중요한 의미를 가진다고 할 수 있다.

잘 알려져 있듯이 일본 외무성은 독도에 대한 영유권 주장을 대내외적으로 홍보하고 강화하기 위해서 10개의 포인트를 그 근거로 제시하고 있다. 특히 〈포인트3〉에서 "일본은 17세기 중반에는 이미 다케시마(독도)의 영유권을 확립하였습니다."라고 주장하면서 그 근거로서 1618년 돗토리번의 오야가와 무라카와가의 '죽도도해면허' 취득을 들고 있다. 즉 죽도(울릉도)에서 어렵활동을 하기 위한 "항행의 목표지점으로서, 중간 정박지로서 또한 강치나 전복잡이의 장소"로 독도를 이용해왔기 때문이란 것이다.

그러나 결국 2차에 걸친 안용복의 도일과 조·일 양국정부의 '울릉도쟁계' 타결과정에서 '죽도도해면허'가 취소되고 '죽도도해금지령'이 내려짐으로써 울릉도·독도에 대한 영유권 논쟁은 종결되게 된다. 이러한 일련의 과정은 『죽도기사』, 『죽도고』, 『원록각서』 등 일본근세사료를 통해 확인할 수 있다. 따라서 이들 근세사료에 대한 검토, 특히 '울릉도·독도의 지리적 인식'에 대한 검토는 일본 측의 '17세기 다케시마 고유영토설 주장'을 비판하기 위한 단서를 제공한다는 점에서 중요한 의미가 있다고 생각한다.[99]

이하에서는 『죽도기사』, 『죽도고』, 『원록각서』에 나오는 죽도(울릉도)와 송도(독도)에 관한 지리적 인식과 이해를 중심으로 '17세기 고유영토 확립설'

---

99 울릉도·독도의 영유권과 관련한 일본의 17세기 '다케시마 고유영토설' 비판에 대한 선행연구로는 다음의 자료를 참조. 손승철, 「17세기말 안용복 사건을 통해 본 조일간의 해륙경계분쟁」, 『한일관계사연구』 42, 2012.8, 229-265쪽; 송휘영, 「일본의 독도에 대한 "17세기 영유권 확립설"의 허구성 - 일본 외무성의 죽도 홍보 팸플릿의 포인트 3, 4 비판」, 『민족문화논총』 44, 2010.4, 35-70쪽; 송휘영, 「울릉도쟁계(竹島一件)의 결착과 스야마 쇼에몽」, 『일본문화학보』 49집, 2011.5, 264-286쪽; 송휘영, 「일본의 독도에 대한 "17세기 영유권 확립설"의 허구성」, 『민족문화논총』 44. 35-70쪽; 송휘영, 「일본 고문서에 나타난 일본의 독도 인식」, 『일본근대학연구』 50호, 한국일본근대학회, 2015, 387-410쪽; 원연희, 「일본 사료해석을 통한 울릉도, 독도 연구 - 기봉행소(崎奉行所), 대마번(對馬藩)에서의 안용복의 진술을 중심으로」, 『온지논총』 37호, 온지학회, 2013, 154-189쪽; 장순순, 「1696년 안용복의 도일과 「元祿九丙子年朝鮮舟着岸一卷之覺書」」, 『한일관계사연구』 49, 2014.12, 353-391쪽.

의 문제점을 비판해보고자 한다.

2. 『죽도기사』(竹島紀事)에 나타난 울릉도·독도의 지리적 인식

『죽도기사』는 1726년 12월 쓰시마 번사(藩士)인 고시 쓰네에몬(越常右衛門)이 편찬한 책이다. '울릉도쟁계(죽도일건)' 사건 당시 쓰시마번 가로(家老)였던 오우라 리쿠에몬이 집필했다. 이 책은 사건 발생으로부터 멀지 않은 1726년에 교섭 당사자인 쓰시마번에 의해 작성된 공식 기록이라는 점에서 의미가 있다. 그러나 일본과 조선 정부 사이에서 외교교섭의 창구 역할을 했던 쓰시마번이 죽도(울릉도)에 대한 욕심을 버리지 못하고 에도막부와 조선 조정 사이에서 왜곡된 정보로 의도적 기만을 기도함으로써 약 3년간 교착 상태에 빠지게 하였다.

『죽도기사』는 이러한 전후 맥락 속에서 '울릉도쟁계'의 전개과정을 읽고 사실을 파악할 필요가 있다. 죽도를 둘러싼 조·일 간의 외교교섭 과정을 기술하고 있는 『죽도기사』에서는 죽도=다케시마(당시 울릉도)와 송도=마쓰시마(당시 우산도 또는 자산도)에 대한 언급이 여러 번 등장한다.

『죽도기사』에는 '우산도'라는 명칭의 사용과 함께 울릉도·독도에 대한 지리적 인식이 나타난다. 첫 번째는 쓰시마번에서 심문을 받았을 때 안용복이 울릉도에서 '우산도'를 두 번 보았다고 하고 있고, 두 번째는 『여지승람』의 기록을 들어 우산도와 울릉도는 별개의 섬인 것처럼 보인다고 하였다.

먼저 첫 번째 '우산도' 관련 언급은 안용복이 쓰시마번에서 심문을 받는 과정에서 나온 것이다. "이번에 간 섬의 이름은 알지 못합니다. 이번에 간 섬에서 북동쪽에 큰 섬이 있습니다. 그곳에 머물러 있는 동안 겨우 2번 정도 보였

습니다. 그 섬을 아는 사람은 우산도라고 부른다고 들었습니다. 결국 가보
지는 못했지만 대략 [울릉도에서] 뱃길로 하룻길 정도 걸리는 것처럼 보였습
니다."[100]

쓰시마도주가 다다 요자에몬(多田與左衛門=橘眞重)에게 보낸 답신에서
안용복의 구술을 옮긴 것이다. 1693년 3월 27일 울릉도에 도착한 후 4월 18일
일본 어부에게 납치당하기까지 21일간 안용복은 '우산도'를 두 번 보았다고
증언하고 있으며, 거리로는 울릉도에서 '우산도'까지 약 하루 정도가 걸리는
것으로 인식하고 있음을 알 수 있다. '세종실록지리지(1454)'에는 "우산(독도)
과 무릉(울릉도) 두 섬이 서로 멀지 않아 날씨가 맑으면 바라볼 수 있다"는 기
록이 있고, '고려사지리지(1451)'와 '신증동국여지승람(1531년)', '만기요람
(1808년)'에서도 울릉도와 우산도는 모두 우산국의 땅이라고 기록돼 있다. 안
용복의 진술은 '세종실록지리지'나 '신증동국여지승람' 등의 사료에서 이미
언급되고 있는 사실을 확인해주고 있는 것이다.

『죽도기사』에서는 울릉도와 우산도가 우르친토와 부룬세미로도 불려졌
다는 것을 알 수 있다. 그러나 당시의 일본인들은 명칭만 들었을 뿐 이에 대한
정확한 지리적 인식을 가지고 있지 못했다.

> 죽도를 조선에서는 부룬세미라고 부른다고 전해왔습니다. 울릉도라고 하는
> 섬이 있습니다. 일본에서는 울릉도를 기죽도라고 부릅니다. 울릉도와 부룬세미
> 는 다른 섬입니까?[101]

> 부룬세미는 다른 섬입니다. 자세하게 알아본 결과 우루친토(울진도=울릉도)
> 라고 부르는 섬이 있는데, 부룬세미는 우루친토보다 북동쪽으로 희미하게 보인

---

100 『죽도기사』 1권, 〈원록 6년(1693년) 12월 5일자 답서〉, 경상북도 독도사료연구회 역,
   51쪽. (이하 『죽도기사』로 표기함)
101 『죽도기사』, 19쪽.

다고 들었습니다. 우루친토의 크기는 한 바퀴 도는데 하루 반 정도 걸린다고 합니다. 원래 높은 산으로 전답과 큰 나무 등이 있다고 들었습니다.[102]

엔하와이(영해)와 죽도 사이는 50리 정도가 될 것이라고 기억합니다.[103]

1693년 안용복 납치 당시 『죽도기사』 I 권에 나오는 죽도의 지리 관련 언급이다. 울릉도는 돗토리 이나바에서 160리(296km)[104] 떨어져 있으며, 울릉도=기죽도로 인식하고 있지만, 부룬세미라고 불리는 섬과 동일 섬인지는 의문을 가지고 있다. 그러나 확인 결과 울릉도=우르친토라는 섬이고, 크기는 한 바퀴 도는데 하루 반 정도 걸리고, 높은 산과 전답, 큰 나무 등이 있는 걸로 들었다고 한다. 울릉도 북동쪽으로 희미하게 보이는 섬이 있는데 부룬세미(우산도)라고 하며, 또한 동해안의 영해와 죽도 사이의 거리는 약 50리(92km)로 인지하고 있음을 알 수 있다.

'울릉도쟁계'(죽도일건) 당시 막부와 조선 조정과의 사이에서 교섭을 담당한 쓰시마번은 울릉도가 오랫동안 폐도로 방치되어 있었고, 자신들이 울릉도 해역에서 어업활동을 해왔다는 이유를 들어 울릉도가 일본 영토임을 주장하였다. 이러한 태도는 『죽도기사』의 곳곳에서 잘 나타나고 있다. 특히 울릉도와 죽도가 1도2명설(一島二名說), 즉 한 개 섬을 서로 다른 명칭으로 불러서 생긴 문제라는 주장과 관련해서 일본은 자신들에게 유리한 주장만을 일방적으로 요구하였다.

"조선의 어민이 일본 죽도에 갔다는 것을 듣고 놀랐습니다. 늘 바닷가에 사는 자에게는 우리나라 안일지라도 먼 곳에는 가지 말도록 하라고 지엄하게 분부해 두었지만, 아랫사람들의 일인지라 법을 어기고 폐를 끼쳤을 것이라고 생각합니

---

102 『죽도기사』, 20-21쪽.
103 『죽도기사』, 35쪽.
104 일본의 해상거리 단위 1리(浬)=1.852km로 적용

다. 이번에 법을 어긴 자들은 모두 처벌하겠습니다."라는 내용으로 회답을 해주시면 될 것이라고 생각합니다. 조금이라도 울릉도를 언급하신다면 사자가 수령하지 않을 것이라고 생각합니다.[105]

"조선 변경지역의 사람이 국경을 넘어 일본 죽도로 건너갔다는 것을 자세히 듣고 놀랐습니다. 향후로는 지엄하게 가지 못하도록 규율 집행을 분부할 것입니다."라는 내용으로 우리가 납득이 되면 해결될 일입니다. 울릉도를 적어 넣은 것은 필요 없는 것이 아닙니까?[106]

나아가 쓰시마측은 설혹 울릉도가 조선 땅이라 하더라도 오랫동안 관리하지 않고 폐도로 방치해두었기 때문에 현재 이 섬을 이용하고 있는 자신들의 것이라고 억지 주장을 펼치고 있다. "울릉도를 일본에서 죽도로 부르게 된 것도 임진왜란 이후 조선에서 지금까지 버려두어, 일본에서 오랫동안 지배해왔기 때문으로 울릉도라고 하더라도 조선국에서는 할 말이 없을 것입니다. 국토변동은 일본과 조선에만 한정되는 것이 아닙니다. 이전에 타국의 땅이었을지라도 오랫동안 이쪽에 소속되어 있었다면 이쪽의 땅입니다."[107] 주인이 잠시 비워놓은 집에 타인이 들어가서 살면 그 집은 타인의 집이 된다는 논리다.

이어서 두 번째 울릉도·독도에 대한 지리적 인식은 『여지승람』의 기록을 들어 우산도와 울릉도는 별개의 섬인 것처럼 보인다고 언급한 부분에서 나타나고 있다.

『여지승람』의 기술내용에 따르면 우산도와 울릉도는 별도의 섬인 것처럼 보입니다. 하지만 일설로는 본래 한 섬이라고 하므로 다른 섬인지 분명하지 않습니다. 『지봉유설』 등에는 시대에 따라 이름이 바뀌므로 필경 우산도와 울릉도가

---

105 『죽도기사』, 65쪽.
106 『죽도기사』, 68쪽.
107 『죽도기사』, 50-51쪽.

한 섬인 것처럼 보입니다. 『朝鮮繪圖』에는 두 섬으로 그려져 있습니다. 바로 본
떠서 보내드립니다.[108]

쓰시마도주는 "『여지승람』의 기술내용에 따르면 우산도와 울릉도는 별도
의 섬인 것처럼 보인다"고 하였고, 『朝鮮繪圖』에도 두 섬으로 그려져 있어서
바로 본떠서 보낸다고 하였다. 즉 우산도와 울릉도가 별도의 섬이라고 보기
도 하고 본래부터 하나의 섬으로 보기도 한다는 것이다. 이 부분도 역시 울릉
도와 독도는 별개의 섬이기 때문에 '죽도도해금지령'은 죽도(울릉도)에만 해
당될 뿐, 독도에는 해당되지 않는다고 '죽도문제연구회'나 일부 일본학자들
이 문제로 삼을 수 있을 것이다.

그러나 울릉도와 우산도(독도)는 모도와 자도, 모도와 속도라는 관계에서
보면 일본 학자들의 왜곡된 주장은 저절로 해소될 수 있다. 한국의 고문헌과
고지도, 일본의 고문헌과 고지도, 그리고 서양의 자료들에도 모두 울릉도와
독도는 떼려야 뗄수 없는 관계로 나타나 있다. 동서양의 모든 학자, 일반인,
해군 장교들 모두 그렇게 인식했다. 따라서 울릉도의 영유나 소속이 밝혀지
면, 독도는 자연히 그에 따라가는 것으로 생각하면 된다. 요약하면 울릉도가
한국 영토이므로 독도 또한 한국 영토라는 것은 당연하고도 자연스러운 논리
인 것이다.[109]

일본이 17세기 고유영토설의 근거 사료로 삼고 있는 『죽도기사』의 곳곳에
서 이미 울릉도와 우산도가 조선의 역사지리서에 기술되고 있음을 인정하고
있음을 볼 때, 일본은 내색하지는 않고 있지만 울릉도와 독도가 이미 17세기
이전부터 조선의 영유였음을 인식하고 있음을 알 수 있다.

근본적으로 17세기에 일본인들은 독도를 일본 땅이라고 생각하지 않았다.

---

108 『죽도기사』, 51쪽.
109 이진명, 『독도, 지리상의 재발견』, 28쪽.

이것은 1667년 마쓰에번(松江藩)의 번사인 사이토 도요노부가 지은 『인슈시청합기(隱州視聽合紀)』에 오키도의 약도가 있는데 울릉도 및 독도가 부속도서로 그려져 있지 않은 것에서 자명하다. 1667년 당시는 오야가와 무라카와가의 울릉도 도해가 왕성한 시기였는데도 빠져 있는 것이다. 즉 자신들의 영토로 생각하고 있지 않았던 것이다. 따라서 울릉도에 와서 조업을 한 행위는 자신들의 섬으로 알고 했던 착오에 의한 행위가 아니다. 조선이 왜구들의 침탈을 우려하여 섬에 사는 백성들을 육지로 쇄환한 틈을 타서 몰래 울릉도에 들어와서 고기를 잡아갔던 명백한 불법행위인 것이다.

이처럼 17세기 당시 조·일 양국 어민들이 울릉도 해역에서 뒤얽혀 조업행위를 함으로써 일본 측에 도움이 되지 않았으며, 특히 안용복의 도일활동으로 문제가 야기되자 일본이 스스로 울릉도 도항을 금지했던 것이다. 자기들 스스로 '울릉도 근변 독도', '울릉도 관내 독도', "울릉도·독도는 일본의 어떤 번에도 속하지 않는다"라고 하며 이를 근거로 독도에 대한 역사적 권원을 확립했다고 주장하는 것은 어불성설인 것이다.[110]

3. 『죽도고(竹島考)』에 나타난 울릉도·독도의 지리적 인식

『죽도고』는 1828년 돗토리번 번사(藩士) 오카지마 마사요시(岡嶋正義)가 편찬한 책으로 울릉도(다케시마) 영유권에 관한 생각을 당시의 문서와 기록, 구술 등을 토대로 정리한 책이다. 안용복의 도일 사건 이후 약 130여년이 지난 시점에서 쓴 책이기에 내용의 정확성이 떨어질 뿐만 아니라, 기본적으로 울릉도·독도가 일본 영토라는 시각에서 기술하고 있기에 왜곡되고 편향된 견

---

110 김병렬, 「고유영토를 새삼스럽게 영토로 편입하는 나라가 어디에 있는가?」, 『『죽도문제 100문 100답』에 대한 비판』, 경상북도 독도사료연구회 편, 2014, 45-46쪽.

해가 많이 포함되어 있다. 언젠가 빼앗긴 다케시마를 되찾아 와야 한다는 오카지마의 생각은 이 책의 서문에 잘 나타나 있다.

> 다케시마는 풍요의 땅이기는 하나 오랫동안 폐도(廢島)였다. 에도 중기에 호키국에서 그 섬을 열고 배로 왕래한지 이미 오래되었다. 그런데 오랫동안 우리에게 속했던 땅을 다른 나라의 간악한 어부들이 멋대로 빼앗았으니 뜻 있는 자라면 누구나 그 일을 애석해하지 않으랴. 이로서 자신의 고루함을 망각하고 다른 사람의 손가락질도 개의치 않고 망녕되이 그 일의 전부를 기록하여 훗날 보는 이들을 위한 준비를 하였다. (중략) 다시 커질 때를 얻어 재차 다케시마로 배를 보내려는 움직임이 있을 때, 이 책에서 한 구절이라도 취할 만한 곳이 있어 국가를 위한 조금의 도움이라도 된다면, 나의 영원한 행복이 될 것이다.[111]

이러한 저자의 기본 입장을 전제로 『죽도고』를 분석해야 할 것이다.

오카지마는 서문에 이어 「다케시마 총설」에서 다케시마가 오키국에서 약 백 여리(약200km) 떨어진 조선국 동해안에 있는 고도라고 하면서 울릉도 도해허가와 취소과정을 이야기한다. "게이쵸와 겐나때 오키의 요나고 성에는 나카무라 호키노카미님이 계셨다. 그 때 주민 중에 오야 진키치와 무라카와 이치베라는 선장이 있었다. 그전에 다케시마를 지나다가 사람이 살지 않는 섬으로서 산물이 매우 많은 것을 보고 매년 왕래하면 막대한 이윤을 얻을 수 있을 것이라고 생각했지만, 이것이 다른 나라 가까이에 있는 절도 이므로 그의 멋대로는 할 수 없는 일이었기 때문에 잠시 미루어 두고 시간을 보냈는데, 겐나(元和) 중에 이유가 있어 막부의 면허를 받아 연년 도해하여 어업을 하게 되었고, 나중에는 그들의 영지처럼 왕래하게 되었는데 그것이 이미 80여년이 되었다."[112] 그러던 중 조선 어선들이 다케시마에 도해하여 어로를 하는 수가

---

111 『죽도고』 상·하, 정영미 역, 경상북도 독도사료연구회, 2010, 11-13쪽. (이하 『죽도고』로 표기함)
112 『죽도고』, 19-21쪽.

점점 늘어나서 결국 안용복 납치 사건으로 이어졌으며, "막부로부터 우리 번주에게 앞으로는 호키국에서 다케시마로 도해하는 것을 금지시키라는 내용의 명령을 하였으므로 지금에 이르기까지 그 일은 단절되어 있었다. (…) 혹시 다케시마에 다시 도해할 수도 있을지 모른다는 말이 사람들 사이에 구구하였으나 끝내 아무런 소식도 없이 끝났다고 한다."[113]

오카지마는 다케시마가 '조선의 동해안에 있는 사람이 살지 않는 섬'이란 것을 잘 알고 있었다. "다케시마는 풍요한 땅으로 그 나라에서 멀리 떨어져 있지 않다고는 하나, 우리나라 배가 왕래하는 바다에 있는 고도이므로 그 나라 사람이 오래전부터 살해당할 것을 두려워하여 살지 않았고, 또, 마음 편하게 도해할 수도 없었기에 폐도라고만 알려져 있었다."[114]

산물이 풍부해 많은 이윤을 얻을 수 있다고 생각한 오야와 무라카와가 죽도도해면허를 허가 받아 80여 년간 어로활동을 하였지만 결국 안용복 사건으로 인한 조선과의 충돌로 막부로부터 죽도도해면허가 취소되었다는 것이다. 오카지마의 술회에는 다케시마에 대한 아쉬움과 안타까움이 가득하다. 그러나 이미 이 술회 속에서 ① 다케시마가 조선의 동해안에 있다는 점, ② 조선정부의 쇄환정책으로 섬을 비워서 사람이 살지 않고 있는 섬이라는 점, ③ 따라서 다케시마가 조선의 영유라는 점을 인정한 것이라 볼 수 있다.

『죽도고』에서는 다케시마(울릉도)뿐만 아니라 마쓰시마(독도, 우산도, 자산도)도 조선에 속하는 것으로 보고 있음을 알 수 있다. "최근에 편찬된 아베씨의 「이나바지」에 "울릉도 이를 다케시마라 하고 자산도 이를 마쓰시마라 한다"고 기록되어 있다는데 맞는 말인가?"라는 물음에 "〈삼국통람〉의 「여지로정지도」에 조선국 강원도 해상에 섬 하나가 있고, 또 오키와 조선국간의 바다 한 가운데에 다케시마가 있는데 옆에 "조선국 것이다. 이 섬에서 은주가 보

---

113 『죽도고』, 23-25쪽.
114 『죽도고』, 47쪽.

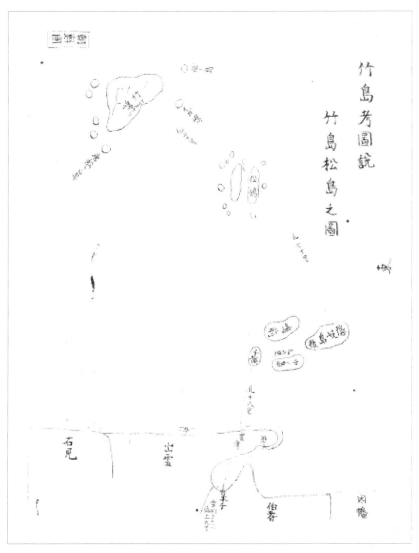

[그림 17] 「죽도고도설 다케시마와 마쓰시마지도」

이고 또 조선국도 보인다"는 주(註)가 있고 그 섬의 동쪽에 작은 섬 하나가 그려져 있다. 아마 마쓰시마일 것이다."[115]라고 하고 있다.

오카지마는 『죽도고』에서 다케시마(울릉도)와 마쓰시마(독도, 자산도)가 조선에 속하는 것으로 보고 있는데, 이러한 생각은 『죽도고』上권의「다케시마 총설」에 나오는「竹島考圖說—竹島松島之圖」에도 잘 나타나 있다. 이 지도를 보면 송도(독도)가 오키섬에서는 70리, 죽도(울릉도)에서는 40리 떨어진 것으로, 지리적으로도 조선에 더 가까운 것으로 그리고 있음을 알 수 있다.[116]

오카지마는 『죽도고』에서 조선에 대한 부정적 인식을 보여주고 있으며, 심지어 다케시마도 조선에 빼앗겼다는 인식을 가지고 있다. "그 나라 사람의 성품이 우유부단하여 위(威)로서 다스릴 때에는 심히 두려워하지만, 베푸는 덕과 은혜에 대해서는 느끼는 바가 적다. 따라서 중국에 대해서도 대대로 배반을 하여 매번 정벌을 당하였다. 호타이코(豊太閤)의 조선의 역 이후에도 청나라로부터 정벌을 당하여 두 번이나 도성을 떠나 강화라는 섬에 도망가서 숨었고, 우리나라의 간분 때, 매년 조공을 바치기로 청나라 조정과 약속하여 지금까지도 신하로서 복종하고 있다. 그 이후 청나라를 등에 업고 거만해지고 동해가 평화로운 것을 빌미로, 이전에 우리나라가 오랫동안 폐도(廢島)였던 섬을 열고 다년간 도해하여 막대한 이윤을 얻고 있는 것을 시기하여, 겐로쿠(元祿) 때 이런 저런 간계를 부려 우리 배를 막았고 결국에는 다케시마를 빼앗아 오랫동안 자기 속지로 만들었다."[117]

"그 나라의 거만이 하루아침에 이에 이른 것이 아니라는 것을 깨달아야 한다. 은혜를 잊고 덕을 배신함이 심하니 미워할만하지 아니한가? 다른 나라의

---

115 『죽도고』, 81-83쪽.
116 『죽도고』, 26쪽 참조.
117 『죽도고』, 97-99쪽.

일이라고 할지라도 사람으로서 국난이 일어나기를 바래서는 안되지만 시대의 운은 예측하기 어려운 것이다. 그 나라에 혹시 내란이라도 일어나서 삼한시대와 같이 분열되던가, 혹 적국이 일어나 국세가 위기에 처하게 되면 반드시 예전과 같이 우리나라에 무릎을 꿇을 것이다."[118] "혹 그러한 조짐이 보이면 원래 다케시마는 호키국의 속도(屬島)였으므로 재빨리 이를 다시 찾을 계획을 세워야 할 것이다."[119] 오카지마가 조선에 대해 얼마나 부정적 인식을 가지고 있었는지 잘 알 수 있다. 나아가 조선이 내란이나 분열, 위기에 처하게 되면 다케시마를 되찾을 계획을 세워야 한다는 것이다.

『죽도고』에는 다케시마의 도해과정과 지리, 산물 등에 대해 설명하고 있다. 매년 2, 3월 경 배를 준비하고 요나고에서 오키국으로 가서, 4월 상순 경 까지 순풍이 불고 조류가 바뀌기를 기다렸다가 돛을 펴고 먼저 마쓰시마(독도)라고 하는 작은 섬에 배를 대고 어로에 착수하고, 거기에서 다케시마로 가는데, 그간 할 일을 하고 가을이 지나면 돌아온다고 한다. 또, 그 섬에서 주로 나는 것은 전복, 강치의 두 종이다. 강치는 미치라고도 하는데 해변가 암석으로 올라오는 것을 노려 총을 쏘아 잡고 껍질을 벗겨 기름을 낸다고 한다.[120]

다케시마의 지리적 환경에 대해서는 다음과 같이 설명하고 있다.

> 다케시마는 우리나라와 조선국 바다 가운데에 외떨어져 있는 섬이다. 주위가 약 10리이고 산이 높고 험하며 계곡이 깊고 나무로 빽빽이 뒤덮혀 있으며 대나무가 울창한 곳으로서 세 갈래의 큰 강이 흐르고 있다. 그 곳의 흙은 비옥하고 산물이 많으며, 우리나라에선 아주 멀리 떨어진 바다에 있는데 조선국에서는 매우 가깝다. 날씨가 좋으면 늘 그 조선국 땅이 보인다고 한다. 또, 『삼국통람』에는 다케시마에서 오키국이 보인다고 기록되어 있다. 미덥지 못한 말이다. 여기에

---

118 『죽도고』, 101쪽.
119 『죽도고』, 103쪽.
120 『죽도고』, 111쪽.

예를 들어보면, 우리 번에서 오키국 까지는 40리 바닷길이 채 못되는데 이따금 하늘이 개어 맑은 날이 아니면 그 섬을 보기 힘들다. 그러니 아득히 백여리나 떨어진 먼 바다에 있는 작은 오키도가 보인다고 하는 것은 매우 믿기 힘든 말이다. 또 다케시마는 옛날에는 사람이 살지 않는 폐도였으나 에도 중기부터 호키국에서 도해를 하기 시작하였다. (중략) 또, 마쓰시마는 오키국과 다케시마 사이에 있는 작은 섬이다. 작은 해협 하나를 사이에 두고 두 섬이 이어져 있는 섬이다. 이 해협 길이는 2정이며 폭은 50간 정도 된다고 한다. 어떤 지도에서 본 바로는 섬의 넓이는 길이가 80간, 폭이 20간 정도가 되는 듯 했다. 두 섬이 모두 크기가 같은 것 같다.[121]

산이 높고 험하며 대나무가 울창한 다케시마는 조선국에 가깝고, 마쓰시마는 오키국과 다케시마 사이에 있는데 작은 해협 하나를 사이에 두고 두 섬이 이어져 있으며, 두 섬이 모두 크기가 같다고 묘사함으로써 송도=독도임을 확인할 수 있다.

또 일본 요나고에서 출발하여 다케시마까지 가는 항해과정과 거리관계도 묘사하고 있는데 "다케시마 까지의 거리는 호키국 요나고에서 이즈모국 구모쓰까지 해상 9리〈육로 7리 반 5정〉, 구모쓰에서 오키국 지부리까지 18리, 지부리에서 도고의 후쿠우라까지 8리인데, 여기에는 구모쓰 번의 파견소가 있어 늘 지나다니는 배를 조사하고 있다. 또 다시 후쿠우라에서 순풍이 불기를 기다리다가 돛을 펴고 북서쪽을 향해 70여리를 가면 마쓰시마(독도)에 도착한다. 거기에서 또 40리를 가면 다케시마(울릉도)에 착안한다. 호키국에서 다케시마까지는 약 150~160리의 바닷길에 불과하다.[122]

오키섬에서 독도까지 70리, 독도에서 울릉도까지 40리, 오키섬에서 울릉도까지는 110리로 오늘날과 비교해서 어느 정도 거리상의 오차는 있으나 독도와 울릉도가 조선의 동해안에 더 근접해 있다는 사실은 충분히 인식하고 있음

121 『죽도고』, 125-129쪽.
122 『죽도고』, 133-135쪽.

을 알 수 있다. 그러나 오카지마가 『죽도고』에서 오야·무라카와가 80년간 다케시마에서 불법적인 어로활동을 한 사실만을 가지고 자신들이 되찾아야 할 섬으로 주장하고 있는 것은 잘못된 인식으로 지적할 수 있다. 왜구의 노략질로 고통 받던 울릉도 주민들을 보호하기 위해 섬을 비워둔 것을 사람이 살지 않는 폐도라고 하며 잠시 동안 그곳에서 어로활동 한 것을 핑계로 자신들이 되찾아야할 섬이라고 강변하고 있다. 이것은 일본 외무성 홈페이지의 '다케시마 문제를 이해하기 위한 10의 포인트' 중 〈포인트3〉의 '17세기 고유영토 확립설' 주장과 다를 바 없다.

4. 「원록각서(元祿覺書)」에 나타난 울릉도·독도의 지리적 인식

「원록각서(元祿覺書)」의 원 제목은 「元祿九丙子年朝鮮舟着岸一卷之覺書」[123]이다. '원록 9년 조선배 도착에 따른 최초 보고'라는 뜻으로 1696년 안용복의 2차 도일 때 일본 측에서 기록한 문서로 총8매로 구성되어 있다. 1696년 5월 18일 안용복 일행이 오키노쿠니 도고에 도착한 후, 나카세 단우에몬과 야마모토 세이우에몬이 세키슈 어용소(御用所)의 다이칸(代官) 고토 가쿠우에몬의 지시를 받고 5월23일 조사 작성하여 기록한 것이다.

이 문서에는 울릉도·독도의 지리적 인식과 영유권에 관한 중요한 내용들이 진술되어 있다. 물론 안용복과 그 일행에 대한 조사와 심문을 통해 나온 기록으로, 도해 후 최초 진술을 기록한 것이다. 때문에 저자의 주관적 견해를 포함하고 있는 『죽도기사』나 『죽도고』와 달리 비교적 사실에 입각해서 보고서 형식으로 기록하고 있다.

---

123 「元祿九丙子年朝鮮舟着岸一卷之覺書」, 『독도연구』 창간호, 영남대학교독도연구소 역, 2005, 233-300쪽.(이하 「원록각서」로 표기함)

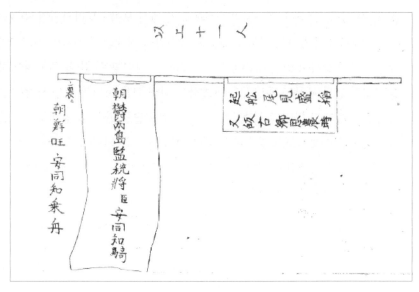

[그림 18] 안용복이 타고간 배의 깃발(『죽도고』하 254쪽 참조)

이 문서의 첫 번째 기록에 보면 "무녕으로 된 깃발 2개 뱃머리에 다는 깃"[124]
이라고 나온다. 안용복 일행이 타고 온 배에 걸린 깃발로서 그 중 「조울양도
감세장 신 안동지기(朝鬱兩島監稅將 臣 安同知騎)」라고 쓰여진 깃발은 중요
한 의미가 있다. 바로 안용복이 울릉도·독도가 조선의 영유임을 일본 측에
선포하는 강력한 의지가 담긴 글이라고 할 수 있다. 조선의 울릉도와 우산도
(자산도) 양도의 감세장을 칭하며 죽도(울릉도)의 조선영유를 당당히 확인하
기 위해 도일한 것임을 가시적으로 표현한 것이라 할 수 있다. 「원록각서(元祿
覺書)」에는 깃발 그림과 글의 내용에 대한 구체적 설명은 없지만 이후에 나온
안용복 2차 도일 관련 일본 사료에는 그림과 글의 내용이 수록되어 있다.[125]

또한 안용복 일행은 '조선8도'의 그림을 소지하고 있었다. "안용복, 뇌헌, 김

---

124 「원록각서」, 290쪽.
125 안용복 2차 도일시 깃발 그림 수록 일본고문서 자료(연도순)

가과 3인에게 감시인이 입회하였을 때 조선8도의 지도 여덟 장으로 된 것을 가지고 있는 것을 내놓았습니다. 즉 8도를 각각 베껴 그리고, 조선말로 적었습니다."[126]

당시 시도는 이를 이용한 외국의 침략을 우려하여 국가기밀로 관리하고 있었기 때문에 안용복 일행과 같은 일개 어민이 소지할 수 있는 물건이 아니었다. 그럼에도 불구하고 조선의 팔도가 각각 1개도씩 상세하게 그려진 지도를 안용복 일행이 내놓았다는 것은 안용복 일행이 울릉도와 독도의 영유권을 주장하기 위하여 의도적으로 '조선팔도'의 그림을 휴대하고 도일하였음을 의미하는 것이다.[127]

특히 이 그림지도와 문서에 기록된 울릉도·독도의 지리에 대한 설명은 안용복과 그 일행의 영토의식을 분명히 보여주고 있다.

안용복이 말하기를 대나무 섬(竹嶋)을 다케시마라고 말하는데, 조선국 강원도 동래부 안에 울릉도라는 섬이 있는데, 이것을 대나무의 섬이라고 합니다. 곧 팔도지도(八道之圖)에 적혀 있는 것을 가지고 있습니다.[128]

마쓰시마(松嶋)는 우도(右道)안에 자산(子山, 소우산)이라는 섬이 있는데, 이

자료명	발간연도	저자명
진사록	1731년 이후	오카지마 마사요시(岡嶋正義, 1784~1858)
이나바지(因幡志)	1795	아베 교안(安部恭庵,1734~1808)
죽도고	1828	오카지마 마사요시
증보진사록	1830년 이후	오카지마 마사요시
인부연표	1842	오카지마 마사요시
인부역년대잡집	1854~1858년 사이	오카지마 마사요시

126 「원록각서」, 292쪽.
127 김병렬·나이토 세이츄, 『한일 전문가가 본 독도』, 다다미디어, 2006, 42쪽.
128 「원록각서」, 292-293쪽.

것을 마쓰시마라고 합니다. 이것도 팔도지도(八道之圖)에 적혀 있습니다.[129]

안용복의 진술에 따르면 죽도는 바로 조선의 섬인 울릉도이며 그것은 자신이 휴대한 '조선지팔도'(朝鮮之八道)에 그렇게 표기되어 있다고 하였다. 따라서 당연히 죽도(울릉도)는 조선 영토라는 것이다. 또한 송도(독도) 역시 같은 강원도 안에 있는 자산(子山)이라는 이름으로 불리는 섬으로 '조선지팔도'에 죽도(울릉도)와 함께 표기되어 있다고 진술했다. 이것은 안용복이 당시 울릉도와 독도가 조선의 영토임을 명확히 인식하고 있었다는 증거라고 할 수 있다.

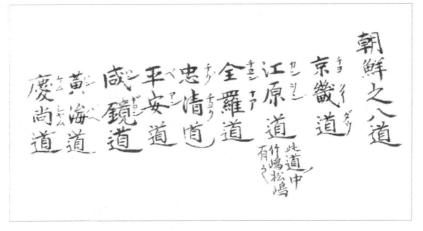

[그림 19] 〈원록각서〉 '조선지팔도' 그림에 "강원도, 이 도 안에 죽도(울릉도)와 송도(독도)가 있다"고 명시되어 있다.

『조선왕조실록』 숙종 22년 9월 25일 조에도 안용복이 2차 도일 후 심문을 받으면서 "근년에 내가 이곳에 들어와서 울릉도·자산도 등을 조선의 지경으로 정하고, 관백의 서계까지 있는데, 이 나라에서는 정식(定式)이 없어서 이

---

129 「원록각서」, 293쪽.

제 또 우리 지경을 침범하였으니, 이것이 무슨 도리인가?"라고 힐문했다는 기록을 볼 때 울릉도·독도가 조선의 영토임을 주장한 안용복의 인식은 확고한 것이었다. 또한 이 「원록각서」에서 안용복 일행이 "소송을 하려는 한 두루마리"의 문서를 가지고 왔다고 했고, 다케시마라고 부르는 울릉도와 마쓰시마라는 자산도가 그려진 지도를 지참하였다는 것은 그가 울릉도와 자산도가 조선의 땅이라는 것을 인정받으려고 도일했다는 것을 말해주고 있는 것이다.[130]

또한 안용복은 자신이 독도를 거쳐 항해 했으며, 울릉도와 독도, 오키까지의 거리관계를 비교적 정확히 인식하고 있었음을 보여주고 있다.

> 5월 15일 다케시마를 출선하여 같은 날 마쓰시마에 도착하였고, 동 16일 마쓰시마를 나서 18일 아침에 오키도 내의 니시무라(西村)의 바닷가에 도착, 동 20일에 오히사무라(大久村)에 입항하였다.[131]

당시 육지에서 울릉도까지 항해하는데 이틀이 걸렸음을 감안할 때 울릉도에서 독도까지는 하루 정도가 걸렸음을 알 수 있다. 그런데 안용복은 정확하게 울릉도를 출발한지 하루 만에 독도에 도착했음을 진술하고 있다. 그리고 다시 독도에서 일본의 오키도까지 사흘이 걸렸다고 진술함으로써 안용복이 인지하고 있었던 자산도 또는 송도가 오늘날의 독도임을 분명히 보여주고 있다.

안용복은 죽도와 조선과의 거리가 삼십리이며, 죽도와 송도간의 거리는 오십리라고 하였다. 이 진술을 통해서도 일본 〈다케시마연구회〉나 〈외부성〉이 주장하는 자산도(우산도)가 울릉도 옆의 죽도(죽서도)가 아님을 다시 한번

---

130 김화경, 「〈겐로쿠(元禄) 9병자(丙子)년 조선 배 착안 한 권의 각서〉 해설」, 『독도연구』 창간호, 2005, 305쪽.
131 「원록각서」, 293쪽.

확인할 수 있다.

> 다케시마와 조선 사이는 30리이고, 다케시마와 마쓰시마 사이는 50리라고 말하고 있습니다.[132]

비록 안용복이 진술한 거리가 오늘날의 거리 개념에 정확히 부합하는 것은 아니지만 안용복이 독도를 분명히 인지하고 있었음을 입증해주는 것이다. 이 진술은 가와카미 겐조나 시모조 마사오의 주장, 즉 우산도는 울릉도이거나 울릉도 옆의 죽도라고 하는 주장을 일거에 반박해주고 있다.[133]

5. 독도에 대한 일본의 '17세기 고유영토 확립설'의 허구성

이상과 같이 일본근세사료에 나타난 울릉도·독도에 대한 지리적 인식을 중심으로 다케시마(울릉도)와 마쓰시마(독도, 우산도, 자산도)가 한국의 영유임을 확인해보았다.

우선 일본이 17세기 고유영토설의 근거 사료로 삼고 있는 『죽도기사』의 곳곳에서 이미 울릉도와 우산도가 조선의 역사지리서에 기술되고 있음을 인정하고 있음을 볼 때, 일본은 내색하지는 않고 있지만 울릉도와 독도가 이미 17세기 이전부터 조선의 영유였음을 인식하고 있음을 알 수 있다.

『죽도고』에서도 역시 오야·무라카와 가문이 80년간 다케시마에서 불법적인 어로활동을 한 사실만을 가지고 자신들이 되찾아야할 섬으로 주장하고 있는 것은 잘못된 인식으로 지적할 수 있다. 왜구의 노략질로 고통 받던 울릉

---

132 「원록각서」, 294쪽.
133 김병렬·나이토 세이츄, 『한일 전문가가 본 독도』, 다다미디어, 2006, 42-44쪽.

도 주민들을 보호하기 위해 섬을 비워둔 것을 사람이 살지 않는 폐도라고 하며 잠시 동안 그곳에서 어로활동 한 것을 핑계로 자신들이 되찾아야할 섬이라고 강변하고 있다. 이것은 일본 외무성 홈페이지의 '다케시마 문제를 이해하기 위한 10의 포인트' 중 〈포인트3〉의 '17세기 고유영토확립설' 주장과 다를바 없다.

『원록각서(元祿覺書)』에서 안용복 일행이 타고 온 배에 걸린 「조울양도감세장 신 안동지기(朝鬱兩島監稅將 臣 安同知騎)」라고 쓰여진 깃발은 중요한 의미가 있다. 바로 안용복이 울릉도 · 독도가 조선의 영유임을 일본 측에 선포하는 강력한 의지가 담긴 글이라고 할 수 있다. 조선의 울릉도와 우산도(자산도) 양도의 감세장을 칭하며 죽도(울릉도)의 조선영유를 당당히 확인하기 위해 도일한 것임을 가시적으로 표현한 것이라 할 수 있다.

특히 안용복이 소지한 '조선지팔도'와 울릉도 · 독도의 지리에 대한 설명은 안용복과 그 일행의 영토의식을 분명히 보여주고 있다. 즉 죽도는 바로 조선의 섬인 울릉도이며 그것은 자신이 휴대한 '조선지팔도'에 그렇게 표기되어 있다고 하였다. 따라서 당연히 죽도(울릉도)는 조선 영토라는 것이다. 또한 송도(독도) 역시 같은 강원도 안에 있는 자산(子山)이라는 이름으로 불리는 섬으로 '조선지팔도'에 죽도(울릉도)와 함께 표기되어 있다고 진술했다. 이것은 안용복이 당시 울릉도와 독도가 조선의 영토임을 분명히 인식하고 있었다는 증거라고 할 수 있다.

일본근세사료인 『죽도기사』, 『죽도고』, 『원록각서』에 대한 분석을 통해 근세의 울릉도 · 독도에 대한 지리적 인식을 확인할 수 있으며, 나아가 울릉도 · 독도에 대한 영유권이 어디에 있는지 확인할 수 있다.

서명 (자료명)	연도	조선→울릉도	울릉도(죽도)→ 독도(송도)	오키→울릉도	오키→독도	비고
원록각서	1696	30리 (55.6km)	50리 (92.6km)			안용복 진술
죽도기사	1726	50리 (92.6km)	뱃길 하루			안용복 진술
죽도고	1828	40리 (74km)	40리 (74km)	110리 (203.7km)	70리 (129.6km)	오카지마
현재거리	2017	130.3km (죽변기준)	87.4km	244.9km	157.5km	

※ 일본의 해상거리 단위 1리(浬)=1.852km로 적용하였음.

위의 도표에서 보듯이 근세 울릉도·독도 관련 일본사료에 나타난 지리적 인식의 특징을 보면, 조선에서 울릉도·독도까지 거리를 실제보다 훨씬 더 가까운 것으로 인식하고 있음을 알 수 있다. 이는 『원록각서』와 『죽도기사』에서 안용복의 진술을 통해 확인할 수 있다. 오카지마가 편찬한 『죽도고』에는 오히려 조선에서 울릉도·독도까지의 거리가 더 가까운 것으로 인식하고 있음을 확인할 수 있다. 이러한 사실은 울릉도·독도가 조선영토라는 사실을 이미 알고 있었기에 공간적 거리보다 인식적 거리가 훨씬 가까웠음을 보여주고 있는 것이다.

1693년 울릉도에서 안용복이 일본어부들에게 납치되면서(1차 도일) 발생한 '울릉도쟁계'는 국가 간의 외교분쟁으로 확대되어 상호간의 논쟁으로 이어졌지만, 1696년 1월 일본 막부에 의해 죽도가 한국의 울릉도임을 인정하고 '죽도도해금지령'을 내림으로써 일단락되었다. 즉 1618년 돗토리번의 오야가와 무라카와가에게 내린 '죽도도해면허'는 취소되고 '죽도도해금지'가 결정된 것이었다. 그러나 조-일 외교창구 역할을 했던 쓰시마번의 고의적 지체로 '죽도도해금지령'이 조선에 전달되기 전에 안용복의 2차 도일 사건이 발생하게 된다. 그 결과 안용복은 다시 추방되고 '죽도는 조선에서 가깝고 호키 (伯耆)에서 먼 섬이므로 거듭해서 이쪽(일본)의 어민이 도해하지 않도록 하라'는 '죽도도헤금지령'을 재삼 확인하였던 것이다. 이렇게 안용복 도일 사건을 계기로 조선과 일본 간에 벌어진 17세기말 영토경계분쟁은 막을 내리게 된다.[134]

지금까지 고찰한 바와 같이 일본 외무성 홈페이지에 게재된 '다케시마 문제를 이해하기 위한 10의 포인트'에서 〈포인트3〉의 **"일본은 17세기 중반에는 이미 다케시마(독도)의 영유권을 확립하였습니다."라는 주장은 허구임이 밝혀졌다.** 그러나 일본은 다시 '10의 포인트' 중 〈포인트4〉에서 "일본은 17세기말 울릉도 도항을 금지했습니다만, 다케시마(독도) 도항은 금지하지 않았다"라고 주장하면서 독도의 영유권을 주장하고 있다. 하지만 이 주장도 역시 『원록각서』와 『죽도기사』, 『죽도고』 등 근세일본사료에 대한 지금까지의 논의에서도 살펴보았듯이 거짓임을 확인하였다. 더구나 1876년 「태정관지령」에서도 '일본해 내 다케시마 외 일도를 판도 외로 정한다'고 규정하였기에 더 이상 논란의 여지가 없는 주장이라 하겠다.

---

134 손승철, 「17세기말 안용복 사건을 통해 본 조일간의 해륙경계분쟁」, 『한일관계사연구』 42, 2012.8, 258-260쪽.

방법 · 사료 · 언론기사로 확인하는

독도영토주권의 재인식

제4장

근대 일본 관찬사료에 나타난 울릉도·독도 인식

1. 일본의 부당한 독도영유권 주장과 왜곡된 영토인식

이 장에서는 근대 일본의 대표적 관찬사료인 『조선국 교제 시말 내탐서』, 『죽도고증』, 『태정관지령』에서 울릉도·독도를 어떻게 인식하고 있었는지를 검토해보고자 한다.[135] 19세기 후반 일본정부에서 발행한 위의 사료들은 울릉도·독도가 역사적·지리적으로 한국의 영토였음을 잘 보여주고 있으며, 17세기말 안용복사건에 의해 발생한 '울릉도쟁계'(죽도일건)를 통해 '울릉도와 독도는 조선영토'라는 사실을 재확인해주는 사료들이다.

일본은 최근 '17세기 고유영토 확립설'을 내세워 독도에 대한 영유권을 주

---

135 울릉도·독도의 영유권과 관련한 근대일본관찬사료인 『조선국교제시말내탐서』, 『죽도고증』, 『태정관지령』에 관한 선행연구로는 다음의 자료를 참조. 송휘영, 「일본 고문서에 나타난 일본의 독도 인식」, 『일본근대학연구』 50호, 일본근대학회, 2015, 383-410쪽; 정태만, 『조선국교제시말내탐서』 및 『태정관지령』과 독도, 『독도연구』 17, 영남대독도연구소, 2014.12, 7-41쪽; 정태만, 「태정관지령 이전 일본의 독도 인식」, 『사학지』 45, 단국사학회, 2012, 5-42쪽; 김호동, 「『죽도고증』의 사료 왜곡: '한국 측 인용서'를 중심으로」, 『일본문화학보』 40, 한국일본문화학회, 2009, 327-348쪽; 정영미, 「『죽도고증』의 「마쓰시마 개척원」과 아마기함의 울릉도 조사」, 『한일관계사연구』 43, 2012, 469-507쪽; 정영미, 「독도영유권 관련 자료로서의 「죽도고증(竹島考證)」의 역할과 한계」, 『독도연구』 17, 영남대독도연구소, 2014.12, 43-65쪽. 이성환, 「태정관과 '태정관지령'은 무엇인가?」, 『독도연구』 20, 영남대독도연구소, 2016.6, 93-120쪽; 이성환, 「일본의 태정관지령과 독도편입에 대한 법제사적 검토」, 『국제법학회논총』 제62권 제3호, 2017.9, 73-103쪽.

장하고 있다. 일본 외무성은 이러한 주장을 뒷받침하기 위해 10가지 포인트를 그 근거로 제시하고 있으며, 특히 〈포인트3〉에서 "일본은 17세기 중반에는 이미 다케시마(독도)의 영유권을 확립하였습니다"라는 억지 주장을 펼치고 있다. 그러나 일본이 주장하는 '17세기 고유영토 확립설'의 허구성과 그 문제점은 많은 독도연구전문가들에 의해서 이미 충분히 규명되었다. 특히 앞의 제3장에서『죽도기사』,『죽도고』,『원론각서』등「독도 관련 일본 근세 사료에서 나타난 울릉도 · 독도의 지리적 인식」[136]을 통해 일본의 '17세기 고유영토 확립설'을 비판하고 독도가 한국영토임을 논증한바 있다.

제4장에서 다룰「근대 일본 관찬 사료에 나타난 울릉도 · 독도 인식」은 위와 같은 선행 연구의 연장선상에서 이루어진다. 울릉도 · 독도의 판도 관련 근대 일본의 중요한 관찬사료인 위 문헌을 분석하여 울릉도 · 독도에 대한 역사적 · 지리적 인식을 검토해보고, 울릉도 · 독도에 대한 일본의 왜곡된 영유권 주장을 비판함으로써 일본 측의 독도영유권 주장이 가지는 허구성과 부당성을 입증하고자 한다.

궁극적으로 근대 일본의 울릉도 · 독도 관련 관찬사료인『조선국 교제 시말 내탐서』,『죽도고증』,『태정관지령』에 나타난 울릉도 · 독도 인식을 검토하고 울릉도 · 독도의 한국 영유를 확인하는 동시에, 일본 스스로 부당한 독도 영유권 주장에 대한 자기모순을 깨닫게 함으로써 일본의 왜곡된 영토인식을 바로잡고자 한다.

2. 『조선국 교제 시말 내탐서』에 나타난 울릉도 · 독도 인식

『조선국 교제 시말 내탐서(朝鮮國交際始末內探書)』(이하『내탐서』로 약

---

136 이 책 제3장 참조.

칭함)는 정한론(征韓論)이 득세하던 1869년 12월 일본 외무성이 관리 사다 하쿠보(佐田白茅) 등 3인을 보내 당시 조선의 사정을 내탐하여 작성시킨 13개 항의 보고서이다.[137]

죽도(竹島)와 송도(松島)가 조선의 부속이 된 경위(또는 사정, 始末)

이 건은 **송도(松島)는 죽도(竹島)의 이웃 섬으로 송도에 관해서는 지금까지 게재된 서류도 없다.** 죽도(竹島)에 대해서는 겐로쿠(元祿) 년간 주고받은 왕복서한 및 경위가 필사한 그대로이다. 겐로쿠(元祿) 년도 이후 얼마 동안 조선에서 거류(居留)를 위해 사람을 보내었던 바 있다. 하지만 현재는 이전과 같이 사람이 없으며, 대나무 또는 대나무보다 굵은 갈대가 자라고, 인삼(人蔘) 등이 자연적으로 자란다. 그 밖에 물고기(漁産)도 상당히 있다고 들었다.

午(1870년) 4월
　　　외무성 출사(出仕)
　　　　　사다 하쿠보(佐田白茅)
　　　　　모리야마 시게루(森山茂)
　　　　　사이토 사카에(齊藤榮)

---

137 『조선국교제시말내탐서』가 작성된 경위와 이 보고서에 수록된 내용, 전문에 대한 해설 등은 《자료소개: 조선국교제시말내탐서》, 송휘영 역주, 『독도연구』 23, 영남대 독도연구소, 2017.12, 503-532쪽 참조; 사다 하쿠보(佐田白茅)는 1875년 「정한평론」이라는 책을 출판하였다. 정한론을 열렬히 주장했던 자신의 글을 비롯하여 여덟 편의 글을 모아 출판한 것이다. 그 속에는 요코야마 쇼타로(橫山正太郎)가 "[…] 조선의 죄를 묻는데 지체할 시간이 어디에 있단 말인가"라고 주장한 글도 실려 있다(나카쓰카 아키라, 성해준 역, 『근대일본의 조선인식』, 청어람미디어, 2005, 53쪽 이하 참조). 1870년 전후, 일본은 이미 정한론을 앞세워 조선을 식민지로 병합할 계획을 추진하였으며, 독도를 편입한 것은 그 첫 번째 계획을 실행에 옮긴 것이다.

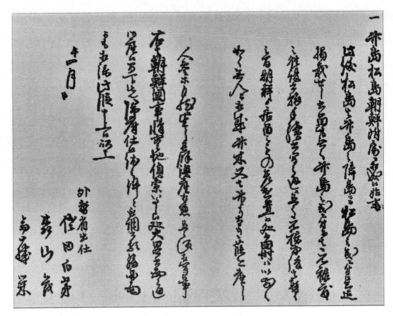

[그림 20] 〈죽도송도 조선부속 경위서〉 원문

　　1869년 12월 메이지 정부는 조선정부와 교착상태에 빠진 외교관계를 타개하고 조선에 대한 정보를 수집하기 위해 외무성 관료를 은밀히 조선에 파견하여 조선의 실상을 조사하도록 하였다.[138] 이 『내탐서』의 마지막 13항 「죽도와 송도가 조선의 부속이 된 경위」에는 울릉도(죽도)와 독도(송도)가 조선의 부속이 된 경위를 다음과 같이 보고하고 있다.[139] 일본은 당시까지 울릉도를 죽

138　19세기 중반 요시다 쇼인(吉田松陰)의 「조선침략론」과 「죽도개척론」이 강조되는 가운데, 메이지 정부가 출범하면서 조선과 일본의 외교관계가 단절되었다. 1870년대 초 조선침략에 대한 의지가 이어지는 가운데 사이고 다카모리(西鄕隆盛), 기도 다카요시(木戶孝允) 등의 「정한론(征韓論)」이 재등장 하였다. 『조선국교제시말내탐서(朝鮮國交際始末內探書)』는 조선의 정황과 교제의 경위에 대한 중요한 정보를 제공하고 있으며, 이 단초가 되는 것이 사다 하쿠보(佐田伯茅) 등의 복명서이다. 《자료소개: 조선국교제시말내탐서》, 위의 책, 506-507쪽.

139　『내탐서』, 521쪽, 강조 필자.

도로 독도를 송도로 불렀다.

『내탐서』에서 보고한 정보를 검토해보면 죽도(울릉도)에는 대나무 또는 대나무보다 굵은 갈대가 자라고, 인삼(人蔘) 등이 자연적으로 자라고 있으며 그 밖에 물고기(漁産)도 상당히 있다고 보고하고 있는 것으로 보아 울릉도의 지리와 산물에 대해서 어느 정도 인지하고 있는 것으로 보인다.

무엇보다 이『내탐서』13항의 제목 "죽도(竹島)와 송도(松島)가 조선의 부속이 된 경위"에서도 알 수 있듯이 일본이 울릉도·독도를 이미 조선 영토로 인정하고 있었다는 사실을 잘 확인할 수 있다. 이처럼 당시 일본 외무성 관찬 사료인『내탐서』에서도 독도를 포함한 울릉도가 역사적·지리적으로 이미 오래전부터 조선의 부속 섬이었다는 사실을 확인하고 있음을 알 수 있다. 즉 울릉도와 독도가 이웃한 섬으로 하나의 세트에 포함되어 있음을 인정한 것이다.

또한 '송도(독도)에 관해 기록된 서류는 없다'라고 확인한 부분은 당연히 독도가 역사적으로 일본에 속한 적이 없었기에 그와 관련한 기록이 남아 있지 않았음을 인정한 것으로 볼 수 있다. 따라서 당시 일본 외무성에서도 독도가 역사적·지리적으로 조선의 영토라는 사실을 잘 인식하고 있었음을 알 수 있다.

위의 인용문에서 "죽도(竹島)에 대해서는 겐로쿠(元祿)[140] 연간 주고받은 왕복서한 및 경위가 필사한 그대로이다"라고 한 것은 죽도(울릉도)에 대해서도 겐로쿠(元祿) 연간, 즉 17세기 말에 안용복 사건으로 인해 양국 간에 주고받은 외교서한들(울릉도쟁계)과 그 결과로 일본정부가 내린 '죽도도해금지령'(1696)을 통해서 최종 확인한 바대로 조선의 영토임을 재확인한 것이다.[141]

---

140 겐로쿠(元祿)는 東山天皇 시대인 1688~1704년간 사용된 일본의 연호.
141 1693년부터 1699년까지 한일 간에 전개된 울릉도쟁계와 울릉도해금지령(1696), 1877년의 태정관지령, 그리고 1905년 일본의 독도편입조치는 각각의 사건을 개별적

이처럼 메이지시대 일본정부는 17세기 말 일본정부가 죽도(울릉도)와 그 부속 섬 송도(독도)를 하나의 세트로 보고 조선 영토로 인정한 정책을 계승하고 있음을 알 수 있다.

3. 『죽도고증(竹島考證)』에 나타난 울릉도 · 독도 인식

『죽도고증』은 1881년 기타자와 마사나리(北澤正誠)가 편집한 책으로 상 · 중 · 하권으로 구성되어 있다.[142] 상권과 중권은 한 · 중 · 일의 역사적 문헌에 나타난 울릉도 · 독도에 관한 기록을 소개하고 있다. 특히 중권에서는 안용복의 도일로 인해 한일양국 간에 발생한 울릉도쟁계(=죽도일건)의 과정과 최종적으로 '죽도(울릉도)도해금지령'을 내리는 과정을 다루고 있다. 하권에서는 덴포(天保)시대(1830년대)에 있었던 일본인의 '죽도도해사건' 및 메이지 10년(1877년)경에 있었던 '송도개척원'을 둘러싼 사건의 경과를 기술하고 아마기 함의 조사에 의해 '송도'는 조선의 울릉도이고 '죽도'는 '송도'의 북쪽에 있는 작은 암석이라는 결론이 났다는 것으로 끝을 맺고 있다. 전체적으로 봤을 때 이 책은 19세기 말 일본의 울릉도와 독도의 영유권에 대한 혼란된 인식을 보

으로 분리하여 단절된 시각으로 볼 것이 아니라 연속적인 시각에서 분석하였을 때 태정관지령은 울릉도쟁계의 결과를 승계한 것이다. 따라서 1905년 일본이 독도를 편입하기 위한 각의결정이 이루어지는 시점에서 태정관지령이 효력을 유지하고 있었다면 법제사적 측면에서 볼 때 일본의 불법적 독도편입에 대한 법적 효력이 문제시될 수 있다. 이에 대한 자세한 논의는 이성환, 「일본의 태정관지령과 독도편입에 대한 법제사적 검토」, 『국제법학회논총』 제62권제3호, 2017.9, 73-103쪽 참조.

142 『죽도고증』, 독도자료집Ⅱ, 바른역사정립기획단, 2006; 이 책은 일본 메이지정부에 의해 동해상에 있는 죽도와 송도가 어떠한 섬이며, 어느 나라에 속하는 섬인가를 자세히 연구 검토한 후 둘 다 한국의 섬이라고 결론을 내리고 있다. 비록 「송도」를 울릉도 옆의 「죽도」로 결론 내리고 있지만, 이는 오히려 일본이 독도를 제대로 인식하지 못하고 있었다는 사실을 반증하고 있다.

여주는 사료이다.

그런데 여기서 우리가 한 가지 간과하지 말아야 할 사항이 있다.

이 책을 편집한 기타자와 마사나리가 어떤 의도를 가지고 편집하였는가 하는 것이다. 그가 비록 이 책의 결론부에서 울릉도가 조선 땅임을 인정하고 있지만, 이 책의 곳곳에서 내심 울릉도가 일본 땅이 되었어야한다는 생각을 드러내고 있다. 즉 "버려진 땅을 내가 취하면 내 땅이 된다"는 논리를 전개하고 있는데, 이러한 논리는 '무주지 선점론'이나 '고유영토설'로 이어져 결국 1905년 독도를 '무주지'라고 하여 자국의 영토로 불법 편입하게 한 이론적 근거가 된 것이다.[143] 물론 그가 이 책을 편집하면서 참고한 한국 측 사료를 곳곳에서 왜곡하고 있다는 점도 그의 의도를 정직하게 받아들일 수 없도록 하고 있다.[144] 따라서 이러한 점을 충분히 감안하고 이 사료를 검토해야 할 것이다.

기타자와 마사나리는 이 책에서 죽도의 영유권에 대해 일본, 조선, 중국에서 전해져 내려오는 문헌을 인용하여 기술하고 있다. 그가 인용한 조선문헌은 『동국통감』, 『동국여지승람』, 『고려사』, 『통문관지』가 있으며, 중국문헌으로는 명나라 때의 『무비지(武備誌)』, 『도서편(圖書編)』, 『등단필구(登壇必究)』등이 있다. 또한 일본문헌으로는 『대일본사』, 『죽도잡지』, 『죽도도설』, 『조선통문대기』, 『선린통서』, 『죽도기사』, 『죽도고』 등에서 인용하고 있다.

먼저 이 책 〈상권〉에서 기타자와 마사나리는 『죽도고』를 인용하여 울릉도·독도의 지리적 특성에 대해 언급하고 있다.[145]

죽도〈기죽도라고 쓰기도 한다〉는 우리나라와 조선 사이에 있는 고도(孤島)

---

143 김호동, 「『죽도고증』의 사료 왜곡: '한국 측 인용서'를 중심으로」, 『일본문화학보』 40, 한국일본문화학회, 2009, 345-346쪽 참조.
144 기타자와 마사나리의 한국 측 인용서 왜곡의 실상과 관련한 내용은 김호동, 위의 논문, 331-345쪽 참조.
145 『죽도고증』, 13쪽.

이다. 둘레가 10리 정도되는 험하고 높은 산으로서 계곡이 깊고 고요하며 나무
가 울창하고 대나무가 빽빽이 들어서 있다. 땅은 비옥하고 많은 산물이 난다.

여기서 죽도(또는 기죽도)는 물론 울릉도를 지칭한다. 섬 둘레 10리(40km)[146]
는 현재의 섬 둘레 64km보다 훨씬 작은 것으로 인지하고 있지만, 울릉도의 지
형과 지질, 특산물에 대해서는 어느 정도 인지하고 있는 것으로 보인다.

또한 『죽도도설』에 의거하여 "다케시마(他計甚麼)라 훈독되어 있는데, 그
땅의 동쪽 해안에 둘레가 두 척(尺)이나 되는 큰 대나무가 있으므로 소위 죽도
라는 이름이 붙은 연유가 된다"[147]고 하여 큰 대나무가 많았던 울릉도의 지리
적 특성으로 울릉도를 죽도라고 불러왔음을 알 수 있다.

기타자와 마사나리는 『죽도잡지』, 『죽도도설』, 『죽도고』 등을 인용하여
죽도가 일본 사람이 발견한 일본의 섬이어서 일본인이 해상이익의 독점권을
가지고 있었으나 안용복의 도일로 인해서 촉발된 '죽도일건'(울릉도쟁계)을
거쳐 겐로쿠(元祿) 9년(1696년) 조선의 울릉도임을 인정하고 조선으로 되돌
려주었다고 강변하고 있다.[148] 그러나 이는 역사적으로 이사부가 우산국을
복속시킨 이후 한국이 영유해왔다는 수많은 한국 측 문헌에서 입증되고 있는
바, 반론의 가치조차 없는 것이다.

기타자와 마사나리는 『죽도고증』의 시작 부분부터 『죽도고』의 내용과 주
장을 비중있게 인용하고 있다. 『죽도고』는 1828년 돗토리번 번사 오카지마
마사요시가 편찬한 책으로 울릉도(다케시마) 영유권에 관한 생각을 당시의
문서와 기록, 구술 등을 토대로 정리한 것이다. 이 책은 안용복의 도일 사건 이
후 약 130여년이 지난 시점에서 쓴 책이다. 그 때문에 내용의 정확성이 떨어질
뿐만 아니라, 기본적으로 울릉도·독도가 일본 영토라는 시각에서 기술하고

---

146 당시 일본의 육지 거리단위 1리는 4km로 환산된다.
147 『죽도고증』, 13-14쪽.
148 『죽도고증』, 17-21쪽.

있어서 왜곡되고 편향된 견해가 적지 않게 포함되어 있다. 오카지마는 이 책의 서문에서 언젠가 빼앗긴 다케시마를 되찾아와야 한다는 생각을 숨김없이 나타내 보이고 있다.[149]

『죽도고』에 나타나 있는 이러한 오카지마의 생각을 기타자와 마사나리는 『죽도고증』에서 그대로 이어받고 있다. 『죽도고증』〈중권〉에서 그는 17세기 말 안용복 사건으로 발단이 된 조선과 일본 간의 울릉도쟁계(죽도일건)를 재구성하면서 일본 정부가 울릉도 도항금지령을 내린 경위를 언급한 후 이에 대한 자신의 생각을 다음과 같이 제시하고 있다.[150]

죽도는 원화(元和)시대[1615~1623] 이래 80년 동안 우리[일본] 국민이 어렵을 하던 섬이었기 때문에 우리 영역이라는 것을 믿으며, 저나라[조선] 사람들이 와서 어렵하는 것을 금하고자 하였다. 저들이 처음에는 죽도와 울도가 같은 섬임을 몰랐다고 답해왔으나 그에 대한 논의가 점점 열기를 띠게 되자 죽도와 울도가 같은 섬에 대한 다른 이름이라 말하고 오히려 우리가 국경을 침범했다고 책망했다. 고사(古史)를 보자면 울도가 조선의 섬이라는 것에 대해서는 두 말 할 필요가 없다. 그러나 문록(문록)시대[1592년] 이래 버려두고는 거두지 않았다. 우리나라 사람들이 그곳이 빈 땅이므로 가서 살았다. 즉 우리 땅인 것이다. 그 옛날에 두 나라의 경계가 항상 그대로였겠는가. 그땅을 내가 취하면 내 땅이 되고, 버리면 다른 사람의 땅이 된다. [⋯] 그런데 조선만이 홀로 80년간 버려두고 거두지 않았던 땅을 가지고 오히려 우리가 국경을 침범했다고 책망하고 있다. 아무런 논리도 없이 옛날 땅을 회복하고자 한 것이 아니었던가. 그런데 당시 정부는 80년 동안 우리나라 사람들이 어렵을 해 올 수 있었던 그 이익을 포기하고 하루아침에 그 청을 받아들였으니 죽도에 울도란 옛날 이름을 부여해 준 것은 당시의 정부인 것이다. [⋯] 당시의 정책은 편한 것만을 추구하였을 뿐 개혁하여 강성해지고자 하는 것이 아니었기 때문이다. 만약 외국에 대한 이야기를 하고 외국의

149 이태우, 「근세 일본의 사료에 나타난 울릉도・독도의 지리적 인식」, 『독도연구』20, 영남대독도연구소, 2017.6, 49쪽 이하 참조; 『죽도고』상・하, 정영미 역, 경상북도 독도사료연구회, 2010, 11-13쪽 참조.
150 『죽도고증』, 249-257쪽.

종교를 받드는 자가 있으면 그를 나라의 적으로 보아 엄한 형벌을 가했다. 각 나라에서 내항하는 것을 금하고, 중국, 조선, 네덜란드 이외에는 항구로 들어오는 것을 허락하지 않았다. 사면이 바다로 둘러싸여 천혜의 항구를 가지고 있었는데도 쇄국정책을 취하고 이용하지 않았다. 혹 큰 계획을 세우고 외국으로 나가고자 하는 지사가 있어도 자기 집 봉당에서 허무하게 늙어 죽을 수밖에 없었다. 어찌 통탄하지 않을 수 있겠는가. 무릇 죽도는 매우 협소한 땅으로 아직 우리에게 있어서는 있어도 되고 없어도 되는 땅이나 당시의 일을 생각하면 홀로 큰 한숨이 나온다.

위에서 기타자와 마사나리가 언급한 몇 가지 주장을 검토해보자. 우선 그는 울릉도가 "빈 땅이므로 가서 살았다. 즉 우리 땅인 것이다."라는 주장을 펼치고 있다. 이러한 주장은 빈 땅에 가서 살면 자기 땅이 된다는 인식이다. 그렇다면 주인이 잠시 비워 둔 집에 도둑이 들어가서 살면 그 집은 도둑의 집이 된다는 논리가 성립하는 것이다. 터무니없는 주장이 아닐 수 없다. 그는 임진왜란 이후 조선정부가 '공도정책'을 통하여 섬을 비워놓았기 때문에 자신들이 점거했고 이것은 『지봉유설』에도 나오는 말이라고 강변하고 있다.[151]

하지만 이것은 그가 인용하고 있듯이 "왜구에 의해 불타고 노략질 당하여" 생명과 재산을 빼앗기고 도저히 살 수 없게 된 울릉도 주민들을 잠시 육지로 쇄환한 것이며(쇄환정책), 그 후로 조선정부가 지속적, 정례적으로 '수토관'을 보내어 섬을 관리해왔던 것이다. 결국 있지도 않은 조선정부의 '공도제(空島制)'를 내세워 일본인들이 비어있는 울릉도를 점거하였다는 기타자와 마사나리의 왜곡된 논리는 '거짓 원인의 오류'를 범하고 있는 것이다.

이러한 그의 억지 논리는 1905년 독도를 불법적으로 편입할 때 사용된 일본의 '무주지선점론'을 합리화해주는 논리로 이용되고 있다. 또한 울릉도를 조선에 돌려준 "당시의 일을 생각하면 홀로 큰 한숨이 나온다"라는 말에서도

---

151 『죽도고증』, 31쪽, 49쪽 참조.

제국주의적 영토확장 정책을 펼쳐나가야 한다는 그의 인식을 확인할 수 있다. 결국 독도를 불법적이고 강제적으로 편입한 일본의 정책도 이러한 제국주의적 영토확장 정책의 연장선상에서 이루어진 것이다. 문제는 독도에 대한 일본의 인식과 태도가 지금도 1905년 독도편입 당시와 달라진 점이 없다는 것이다.

『죽도고증』〈하권〉에서는 덴포(天保)시대(1830년대)에 있었던 일본인의 '죽도도해 사건'과 메이지 10년(1877년)경에 있었던 '송도개척원'을 둘러싼 사건의 경과를 기술하고, '송도'는 조선의 울릉도이고 '죽도'는 '송도'의 북쪽에 있는 작은 암석으로 결론을 내리고 있다. 이 두 사건을 중심으로 근대기 일본의 울릉도·독도 인식을 검토하고 있다.

『죽도고증』〈하권〉에서 다루고 있는 '덴포죽도일건(天保竹島一件)'이라 불리는 사건은 1833년 시마네현에 사는 하치에몬(八右衛門)이라는 뱃사람이 울릉도로 밀항해 나무를 벌채했다가 1836년 처형당한 사건이다.[152] 〈하권〉에서는 이 사건의 경과를 별지 제1호부터 제3호까지 연루자 처분 관련 서

---

152 하치에몬은 하마다 마츠하라 출신으로 1789년 운송업자 세이스케의 아들로 태어났다. 가업을 이어받은 그는 1836년 12월 23일 '도해금지령'을 어기고 불법으로 조선에 도해한 죄로 사형을 당했다. 그는 오사카로 운송미를 운반하는 과정에서 울릉도 항로를 알게 되었고 외국과의 무역과 도항을 국법으로 금지한 「도해금지령(1696)」을 깨고 1880~1887년 8년간 울릉도로 건너가 밀무역을 하였다. 그러나 불법 도항이 발각되자 "송도(독도)에 가다가 표류해서 울릉도에 표착했다"고 핑계를 댔지만 막부는 하치에몬을 사형에 처하고 불법 도해를 방조한 번주를 비롯한 관리들을 중죄에 처했다. 막부가 하치에몬의 말을 믿지 않고 엄한 형벌을 내린 것은 울릉도·독도를 조선의 영토로 인정했기 때문이었다. 이 사건 이후 막부는 전국에 「죽도도해금지령(1837.2)」을 내리고 각 포구와 진에 죽도도해금지령 포고문을 내걸었다. 이 포고문은 안용복 사건으로 내려진 제1차 「죽도도해금지령(1696.1.28)」이후 울릉도·독도로의 도항을 금지한 제2차 죽도도해금지령이었다. 이후 태정관 지령문(1877)과 그 부속지도 「기죽도약도」에서 알 수 있듯이 일본은 19세기 말기까지 독도를 울릉도의 부속섬으로 인정하고 일본인들의 울릉도·독도 도항을 금지하였다. 모리스 가즈오, 김수희 역, 『하치에몽과 죽도도해금지령』, 지성인, 2016, 5-6쪽.

류를 제시하면서 기술하고, 그 이후 메이지 10년 도다 타가요시(戸田敬義)가 '죽도도해 청원서'를 제출할 때까지 일본인 중에 죽도에 대해 말하는 자가 없었다는 것을 기술하고 있다.[153]

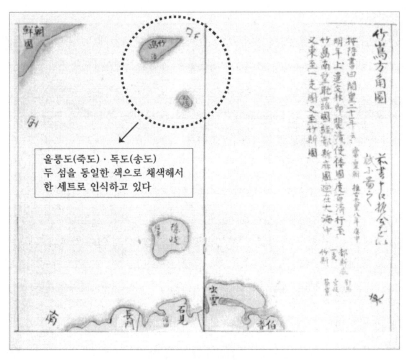

울릉도(죽도)·독도(송도) 두 섬을 동일한 색으로 채색해서 한 세트로 인식하고 있다

[그림 21] 죽도방각도

먼저 '덴포죽도일건'과 관련하여 울릉도·독도의 역사적·지리적 인식을 확인할 수 있는 중요한 지도자료가 있다. 이 사건 처리과정에서 하치에몬의 진술조서인 '죽도도해일건기'(竹島渡海一件記)가 작성됐는데 이때 이 문서에 첨부된 '죽도방각도'(竹嶋方角図)에 울릉도와 독도가 조선 본토와 동일한

153 『죽도고증』, 260-293쪽 참조.

붉은색으로, 오키섬과 일본 본토는 노란색으로 색칠돼 있다. 이 지도에서도 보듯이 당시 일본인들은 울릉도(죽도)와 독도(송도)를 하나의 세트에 포함시켜 조선의 영토로 인식하고 있었음을 잘 알 수 있다. 울릉도와 독도가 역사적·지리적으로 신라시대 이후 우산국 안에 있었던 두 섬으로 인식되어왔음을 보여주는 수많은 자료 중에 하나인 것이다. '하치에몬 사건'은 이후 1877년 메이지 정부가 '울릉도와 독도는 일본과 관계없다'는 태정관지령을 내리게 된 주요 자료로 제공됐다.

하치에몬의 울릉도 도항 사건은 현재 한·일양국의 독도영유권 연구에서 쟁점이 되고 있다. 가와카미 겐죠를 비롯한 일본 시마네현 '죽도문제연구회'는 하치에몬이 '송도(독도)로 도항한다는 명목으로 죽도(울릉도)'로 도항했고 '송도(독도)로의 도항은 아무런 문제도 없었다'고 주장하면서 당시 울릉도로 도항한 하치에몬과 일본 관리들의 인식은 독도를 일본 영토로 인식한 것이라고 주장하였다.[154] 그러나 이것은 터무니없는 주장이다. 당시 일본 막부가 송도(독도)로 도항했다고 진술한 하치에몬을 비롯한 관련자들을 사형에 처하거나 엄벌에 처한 것을 보더라도 '송도(독도)로의 도항에 아무런 문제가 없었다'는 '죽도문제연구회'의 주장은 어떻게든 독도와 연결고리를 만들어보려는 궁색한 변명으로밖에 들리지 않는다.

기타자와 마사나리는 '죽도도해금지령'을 어기고 불법으로 조선 땅 죽도(울릉도)를 도해한 하치에몬 사건이 발생한 후, 19세기 후반기부터 울릉도·독도에 대한 관심이 증대하였으며 1870년대에는 '죽도도해청원서'와 '송도개척원'을 요청하는 업자들이 생겨났다고 『죽도고증』에서 서술하고 있다. 이 시점부터 일본 내부에서는 죽도(울릉도)와 송도(독도)에 대한 명칭 혼란이 생겨나기 시작한다. 오랜 기간 동안 울릉도·독도에 대한 '도해금지령'과 '하

---

154   모리스 가즈오, 김수희역, 『하치에몽과 죽도도해금지령』, 지성인, 2016, 6-7쪽.

치에몬 사건'의 영향으로 울릉도 · 독도의 존재에 대해 관심을 가지지 않았기 때문일 것이다. 따라서 두 섬의 존재에 대해 제대로 인식하지 못했던 일본인들은 울릉도를 송도로, 독도를 죽도로 명칭을 바꿔 부르는 등 명칭 혼란이 점점 증가하고 있음을 알 수 있다.

기타자와 마사나리에 따르면 먼저 메이지10년(1877년) 1월 시마네현의 도다 타가요시(戶田敬義)가 '죽도도해 청원서'를 동경부에 제출하였다. 그는 "오키국에서 약 70리(약130km) 정도 떨어진 서북쪽의 바다에 황막한 불모의 고도(孤島)가 하나 있어 이를 죽도(울릉도)라고 부른다"고 하여 정확하지는 않지만 어느 정도 울릉도 · 독도를 지리적으로 인지하고 있음을 알 수 있다.[155] 도다 타가요시는 울릉도 개척을 위해 세 차례에 걸쳐 '죽도도해청원서'를 제출하였지만 1877년 6월 8일 동경부지사 쿠스모토 마사타카(楠本正陵)은 결국 도해 청원을 '불허'하였다.[156] 울릉도가 조선 땅임을 역사적 사실을 통해 잘 알고 있었던 당시 일본정부가 한 · 일간 분쟁의 소지를 만들고 싶지 않았을 것이다.

이보다 앞서 메이지9년(1876년) 미치노쿠에 사는 무토 헤이가쿠(武藤平學)가 벌채, 어렵, 광산개발, 등대설치를 위해 '송도(울릉도) 개척안'을 외무성에 건의했다.[157] 기타자와 마사나리는 이 '송도개척안'에 대해 자신의 생각을 제시하고 있다.[158]

어떤 사람은, 일본이 지금 송도에 손을 대면 조선이 문제를 제기할 것이라고 말 하지만, 송도는 일본 땅에 가깝고 예로부터 우리나라에 속한 섬으로서 일본지도에도 일본영역 안에 그려져 있는 일본 땅이다. 또 죽도는, 도쿠가와(德川)씨

---

155 『죽도고증』, 292-295쪽 참조.
156 『죽도고증』, 292-323쪽 참조.
157 『죽도고증』, 322-343쪽 참조.
158 『죽도고증』, 340-343쪽 참조.

가 다스리던 때에 갈등이 생겨 조선에 넘겨주게 되었으나, 송도에 대한 논의는 없었으니 일본 땅임이 분명하다. 만약 또 조선이 문제를 제기한다면 어느 쪽에서 더 가깝고 어느 쪽에서 더 먼지에 대해 논하여 일본의 섬임을 증명해야 한다.

독도영유권에 대한 기타자와 마사나리의 의도가 잘 나타난 생각이다.

일단 '송도개척안'을 주장한 무토 헤이가쿠는 송도를 울릉도로 알고 있고, 이에 대한 자신의 생각을 제시하고 있는 기타자와 마사나리는 송도를 독도로 알고 있다. 두 사람이 서로 동문서답 하는 것 같이 들리기도 한다. 무엇보다 기타자와 마사나리는 죽도(울릉도)는 조선 땅이지만, "송도(독도)는 일본 땅에 가깝고 예로부터 일본에 속한 섬"이라고 억지 주장을 펼치고 있다. 당시의 거리 측량이 정확하지 않았다 하더라도 울릉도-독도(87.4km) 거리가 오키-독도(157km) 거리 보다 2배나 더 가까운 점을 보면 그의 주장의 객관성과 신뢰성에 문제가 있음을 알 수 있다.

또한 "예로부터 일본에 속한 섬"이었다는 주장 역시 허구적 주장이다. 역사적·지리적으로 한국이 독도를 영유하고 있었음은 우리의 옛 기록물에서 충분히 입증되고 있는 사실이기에 새삼 거론할 필요가 없다. 어쨌든 기타자와 마사나리는 『죽도고증』에서 울릉도와 독도를 분리해서 울릉도에 대해서는 한국의 영유권을 인정하면서 독도에 대해서는 일본의 영유라고 주장하고 있다. 이러한 그의 생각은 1905년 불법적 독도편입의 정당화 논리를 제공해준 것으로 볼 수 있다.

비슷한 시기 고다마 사다아키(兒玉貞陽)는 '송도 개척 착수 단계 예상안'을 작성해 외무성에 제출하였다.[159] 그가 제출한 안의 10가지 항목을 보면 1. 개척인이 작은 집을 짓고 거주함 2. 벌목 3. 항구를 만들 곳을 확정 4. 등대건설 5. 좋은 목재, 기타의 물품을 수출, 6. 토지 개척 7. 장소를 정해 선박용 물품 보

---

159 『죽도고증』, 342-351쪽 참조.

관8. 민가를 지어 사람을 이주 시킴 9. 어렵할 준비를 함 10. 농사 시작으로 되어 있다.[160]

위 두 서신에 대해 외무성 기록국장 와타나베 히로모프(渡邊洪基)는 개척의 필요성을 더욱 강조하였다. 이는 울릉도·독도를 침탈하기 위한 민관의 계획이 이미 치밀하게 준비되어 있음을 보여 주는 것이다. 와타나베 히로모프는 당시 울릉도·독도의 지리적 위치를 근대적 수리개념을 적용해 위도와 경도로 표시하고 있지만 죽도(울릉도)와 송도(독도)에 대한 명칭 혼란을 보여주고 있다.[161] 이는 울릉도·독도에 대한 역사적·지리적 인식이 여전히 결여되어 있음을 보여주는 것이다. 그 이유는 울릉도·독도 도해금지령으로 오랫동안 두 섬에 대한 관심과 인식이 부족할 수밖에 없었기 때문이다.

기타자와 마사나리가 울릉도(죽도)와 독도(송도)에 관한 기록을 집성하고 분석한 결과는 '송도는 한국의 울릉도이고 죽도는 송도(울릉도)에 붙어 있는 작은 암석'이라는 것이다. 이는 1860~1870년 당시 일본이 울릉도와 독도의 명칭과 지리적 인식에 대해 매우 혼란스러웠음을 보여주는 것으로, 울릉도와 독도에 대한 일본의 인식이 매우 부족했음을 보여주는 것이다. 이처럼 섬의 명칭도, 섬의 위치도 제대로 알지 못하면서 17세기부터 자신들의 고유영토였다고 강변하는 일본의 논리는 일고의 가치도 없는 것이다.

4. 『태정관지령』에 나타난 울릉도·독도 인식

잘 알려져 있듯이 태정관지령(太政官指令, 1877)은 "죽도(울릉도)와 일도(독도)의 건은 본방(일본)과 관계 없는 것으로 명심할 것"이라는 지시를 담고

---

160 『죽도고증』, 350-355쪽 참조.
161 『죽도고증』, 354-377쪽 참조.

있는 일본최고국가기관 태정관의 공식 문서이다. 이는 일본정부가 에도막부와 조선 사이에 울릉도 영유권을 둘러싸고 전개된 외교교섭, 이른바 죽도일건(울릉도쟁계)을 자세히 조사한 결과 내린 결론으로 역사적으로 독도영유권 귀속 판단에 종지부를 찍은 결정적인 문서이다.

통상 태정관지령이란 일본정부에서 울릉도와 독도의 영유권이 조선에 있음을 확인하고, 두 섬을 시마네현의 지적(地籍)에 올리지 말 것을 지시하고, '일본해내 울릉도와 독도를 일본영토 외로 정함'이라는 제목을 붙여 관보에 해당하는 『태정류전』에 공시한 일련의 문서들을 말한다. 태정관지령은 영토담당 정부기관인 내무성이 최고국가기관인 태정관의 결재를 거쳐 내린 정부의 공식적인 결정이며, 조선과의 외교문서는 아닐지라도 안용복사건 때의 외교교섭 결과를 한 번 더 확인한 것이므로 외교교섭 문서에 준한다고 할 수 있다.[162]

이는 '죽도(울릉도)외 일도(독도)'는 죽도일건(울릉도쟁계)을 통해서 조선과 일본 사이에 조선 땅으로 인정되었기 때문에, 신정부(메이지 정부)도 이를 계승해야 한다는 것을 의미하고 있는 것이다. 다시 말하면 이것은 일본 정부(내무성과 태정관)가 한일 간의 경계는 죽도일건(울릉도쟁계)에서 이루어진 조선과 일본의 합의를 존중, 계승한다는 것을 확인한 것이라고 볼 수 있다.[163]

태정관지령이 내려지기 전 시마네현이 내무성에 보낸 '일본해 내 죽도(울릉) 외 일도의 지적 편찬에 대한 문의'에서 죽도(울릉도)의 지리적 위치에 대한 답변이 있었다. 즉 시마네현은 "본디부터 본 현(시마네)의 관할로 확정된 적도 없고, 또 바다 북쪽으로 100여리(약185km)나 멀리 떨어져 있으며, 항로도 불분명"하며, "오키국의 북서쪽에 위치하며, 산음일대의 서부에 편적해

---

162 정태만, 「태정관지령 이전 일본의 독도 인식」, 『사학지』 45호, 단국사학회, 2012, 5쪽.
163 『일본 태정관과 독도』, 이성환 외 역주 및 해제, 136-137쪽. 이하 『일본 태정관과 독도』로 약칭.

야 할 것"[164]으로 보고하였다.

시마네현이 내무성에 제출한 부속 문서 '시마네현 문서 01-1'의 〈유래의 개략〉에 '죽도 외 일도' 관련 태정관지령문에서 유일하게 송도(독도)의 지리에 관한 기술이 등장하고 있다. 〈유래의 개략〉은 '시마네현 문의서'의 부속 문서로 내무성에 제출한 「원유의 대략」의 서문에 해당하는 부분이다. 죽도(울릉도)와 송도(독도)의 위치, 지형, 산물 등을 소개하고 있다. 먼저 울릉도의 지리적 특성에 대해 다음과 같이 기술하고 있다.[165]

> 기죽도(울릉도) 또는 죽도라고 한다. 오키국 북서쪽 약 120(약222km, 실제=245km)리 떨어진 곳에 있다. 둘레는 약 10리 정도이며, 산이 험준하고 평지가 적다. 하천은 세 줄기가 있으며 폭포도 있다. 그러나 계곡이 깊고 수목이 그윽하고 대나무가 울창해서 그 끝을 알 수 없다[…] 어패류는 셀 수 없을 정도다. 그 중에서도 강치와 전복이 으뜸가는 물산이다. 전복을 캘 때는 저녁에 대나무를 바다에 던져 아침에 건져 올리면 가지와 잎에 전복이 엄청 많다. 그 맛은 매우 뛰어나다. 또한 강치 한 마리에서 몇 말의 기름을 얻을 수 있다.

이 문서를 읽으면 누구나 울릉도로 도항해서 전복과 강치의 어렵을 통해 엄청난 이익을 얻을 수 있을 것으로 생각할 수 있다. 한 마디로 울릉도에 갈 수 있다면 일확천금의 기회를 얻을 수 있다는 생각을 가지게 될 것이다. 당연히 일본어민들이 탐낼 수밖에 없었을 것이다. 울릉도에서 나는 산물로는 식물류가 동백, 솔송나무, 대나무, 산나물 등 23종, 동물로는 강치, 고양이, 비둘기 등 15종을 소개하고 있다. 울릉도의 지리와 산물을 소개한 후, 이어서 독도(송도)의 지리와 산물에 대해 기술하고 있다.[166]

---

164 『일본 태정관과 독도』, 151-154쪽. 100여리(약 185km)는 오키 – 울릉도간의 현재 거리 245km에 근접함(해상거리 1리=1해리=1,852km로 산정).
165 『일본 태정관과 독도』, 169-172쪽.
166 『일본 태정관과 독도』, 172쪽.

그리고 [또] 하나의 섬이 있다. 송도(독도)라고 부른다. 둘레는 30정(町)(약 3,270m) 정도이다. 죽도(울릉도)와 동일 항로 상에 있으며 오키에서 80리(약 148km, 실제=157km) 정도 떨어져 있다. 수목이나 대나무는 드물다. 그리고 물 고기와 바다짐승(강치)이 난다.

위의 인용문에서 보듯이 태정관지령(1877) 당시 울릉도·독도에 대한 지리적 인식은 실제 거리와 상당한 근사치를 보여주고 있음을 알 수 있다. 시마네현은 '죽도 외 일도'의 지리적 위치를 보여주기 위해 내무성에 제출한 위 '지적 편찬 문의서'에 '기죽도약도' 도면을 첨부하여 오키 - 독도 - 울릉도간 거리를 표시하고 있다.

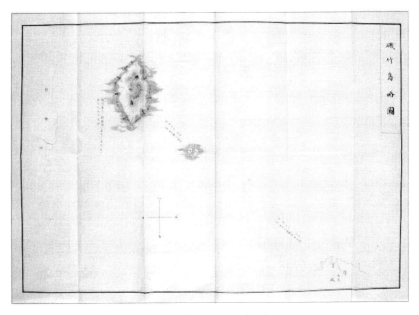

[그림 22] 기죽도약도(원본)

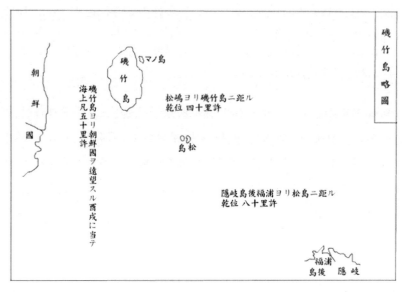

[그림 23] 기죽도약도(모사도). 출처: https://blog.naver.com/tm chung/50098066656

지도 안의 문장을 보면 울릉도 - 독도 - 오키섬 간의 거리 관계가 잘 나타
나 있다.[167]

[조선국]
이소다케시마(磯竹島)로부터 조선국을 멀리 바라다보는 서쪽(8~10시 방향)
으로 해상 약 50리(92.6km)정도
[이소다케시마(磯竹島)]
마쓰시마(松島)에서 이소다케시마(磯竹島)까지의 거리

167 송휘영, 「일본의 독도에 대한 "17세기 영유권 확립설"의 허구성 - 일본 외무성의 죽
도 홍보 팸플릿의 포인트 3, 4 비판 - 」, 『민족문화논총』 44, 영남대학교 민족문화연
구소, 2010.4, 53쪽 참조.

북서쪽 40리(74km)정도

[마쓰시마(松島)]

오키섬 도고 후쿠우라로부터 마쓰시마까지의 거리

북서쪽(건위) 80리(148km) 정도

[오키(오키도) 도고(도후) 후쿠우라(복포)]

위의 '기죽도약도'[그림 22]을 보면 가운데의 '송도'가 독도이고, 왼쪽의 '기죽도'가 울릉도이다. [그림 23]의 '기죽도약도(모사도)'를 보면 좀 더 명확히 확인할 수 있다. 그리고 지도를 보면 기죽도(울릉도)와 송도(독도), 오키섬 간의 거리가 표시되어 있다. 울릉도와 독도간 거리가 40리, 독도와 일본 오키섬간 거리가 80리로 되어있다. 이 지도에서 1리를 1해리(1.852km)로 산정하여 계산해 보면 실제 거리와 상당한 근사치를 보여주고 있음을 알 수 있다. 지리적 거리 계산을 통해 확인해 봐도 '외일도'는 당연히 독도일 수밖에 없다. '기죽도약도'에 명시된 울릉도 - 독도 - 오키섬간의 거리를 km로 환산하면 다음과 같다.

· 조선 동해에서 울릉도간 거리: 50리×1.852km = 92.6km
· 울릉도와 독도간 거리: 40리×1.852km = 74.08km ≒ 87.4km(실제거리)
· 독도와 오키섬간 거리: 80리×1.852km = 148.16km ≒ 157.5km(실제거리)

메이지유신 이후 근대적 지리개념을 적용하여 영토경계를 인식하였던 일본은 이미 '울릉도와 독도'에 대한 거리 계산을 통해서도 지리적으로 조선의 영토임을 충분히 인식하고 있었을 것이다.

이러한 거리인식을 바탕으로 태정관지령에서 울릉도·독도에 대한 지리적 인식은 [그림 23]에서 보듯이 죽도(울릉도) 외일도(독도)를 하나의 세트로 보고 있음을 알 수 있다. 이러한 이유로 태정관은 "울릉도·독도가 본방(일본)과 관계 없음", 즉 조선이 영유하고 있는 땅임을 명심할 것을 강조한 것이다. 따라서 '외일도(外一島)'가 독도가 아니라는 일본의 억지 주장은 설득력이 없는 자기모순적 주장일 뿐이다.

또 하나 태정관지령에서 '본방과 관계없음', 즉 울릉도와 독도가 일본 땅이 아니라고 했다고 해서 독도가 조선 땅임을 인정하는 것은 아니라는 일본 측 주장이 있다. 그러나 이 역시 억지주장일 수밖에 없다. 이 주장은 태정관지령의 문자적 표현만을 강조한 주장으로서 독도 영유권에 대한 역사적 연원을 간과하고 있으므로 설득력이 없다. 즉 독도에 대한 영유권의 연원이 울릉도쟁계에 의한 한일 간의 국경조약에 있고, 태정관지령이 일본 국내적으로 이를 계승하고 있다는 맥락을 간과하고 있다. 뿐만 아니라 이 양자가 현실적으로 여전히 효력을 유지하고 있다는 점을 고려하지 않고 문자적 해석만 강조한 오류를 범하고 있다.[168]

이상에서 보듯이 "죽도 '외일도'는 본방과 관계없음"을 확언한 태정관지령과 첨부지도 '기죽도약도'를 통해 독도가 역사적·지리적으로 한국의 고유한 영토임을 확인할 수 있다. 기죽도약도에서 표기된 조선동해－울릉도－독도－오키섬 간의 지리적 거리도 현재의 거리와 수치적으로 거의 일치하고 있으므로 '외일도=송도(독도)'라는 사실은 부인할 수가 없는 팩트인 것이다. 아울러 '본방과 관계없음'이란 문구에 대한 왜곡된 문언 해석으로 한국의 독도영유 사실을 부인하려는 주장도 타당하지 않음을 확인할 수 있다.

168　이성환, 「일본의 태정관지령과 독도편입에 대한 법제사적 검토」, 『국제법학회논총』 제62권제3호, 2017.9, 91쪽.

5. 독도는 역사·지리적으로 한국 영토

지금까지 근대 일본의 대표적 관찬사료인『조선국 교제 시말 내탐서』,『죽도고증』,『태정관지령』을 중심으로 이 사료들에 나타난 울릉도·독도 인식을 검토해보았다. 먼저『조선국 교제 시말 내탐서』13항 '죽도와 송도가 조선의 부속이 된 경위'에 대한 검토를 통해 일본 외무성이 "울릉도(죽도)는 물론이고 독도(송도)에 관해서도 기록된 서류가 없다"고 인정함으로써, 울릉도와 독도가 하나의 세트로 인식되었으며, 역사적·지리적으로도 조선의 영토였음을 확인할 수 있었다.

다음으로『죽도고증』에서 기타자와 마사나리는 여러 문헌을 통해 검토한 결과 울릉도가 조선의 땅이라는 사실을 확인하고 안타까운 심정으로 이를 인정하고 있다. 그러나 기타자와 마사나리는『죽도고증』에서 울릉도와 독도를 분리해서 울릉도에 대해서는 한국의 영유권을 인정하면서 독도에 대해서는 일본의 영유라고 주장하고 있다. 그런데『죽도고증』〈하권〉으로 갈수록, 즉 1860년대 이후로 당시 일본이 울릉도와 독도의 명칭과 지리적 인식에 대해 매우 혼란스러웠음을 보여주고 있다. 이것은 울릉도와 독도에 대한 일본의 역사적·지리적 인식이 매우 미약했음을 보여주는 것이다. 이처럼 섬의 명칭도, 섬의 위치도 제대로 알지 못하면서 17세기부터 자신들의 고유영토였다고 강변하는 일본의 논리는 일고의 가치도 없다하겠다.

마지막으로『태정관지령』에 대한 검토에서는 "죽도 외일도는 본방과 관계없음"을 확언한 태정관지령과 첨부지도 '기죽도약도'를 통해 독도가 역사적·지리적으로 한국의 고유한 영토임을 확인할 수 있었다. 기죽도약도에서 표기된 조선동해－울릉도－독도－오키섬 간의 지리적 거리도 현재의 거리와 수치적으로 거의 일치하고 있으므로 '외일도=송도(독도)는 부인할 수 없는 사실인 것이다. 아울러 '본방과 관계없음'이란 문구에 대한 왜곡된 문언 해석으로 한국의 독도영유 사실을 부인하려는 주장도 타당하지 않음을 확인할 수 있었다.

17세기말 2차에 걸친 안용복의 도일로 인해 촉발된 울릉도쟁계(독도일건), 즉 조일간의 영토분쟁은 '죽도도해금지령'으로 일단락되면서 죽도(울릉도)와 송도(독도)가 지리적, 역사적으로 한국의 고유영토임을 확인시켜주었다. '울릉도쟁계(죽도일건)'로 인해 '죽도도해금지령(1696)'이 내려진 17세기말에서 '태정관지령(1877)'이 내려진 19세기 후반까지 186년 동안 일본은 울릉도·독도를 일본의 영토로 생각한 적이 없었다. 이 기간 동안 당연히 일본은 울릉도·독도의 존재를 인식하지도, 인식할 필요도 없었다. 이러한 일본의 입장은 19세기말 울릉도·독도에 대한 명칭혼란에서도 잘 나타나고 있다. 결국 근대 일본의 대표적 관찬사료인 『조선국 교제 시말 내탐서』, 『죽도고증』, 『태정관지령』을 검토해 봐도 울릉도·독도가 역사적·지리적으로 한국 영토임을 확인할 수 있으며, 17세기 중반 이래 독도에 대해 실효적 지배를 해왔다는 일본의 '고유영토론'은 조작된, 허구적 주장이라는 사실이 한층 더 명백해졌다.

제5장

1905년 '독도편입' 전후 일본 사료에 나타난 울릉도·독도의 지리적 인식

1. 일본의 독도영유권 주장의 본질

이 장에서는 제국주의 일본이 불법적으로 독도편입을 시도한 1905년 전후 일본 사료에 나타난 울릉도·독도에 대한 지리적 인식을 검토하고, 이를 통하여 일본의 왜곡된 독도영유권 주장의 실태를 재확인하고자 한다.

앞서 필자는 근세와 근대기 일본 관찬사료를 통해 일본의 울릉도·독도에 대한 지리적 인식을 고찰해보고, 독도에 대한 고유영토설과 무주지 편입설의 문제점을 비판한 바 있다.[169] 이러한 논의의 연장선상에서 이 논문은 1905년 일본의 불법적 독도편입 시기 전후인 19세기 말~20세기 초에 걸쳐 작성된 일본의 울릉도·독도 관련 사료들을 검토하고 독도편입 과정의 부당성과 문제점을 논해보고자 한다.

최근 독도에 대한 한.일 양측 학자들의 공방이 이어지면서 한국의 독도연구자들은 각자 전문적인 영역에서 깊이 있게 연구를 수행하고 있다. 세밀한 분석과 논리전개를 통해 독도영유권 주장의 정당성을 합리화해나가는 일본 학자들에 대응하기 위해서는 반드시 필요한 연구태도라고 볼 수 있다. 그러나 너무 세분화된 주제에 파고 들다보면 자칫 연구의 본령을 놓칠 수도 있다.

1905년 일본의 불법적 독도편입 조치와 함께 지금까지 이어져 온 일본의 독

---

169 이 책 제3장, 제4장 참조.

도영유권 주장의 본질은 그 출발점이 일본제국주의의 침략과 침탈 야욕에서 발생하였다는 점이다. 즉 1904년 발발한 제국주의 국가인 러.일 양국 간의 전쟁 수행과정에서 일본이 불법적으로 편입하였다는 점을 간과해서는 안된다. 일본이 내세우는 독도영유권 주장의 논리는 러일전쟁 중 전략적 거점을 확보하기 위한 독도 망루 설치의 필요성에서 불법적으로 탈취했었던 독도에 대한 권리를 주장하기 위해 끊임없이 사실을 왜곡하고 합리화하는 것이다.[170] 1905년 러일전쟁에서 승리한 일제가 대한제국의 외교권을 박탈하기 위해 강제로 을사조약(을사늑약)을 체결하고, 1910년 한일병탄으로 한반도를 식민지화하기 위한 시발점이 되었던 것이 바로 1905년 2월 22일 〈시마네현 고시 40호〉를 통한 불법적 '독도편입'이었던 것이다.

이하에서는 먼저 1905년 '독도편입' 시도 전후 일본 사료를 중심으로 울릉도·독도에 대한 지리적 인식이 어떻게 나타나고 있는지 고찰해보고자 한다. 이어서 이 시기에 급증하는 울릉도·독도에 대한 명칭혼란의 문제를 검토해본 후, 마지막으로 울릉도·독도에 대한 명칭혼란의 문제도 러일전쟁 승리를 위해 일본이 불법적 '독도편입'을 시도함으로써 결국 사라지게 되었음을 제시하고자 한다.

주요 사료로는 『수로지』(1883~1911), 『시마네현 고시 제40호』(1905), 『죽도급울릉도』(1906), 『시마네현소장 행정문서』 등이 있다.

---

170   1905년 시마네현의 불법적 '독도편입'의 직접적 동기는 러일전쟁 도중 일본 해군이 러시아 태평양 함대의 수뢰 설치와 순양활동을 탐지하기 위해 해군 망루를 설치하기 위한 군사적 목적에 있었다. 신용하, 「일제의 독도 해군망루 설치와 독도부근 러·일 대해전(1)」, 『독도연구』 25호, 영남대 독도연구소, 2018.12, 7-62쪽 참조.

2. 〈수로지〉(1883~1911)에 나타난 울릉도 · 독도의 지리적 인식

　1905년 '독도 편입'을 전후한 시기에 발행된 일본의 〈수로지〉에는 울릉도 · 독도의 지리적 인식과 관련한 당시의 지리정보를 확인하기 위한 중요한 기록을 찾아 볼 수 있다. 수로지에 앞서 발행한 일본의 수로잡지에는 여러 해양정보를 담고 있어 그 가운데 영토인식을 엿볼 수 있다. 수로잡지 제16호(1883)는 조선의 동해안을 기술하면서 마쓰시마(송도)를 다루고 있는데, 여기 나온 마쓰시마는 울릉도를 가리킨다. 일본 함대가 직접 실측하여 북위 37도 48분 동경 130도 32분에 소재한다고 기술하고 있다. 수로잡지 제41호(1883년 7월 발간)에 기술된 울릉도는 오키에서 서쪽으로 140리, 조선에서는 약 80리 떨어져 있는 섬으로 경위도는 북위 37도 22분, 동경 130도 57분으로 기록하고 있다.[171]

　본격적인 수로지로 볼 수 있는 것은 1883년에 나온 『환영수로지』이다. 이 수로지는 일본 해군 수로국이 편찬한 세계수로지로서 4편 「조선동안」, '조선동안급제도'에서 '리앙코르토 열암'에 관한 내용을 싣고 있다. 여기서 '리앙코르토 열암'은 독도를 말하는데, 이 수로지는 '독도'를 조선 동안에 있는 섬으로 보고 그 안에 넣은 것이다. 독도를 '리앙코르토 열암'으로 표기한 수로지로서는 처음인데 아래와 같이 기술되어 있다.[172]

　　○ 리앙코르토 열암
　　이 열암은 1849년 불국선 리앙코루토 호가 처음으로 이를 발견, 선박명을 따서 리앙코루토 열암이라 이름 붙였다. 그 후 1854년 러시아 프리깃토형 함대 팔라다호가 이 열암을 '메네라이'와 '올리부차' 열도라 칭했고, 1855년 영국 함대 호넷호가 이 열암을 탐험하여 '호넷' 열암이라 이름 붙였다. 이 함대의 함장인

171　유미림 · 최은석, 『근대 일본의 지리지에 나타난 울릉도 · 독도 인식』, 한국해양수산개발원, 2010, 136쪽.
172　같은 책, 137-138쪽.

프로시스는 이 열암이 북위 37도 14분, 동경 131도 55분 되는 곳에 위치하며…
(이하 생략)

1886년 발간된 『환영수로지』 2권 2판에서도 「조선동안」 '조선동안급제도' 부분에 '리앙코루토 열암'과 '울릉도'를 다루고 있는데 내용은 1883년판과 유사하다. 울릉도에 대해서는 "울릉도 일명 송도(서양명 다즐레)" "오키에서 북서 4분의 3 서쪽 약 140리, 조선 강원도 해안에서 약 80리 떨어진 바다 가운데 고립해 있다"고 하여 『수로잡지』 41호의 기록과 거의 같다.[173]

울릉도와 독도에 대한 명칭 혼란이 근대기에 들어와 수십 년간 지속되는 가운데 점차 울릉도는 '마쓰시마'로, 독도는 '다케시마'로 정리되어 가는데, 그 계기를 통상 1894년 일본 수로부의 『조선수로지』 간행으로 본다. 그러나 울릉도를 마쓰시마로 표기한 용례는 『수로잡지』에서 먼저 시작되었고 그 후 『환영수로지』 등을 비롯한 수로지에로 이어졌다.[174]

일본 해군 수로부는 1883년에 간행한 『환영수로지』 제2권의 '조선동안'(朝鮮東岸)에서 처음으로 울릉도와 독도를 '리앙코루토 열암'(列岩)이라는 이름으로 수록하였다. 이어서 『환영수로지』 제2권 제2판(1886), 『조선수로지』(朝鮮水路誌, 1894)와 제2판(1899)에 거의 동일한 내용이 들어 있으며, 심지어 일제의 독도 강제 편입 뒤인 1907년 3월에 발간된 『조선수로지』 제2개판에도 '다케시마'(竹島)와 울릉도가 포함되어 있다. 특히 일제의 한국병탄 후인 1911년 6월에 간행된 『일본수로지』 제6권의 '조선동안'에도 울릉도와 '죽도'가 들어가 있다.[175]

이처럼 일본의 불법적인 '독도편입'이 이루어진 1905년 전후의 일본수로지

---

173 유미림 · 최은석, 같은 책, 138쪽.
174 유미림 · 최은석, 같은 책, 139쪽.
175 한철호, 「일본 수로부 간행의 수로지와 해도에 나타난 독도」, 『독도연구』 17호, 영남대 독도연구소, 2014.12, 136-137.

를 보더라도 여전히 울릉도 · 독도가 한국영토임을 기록하고 있다. 일본수로
지는 일본이 독도를 한국영토로 인식 혹은 인정한 중요한 자료이다. 왜냐하
면 먼저 수로지는 국가영토별 혹은 국가별 관할 단위로 편찬되었을 뿐 아니라
섬에 대한 국가별 소속 인식이 담겨져 있으며, 다음으로 일본의 독도 강제 편
입 후까지 간행된 『환영수로지』와 『조선수로지』의 '조선동안'에 모두 울릉
도와 독도가 들어 있는 반면 『일본수로지』에는 1907년 판에 비로소 독도가
포함되어 있으며, 마지막으로 「조선동해안도」와 「조선전안」 등 해도에 울릉
도와 함께 독도가 포함되어 나카이 마저도 독도를 한국령으로 인식했을 정도
였기 때문이다[176]

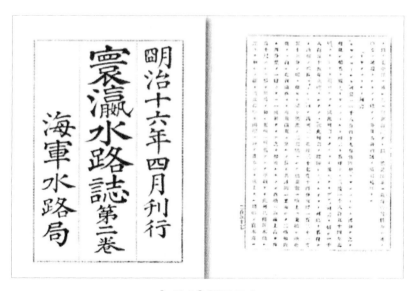

[그림 24] 환영수로지

176 한철호, 같은 글, 137-138쪽.

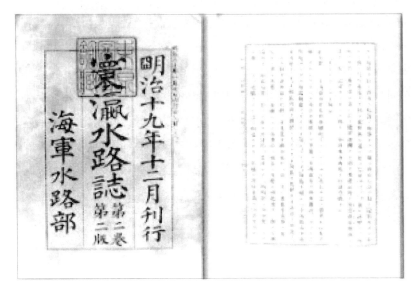

[그림 25] 『환영수로지』 제2권 제2판(1886)

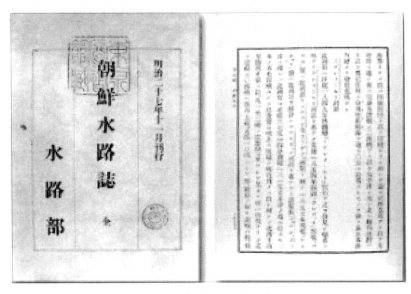

[그림 26] 조선수로지(1894)

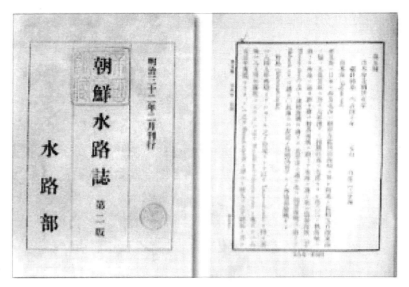

[그림 27] 조선수로지 제2판(1899)

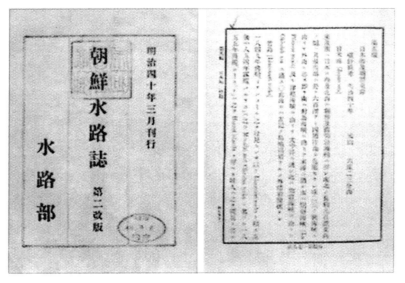

[그림 28] 조선수로지 제2개판(1907)

[그림 29] 일본수로지 제6권(1911)

3. 『시마네현 고시 제40호』(1905)에 나타난 울릉도·독도의 지리적 인식

　비록 내부 회람용으로서 '고시'의 실효성을 가질 수 없다고 보지만, 위의 '시마네현 고시 40호'에는 독도를 지리적으로 북위 37도 9분 30초, 동경 131도 55분, 오키도[隱岐島]에서 서북으로 85해리 거리에 있는 것으로 명시하고 있다. 지금의 지리적 위치와 거리와는 약간의 오차가 있기는 하지만 거의 근접하게 인식하고 있음을 알 수 있다. 19세기 중반 이후 근대적 측량기술로 측량이 이루어지면서 1905년 전후로는 독도의 경위도 상의 위치와 거리에 대한 지리적 인식이 어느 정도 자리를 잡은 것으로 보인다.

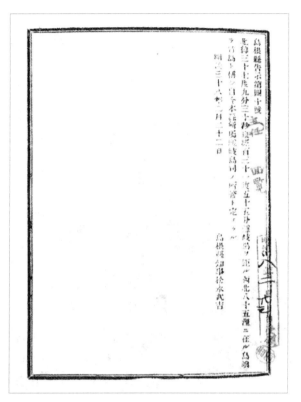

[그림 30] 시마네현 고시 제40호

시마네현 고시 제40호
　북위 37도 9분 30초, 동경 131도 55분, 오키도[隱岐島]에서 서북으로 85해리[177] 거리에 있는 섬을 '다케시마'(竹島)라고 칭하고 지금 이후부터는 본현(本縣) 소속의 오키도사(隱岐島司)의 소관으로 정한다.

　　　　　　　　　　명치 38년 2월 22일

　　　　　　　　　　　시마네현 지사 마츠나가 다케요시[松永武吉]

그러나 문제는 단순히 경위도나 거리에 따른 울릉도·독도의 인식보다도 울릉도·독도의 명칭 변화에 따라 울릉도·독도에 대한 지리적 인식이 여전히 혼란을 겪고 있었다는 점이다. 1905년 소위 '독도편입'이 이루어 질 때까지 심지어 위의 수로지에서 보았듯이 1911년까지도 독도를 한국령으로 표시하고 있다. 울릉도·독도에 대한 명칭이 계속해서 바뀌어 왔고, 울릉도·독도를 부르는 명칭도 다케시마, 마쓰시마, 죽도, 송도, 리앙쿠르 락스 등으로 불려졌던 것이다. 이것은 그만큼 일본의 독도에 대한 지리적 인식이 불명확하였음을 보여 주는 것이며, 당연히 1905년 '독도 불법편입' 당시까지도 어디에 있는지, 명칭이 무엇인지도 제대로 알지 못하는 독도에 대해 일본이 영유권을 주장한다는 것은 모순이 아닐 수 없다.

따라서 19세기 말에서 1905년까지 울릉도·독도에 대한 명칭이 착종되고 정착되는 과정을 고찰해봄으로써 울릉도·독도에 대한 지리적 인식이 어떤 양상으로 나타나게 되는지, 그리고 그것이 왜 불법적 편입인지 잘 보여줄 수 있다.

1905년 일본정부는 각의 결정을 통해 '독도(다케시마) 편입'을 결정하였고, 시마네현 고시문을 통해 내부 회람으로 비밀스럽게 이 사실을 알리게 된다. 독도가 일본명 다케시마(竹島)라는 명칭으로 최종 확정된 순간이기도 하다. 이렇게 되기까지는 많은 혼란이 있었다.

일본이 '17세기 고유영토 확립설'을 주장하고 있지만, 울릉도·독도 관련 일본의 근세기 사료에 나타난 지리적 인식의 특징을 보면, 일본은 조선에서 울릉도·독도까지 거리를 실제보다 훨씬 더 가까운 것으로 인식하고 있었다. 이는 『원록각서』(1696)와 『죽도기사』(1726)에서 안용복의 진술을 통해 확인할 수 있다. 『죽도고』(1828)에서는 오히려 조선에서 울릉도·독도까지의 거리가 더 가까운 것으로 인식하고 있음을 확인할 수 있다. 이러한 사실은 울릉

---

177 약 157km(일본의 해상거리 단위 1리(浬)=1.852km를 적용). 현재의 거리와 일치함.

도・독도가 조선영토라는 사실을 이미 알고 있었기에 공간적 거리보다 인식적 거리가 훨씬 가까웠음을 보여주고 있는 것이다.[178]

마찬가지로 근대기 울릉도・독도 관련 일본의 대표적 관찬사료를 보더라도 독도가 일본영토가 아니라는 인식은 변함이 없음을 확인할 수 있다. 근대 일본의 대표적 관찬사료인 『조선국 교제 시말 내탐서』(1869)에서는 일본 외무성이 "울릉도(죽도)는 물론이고 독도(송도)에 관해서도 기록된 서류가 없다"고 인정하고 있으며, 『태정관지령』(1877)에서도 "죽도 외일도는 본방(일본)과 관계없음"을 명심하라고 지시하고 있다. 특히 태정관지령의 첨부지도 '기죽도약도'에서 표기된 조선동해－울릉도－독도－오키섬 간의 지리적 거리는 수치상 보더라도 현재의 거리와 거의 일치하고 있으므로 '외일도=송도(독도)는 부인할 수 없는 사실이다. 마지막으로 『죽도고증』(1881)을 보면 1860년대 이후로 당시 일본이 울릉도와 독도의 명칭과 지리에 대한 인식이 매우 혼란스러운 것으로 나타나고 있다. 이것은 울릉도와 독도에 대한 일본의 역사적・지리적 인식이 매우 미약했음을 단적으로 보여주는 것이다.[179]

1880년대 이전까지 일본은 울릉도를 다케시마(竹島)로, 독도를 마쯔시마(松島)로 표기해왔다. 그러다 1880년대에 접어들면서 외무성 문서에서 다케시마(竹島) 또는 마쓰시마(松島)를 모두 울릉도에 대한 명칭으로 사용하는 현상이 두드러지게 나타나기 시작한다. 직접적인 계기는 일본 외무성이 군함 아마기(天城)호를 파견하여 실지 조사를 실시한 결과 마쓰시마(松島)가 17세기 말 이래 도항금지령이 내려진 울릉도라고 확인했기 때문이다. 외무성은 실지 조사와 고문헌 조사 등을 종합하여 마쓰시마는 조선령 울릉도이고 이 섬

---

178 이태우, 「근세 일본의 사료에 나타난 울릉도・독도의 지리적 인식」 －『죽도기사』, 『죽도고』, 『원록각서』를 중심으로－, 『독도연구』 제22호, 2017.6 참조.

179 이태우, 「근대 일본 관찬사료에 나타난 울릉도・독도 인식 검토」 －『조선국 교제 시말 내탐서』, 『죽도고증』, 『태정관지령』을 중심으로－」, 『독도연구』 제24호, 2018.6, 47-74쪽 참조.

은 예전부터 다케시마로 불리어왔다고 확인함으로써 일단 울릉도에 대한 명칭 혼란은 정리했다. 즉 '마쓰시마(송도)는 울릉도이며 일명 다케시마(죽도)'라고 결론을 내렸다.[180]

1883년 3월 31일자 내무경 훈령에는 "일본 명칭 마쓰시마(송도) 일명 다케시마(죽도), 조선 명칭 울릉도의 건은 종전 양국 정부의 의정에 따라 일본 인민이 함부로 도항 상륙하지 않도록 명심할 것"이라고 지시하고 있다. 이 문서에서는 "일명 다케시마(竹島)"라는 표현을 세주로 표기하여 마쓰시마가 울릉도에 대한 주된 일본 명칭이라는 것을 분명히 나타내기까지 하였다.[181]

그렇다면 독도에 대한 명칭 표기는 어떻게 되었을까?

전통적으로 독도의 일본 명칭이었던 마쓰시마(松島), "일명 다케시마"가 울릉도에 대한 명칭으로 자리잡으면서 독도의 명칭으로는 서양 명칭인 리앙쿠르 락스(Liancourt Rocks)를 사용하게 되었다. 마쓰시마와 다케시마가 모두 울릉도를 지칭하는 명칭으로 사용되었기 때문에 1849년 서양 선박으로는 독도를 처음 발견한 프랑스 포경선 리앙쿠르호가 붙인 이름인 리앙쿠르 락스 또는 리앙코르도 열암(列岩)을 사용할 수밖에 없었다. 리앙코르도 열암에서 시작된 독도의 일본 명칭은 리랑코, 량코도, 양코도 등으로 바뀌어가면서 예전의 명칭이던 마쓰시마(송도)와 함께 독도를 가리키는 용어로 함께 사용되었다. 1880년대에 접어들어 일본 외무성을 비롯한 중앙정부에서는 마쓰시마가 울릉도의 명칭으로 정착해가고 있었다. 이와 대조적으로, 시마네 현 및 울릉도 거주 일본인들은 1900년대 초까지도 여전히 마쓰시마(송도)를 독도의 명칭으로 사용하고 있었다.[182]

---

180 허영란, 「1905년 '각의결정문 및'시마네 현 고시 제40호'와 독도 편입, 『독도연구』 17호, 영남대 독도연구소, 2014.12, 115쪽.
181 허영란, 같은 글, 115-116쪽.
182 허영란, 같은 글, 117쪽.

1900년대 들어 일본정부의 공식기록에서 울릉도를 지칭할 때 마쓰시마나 다케시마 같은 일본식 명칭 대신 울릉도라는 명칭을 단독으로 사용하는 경우가 많아진다. 이 시점에 일본 중앙 정부의 기록물에서 울릉도와 독도는 마쓰시마와 다케시마 대신 울릉도와 량코도로 바뀌게 되었으며 나카이 요자부로의 대하원도 그러한 중앙 정부의 호칭 변화를 반영하고 있는 것으로 볼 수 있다. 그렇지만 명칭 혼란 현상은 여전히 남아 있었으며, 나카이 요자부로의 대하원에도 여전히 당시의 불명확한 명칭 사용이 나타나고 있음을 볼 수 있다. 실제로 1905년 2월 28일자로 나카이가 시마네 현 지사에게 제출한 다케시마 대하원(竹島貸下願)에서는 독도에 대해 '량코섬', '다케시마', '마쓰시마'라는 명칭을 모두 사용하고 있다.[183]

민간에서는 량코도라는 명칭이 확산되는 가운데 해군성 내에서는 그 어원에 해당하는 '리앙코르도 암'이 계속 사용되고 있었다. 일본 군함 니다카(新高)호는 1904년 9월 25일자 항해일지에 "마쓰시마(송도, 울릉도)에서 리앙코르도 암을 실제로 바라본 사람에게 들은 정보임. 한국인은 리앙코르도 암을 독도(獨島)라고 씀. 일본 어부 등은 축약해서 량코도라 부름"이라고 기록했다.[184]

그렇다면 량코도 또는 리앙코르도 암으로 불리워지던 독도가 어떻게 갑자기 다케시마로 불려지게 되었을까?

1905년 소위 '독도 편입' 당시 편입 대상 도서명을 다케시마(竹島)로 하자는 의견을 처음으로 제시한 것은 오키도사 히가시 분스케(東文輔)였다. 그는 독도 편입 약 3개월 전인 1904년 11월 30일 시마네 현 내무부장 서기관 호리 신지(堀信次)에게 보내는 답서 「을서(乙庶) 152호」에서 독도 명칭을 '다케시마'로 부르게 되는 결정적인 의견을 다음과 같이 제시하였다.[185]

---

183 허영란, 같은 글, 118-119쪽.
184 『軍艦新高號日誌』, 1904.9.25.
185 「을서(乙庶) 152호」(1904.11.30.), 오쿠하라 헤키운, 유미림 역해, 『독도와 울릉도』,

을서(乙庶) 152호

이달 15일 서(庶) 제173호로 도서의 소속 등에 관해 조회한 뜻을 알았습니다. 이상은 우리 영토에 편입한 위에 오키 도청의 소관이 되는 데 하등 지장이 없습니다. **명칭은 죽도(竹島)가 적당하다고 생각합니다.** 원래 조선의 동쪽 해상에 송도와 죽도 두 섬이 존재함은 일반에게 구전되는 사실로, 종래 이 지방에서 나무하고 농사짓던 자들이 왕래하던 울릉도를 죽도(竹島)라고 통칭하지만 실은 송도로서, (이는) 해도로 보더라도 명료한 유래가 있습니다. 그렇다면 이 신도(新島)를 놔두고 다른 것을 죽도에 해당시킬 수가 없습니다. 따라서 **종래 잘못 칭해온 명칭을 다른 데로 돌려 죽도(竹島)라는 통칭을 이 신도에 붙이는 것도 가능하다고 생각합니다.** 이 일을 회답합니다.

1904년(明治 37년) 11월 30일
오키 도사 히가시 분스케(東文輔)

오키 도사 히가시 분스케가 시마네 현청에 올린 독도 명칭과 관련한 이 의견서는 외무성 등을 통하여 각의에 올려지고 각의의 심의를 거쳐 최종적으로 독도 편입이 결정된 것이다. 이 의견서의 내용을 다시 정리하면, 종래 이 지방(시마네현) 사람들이 울릉도를 다케시마(竹島)라고 통칭하지만 실제로는 울릉도가 마쓰시마(松島)이며, 새 영토로 편입하는 섬(독도)의 명칭은 다케시마(죽도)가 적당하다. 왜냐하면 조선 동해에는 마쓰시마와 다케시마 두 섬이 있는데, 현지에서는 종래 울릉도를 다케시마라고 통칭해왔지만 그것은 실은 마쓰시마이기에 새로 편입할 섬을 제외하면 다케시마에 해당하는 섬이 없으므로 종래에 잘못 불린 명칭을 전용하여 새로 편입한 섬에 '다케시마'라는 명칭을 붙이는 것이 좋겠다는 것이다.

1880년대~1905년까지 정확한 울릉도 · 독도의 명칭에 헷갈려하던 일본은 이렇게 하여 독도를 공식적으로 '다케시마'로 명명하게 된다. 1880년대 전후 일본이 독도를 지칭할 때 사용했던 량코도 또는 양코도는 '다케시마'라는 명

한국해양수산개발원, 2009, 153쪽.

칭으로 확정되어 지금까지 명명되고 있다. "일본 정부가 과거의 마쓰시마(독도)를 다케시마로 편입하는 과정은 에도시대의 '마쓰시마' 인식과는 별개로, 성급하게 그리고 은밀히 진행된 것이라고 밖에 볼 수 없다."[186] 이것은 오랜 세월 울릉도 · 독도(우산도) 명칭이 가지고 있는 역사성과 전통성, 고유성을 무시하고 불법적 독도 편입을 위해 은밀히, 성급하게, 즉흥적, 편의주의적 사고방식으로 '다케시마'라는 명칭을 갖다 붙인 것에 불과한 것이다.

4. 『죽도급울릉도』(竹島及鬱陵島, 1906)에 나타난 울릉도 · 독도의 지리적 인식

『竹島及鬱陵島』(이하 『독도와 울릉도』)는 오쿠하라 헤키운(奧原碧雲)이 1905년 2월 22일 소위 '독도 편입'이 있은 후 약 1년3개월 후인 1906년 5월 원고를 탈고하고, 1907년 4월 출판한 책이다. 일본 정부는 '독도 편입' 6개월 후인 1905년 8월 시마네 현 지사를 파견하여 1차 독도 시찰하고, 다시 1906년 3월 대규모 시찰단을 파견하여 2차 독도 시찰을 실시하였다. 오쿠하라는 이 때 시찰단에 합류하여 독도와 울릉도를 시찰한 후 출장복명서와 여러 문헌을 참고하여 그 보고서를 『竹島及鬱陵島』라는 제목으로 출판한 것이다.

시찰단은 진자이 요시타로(神西由太郞)를 비롯하여 오키 도사(隱岐島司) 히가시 분스케(東文輔), 마쓰에 세무감독국장 요시다 헤이고, 도청 서기, 현의회 의원, 의사, 신문기자, 사진사 등 45명의 대규모 인원이 파견되었다. 특히 '독도 편입'의 직접적 계기가 된 「리앙코 섬 영토편입 및 대하원(貸下願)을 일본정부에 제출한 나카이 요자부로(中井養三郞)도 동행했다. 그런데 이들

---

186 유미림, 「18~19세기 일본의 '마쓰시마' 인식의 추이」, 『한국정치외교사논총』 40집 1호, 2018, 188쪽.

[그림 31] 제2차 독도시찰단을 태우고 사이고항에서 출항하는 제2오키마루호

[그림 32] 죽도시찰단 일행(오키도청 현관 앞에서). 셋째줄 왼쪽에서 여덟 번째가
오쿠하라 헤키운. 넷째줄 왼쪽에서 세 번째가 나카이 요자부로

[그림 33] 독도전경(시찰단원 오노사진사 촬영)

[그림 34] 울릉도 군청사 앞 울릉도 군수 일행과 죽도시찰단

독도시찰단은 독도만 시찰한 것이 아니라 울릉도까지 시찰하였다. 명목은 날씨로 인하여 울릉도에 피항 하기 위하여 우연히 온 것이라고 했지만, 실제로는 "울릉도 조사도 병행"[187]할 목적이었다. 속도인 '독도'를 편입했으니 지척에 있는 본도인 '울릉도'를 그냥 지나칠 리 없었을 것이다.

『독도와 울릉도』는 1905년 '독도 편입' 후 독도와 관련한 첫 번째 책이다. 따라서 이 책은 1905년 '독도 편입' 이후 일련의 후속 조치를 취하는 과정에서 나온 책이기에 일본의 영토 편입의 정당성을 알리려는 목적이 깔려있음을 염두에 두어야 한다.

이 책에서는 독도가 북위 37도 9분 30초, 동경 131도 55분 0초에 위치해 있으며, 오키국 서단에서 서북쪽으로 85해리(海浬) 약 157km[188] 떨어져 있으며, 사이고 항에서는 100해리 약 185Km떨어져 있다고 기술하고 있다.[189] 현재 우리나라는 독도의 동도와 서도를 분리해서 경위도를 나타내고 있는데 동도는 북위 37도 26.8초, 동경 131도 52분 10.4초, 서도는 북위 37도 14분 30.6초, 동경 131도 51분 54.6초로 각각 표시하고 있다. 현재 독도의 경위도와 거리에 근접한 수치라고 할 수 있겠다. 따라서 1905년 '독도 편입' 전후 시기에 오면 울릉도 · 독도의 지리적 위치를 현재의 위치와 거의 근접하게 파악하고 있음을 알 수 있다.

울릉도의 지리적 위치는 "한국 강원도 해상에 있는 큰 섬으로 북위 37도 29분, 동경 130도 53분에 위치하고 있으며, 거리는 강원도 연안에서 80해리(浬) 약 148Km, 오키 섬에서 서북쪽으로 140해리 약 260Km"[190] 떨어져 있는 것으로 기술하고 있다. 오쿠하라는 울릉도를 한국의 강원도에 해상에 있는 큰 섬으

---

187 『산음신문』 1906년 3월 21일자(『독도와 울릉도』 102쪽 각주 79번 참조).
188 85해리는 약 157.420킬로미터로 오키에서 독도 사이의 거리를 157.5 킬로미터로 보고 있는 현재와 비슷하다.
189 『독도와 울릉도』, 13쪽.
190 『독도와 울릉도』, 51쪽.

로 인식하고 있으며, 경위도와 거리도 현재와 큰 차이가 없는 것으로 인식하고 있다. 죽도, 송도 등으로 불리던 명칭도 이 책에서는 울릉도로 확정해서 부르고 있다.[191]

『독도와 울릉도』를 편찬한 오쿠하라 헤키운은 독도가 지리상, 경영상, 역사상으로 당연히 일본영토로 편입되어야 함을 강조하고 있다. 그러나 시종일관 독도 편입의 정당성을 주장하였음에도 불구하고 그는 여전히 일말의 불안감을 감추지 못한다. 이러한 그의 불안감은 울릉도·독도의 명칭과 관련해서 두드러진다.

> 죽도로 명명하게 된 경위를 보면,『수로지』와 해도에 이미 울릉도를 송도라고 명명한 이상, 죽도에 해당되는 섬은 리앙코 섬 이외에는 찾을 수 없기 때문에 그대로 죽도라고 명명하게 된 것이다. 단지 우리가 의문을 지니는 것은 수로부가 어떤 사료에 근거하여 '울릉도 일명 송도'라고 명명한 것인지, 이것이 근본적인 의문이다. 이런 의문만 풀린다면 죽도라는 명칭 부여에 대한 의구심은 가만히 있어도 저절로 풀린다.[192]

러·일간의 제국주의 전쟁에서 승리하기 위하여 불법적으로 독도를 편입하였지만, 편입 후에도 다케시마라고 호칭하는 것이 정당한지에 대한 확신을 갖지 못하고 스스로 자기 의문에 빠져있음을 알 수 있다. 다시 말하면『독도와 울릉도』를 편찬한 오쿠하라 헤키운 스스로도 '독도편입'의 정당성에 의문을 가지고 있었음을 보여주는 것이다.

이 때문일까? 독도를 시마네현에 '불법편입'한 후에 발간된『오키향토지』[193]에서 영토편입의 정당성을 입증하기 위해서 '사료 재해석'을 감행하며 교묘히

---

191 『독도와 울릉도』, 51-78쪽 참조.
192 오쿠하라 헤키운, 유미림 역해, 「竹島沿革考」,『독도와 울릉도』부록, 한국해양수산개발원, 2009, 154-155쪽.
193 隱岐島誌編纂 편,『隱岐島誌』, 島根縣隱岐支廳, 1933.

사실을 '왜곡'하기도 한다.[194]

5. 『시마네현소장 행정문서』(1876~1911)에 나타난 울릉도 · 독도의 지리적 인식

『시마네현소장 행정문서1』은 2011년 시마네현 총무부 총무과에서 〚죽도 관계자료집 제 2집〛으로 발간한 울릉도 · 독도 관련 자료집이다. 이 자료집에는 명치 9년(1876년)부터 명치 44년(1911년)까지 울릉도 · 독도와 관련된 자료를 수록하고 있다. 「현치요령(현치요령)」, 「훈령」, 「포고」, 「고시」, 「죽도」, 「현령」 등의 문서가 포함되어 있으며, 특히 「죽도」 편에는 '시마네현고시 제40호', '시마네현서 제11호', '을서(을서) 제152호', '리양코도 영토편입 및 대하원', '리앙코도 영토편입 및 대하원 설명서', '강치어업허가원', '죽도어렵합자회사설립 신고서' 등의 독도 관련 행정문서들이 수록되어 있다.

그 중에서도 러일전쟁과 '독도 편입'의 관련성을 확인할 수 있는 엽서도 포함되어 있다. 이 엽서는 명치 38년(1905년) 8월 19일 러 · 일 전쟁 중에 마츠나가 부키치(松永武吉) 시마네현 지사가 히가시 분스케 오키도사에게 보낸 것이다. 1905년 독도편입 약 6개월 후에 1차 독도 시찰에 나선 마츠나가 시마네현 지사가 히가시 분스케 오키도사에게 독도 부근 배에서 신 영토 독도를 순시하면서 작성해서 보낸 엽서이다.[195]

---

194 오쿠하라 헤키운의 '사료재해석'과 '왜곡' 관련 상세한 논의는 윤소영, 「메이지 후기 지리지 · 향토지에 나타난 독도 기술」(『독도연구』 17호, 영남대 독도연구소, 2014. 12), 189-194쪽 참조.
195 『죽도관계자료집 제2집: 시마네현 소장 행정문서1』, 시마네현 총무부 총무과, 2011, 97-98쪽 참조.

엽서 표면 오키노시마쵸 히가시 분스케(東文輔) 귀하 **죽도부근 배 안에서** 마츠나가 다케요시 수행원(隨員) (인)「군사우편」 (인)「京都丸檢閱濟」	**엽서 뒷면** 명치 38년 8월 19일 **신 영토 죽도를 순시함** 먼저 가서 죄송 용서 바람 일행은 사도(佐藤) 경무장 마츠나가(松永) 지사 후지다(藤田) 오오츠카(大塚) 모두 4명이다

이 엽서는 1905년 5월 27일 쓰시마 해전 승리 기념으로 제작된 것으로, 러일전쟁이 진행 중이던 때에 불법적으로 편입한 '신 영토 독도'를 순시하면서 군사우편으로 보낸 엽서이다. 뒷면 지도는 〈일본해의 전쟁터〉란 제목으로

동해를 사이에 둔 한·일 지도 그림이 그려져 있으며 '울릉도'와 '다케시마'가 각각 표시되어 있다. 시마네현 지사가 독도를 순시했던 1905년 8월은 아직 러일전쟁이 진행 중이었다. 일본은 러일 전쟁에서 승리하기 위해서, 그리고 러시아 함대와의 전투를 승리로 이끌기 위해서 독도 망루 설치가 절실했고, '독도 편입'은 이러한 전략적 필요성으로 인해 불법적으로 편입되었던 것이다.

러일전쟁 중에 제작된 이 엽서에는 이미 독도가 '다케시마'로 표기되어 있다. 일본정부가 '독도 편입' 후 불과 몇 개월만에 독도(다케시마)가 표기된 군사우편엽서를 제작·보급하였다는 것은 그만큼 독도가 전략적으로 중요하였고, '독도 편입'의 필요성을 잘 보여주는 것이라 하겠다. 한마디로 이 엽서는 러일전쟁에서 승리하기 위해서 독도를 불법적으로 편입했음을 잘 보여주는 사실적 증거라고 할 수 있다.

오쿠하라 헤키운이 편찬한 『독도와 울릉도』의 「서문」에서 시마네 현 사무관 진자이 요시타로(神西由太郎)는 "죽도(竹島)는 장중한 북해(北海) 상에 멀리 떨어져 있는 하나의 암서(巖嶼)일 뿐이다. 그런데 이것이 일본해 해전(쓰시마 해전)을 계기로 전 세계에 소개되어 영구히 전사(戰史)에 그 이름을 남기게 되었다. 이보다 수개월 앞서 죽도는 일본 영토로 편입, 동시에 시마네 현 소속이 되었으므로 이 역시 명예로운 기념이라 할 수 있다."[196]라고 하여 러일전쟁의 승리를 위해, 동해 한가운데 있는 지리적 위치로 인해, 전략적 필요성에 의해 '독도 편입'이 이루어졌음을 숨기지 않고 있다.

---

196 「서문」, 『독도와 울릉도』, 3쪽.

6. 울릉도 · 독도에 대한 일본의 명칭 혼란과 불법적 '독도편입'

지금까지 1905년 2월 22일 일본에 의한 불법적 '독도편입' 전후 일본 사료에 나타난 울릉도 · 독도의 지리적 인식을 고찰해보았다. 근세 · 근대기 일본 고문서에 나타나는 혼란된 지리적 인식은 1905년을 전후로 한 시기 보다 눈에 띄게 줄어든다. 이미 서양의 근대적 과학기술을 앞서 수용한 일본은 근대적 측량법 덕택으로 경위도나 거리를 큰 오차 없이 정확히 측정할 수 있었다. 이러한 경위도 위치나 거리 측정은 울릉도 · 독도에 대한 지리적 인식을 보다 정확하게 가질 수 있도록 해주었다. 19세기 말~20세기 초에 발간된 『수로지』, 『竹島及鬱陵島』, 『시마네현소장 행정문서』 등에 나타나는 울릉도 · 독도에 대한 지리적 인식은 현재와 비교해 봐도 큰 차이가 없을 정도이다.

〈표 4〉 경위도와 거리로 본 독도의 지리적 위치

구분	위도	경도	거리	연도
수로지	북위 37도 14분(호넷호)	동경 131도 55분(호넷호)	-	1899년
리양코섬 영토편입 및 대하원	-	-	오키도에서 85해리(157.42km), 울릉도에서 55해리(101km)	1904년 9월 29일
시마네현 고시 제40호	북위 37도 9분 30초	동경 131도 55분	오키도에서 독도 거리 서북 85리(157.42km)	1905년 2월 22일
죽도급울릉도	북위 37도 9분 30초	동경 131도 55분	오키도에서 독도 거리 서북 85리(157.42km)	1906년 7월
현재	북위 37도 14분(동도)	동경 131도 52분(동도)	157.5km	2018년 2월 현재

그러나 문제는 이러한 지리적 인식의 정확도보다 울릉도 · 독도의 명칭을 어떻게 확정할지가 더 큰 관건이었다. 해외 진출과 개발 사업으로 이익을 추

구하려는 어민이나 사업가들이 끊임없이 죽도(울릉도)개척원을 요청했지만 태정관지령(1877) 전후로 일본 정부는 울릉도를 조선의 영토로 인정하지 않을 수 없었다. 이즈음 일본인들이 죽도, 송도 등으로 부르던 울릉도는 송도(마쓰시마)라는 명칭으로 자리잡아가지만, 독도에 대한 명칭은 송도, 죽도(다케시마), 리양코도, 리앙코르 락스 등으로 불려지며 특정한 명칭 없이 오히려 혼란만 가중되었다. 울릉도·독도에 대한 지리적 인식은 어느 정도 명료하게 정리가 되었으나, 명칭의 혼란은 오히려 더 가중되고 있었다. 이처럼 울릉도·독도에 대한 일본의 명칭혼란만 보더라도 불법적 '독도편입'이 이루어진 1905년에 이르기까지 여전히 독도에 대한 명확한 인식이 부재했음을 알 수 있다.

아이러니하게도 러일전쟁은 이러한 명칭혼란을 종식시키고 독도를 죽도(다케시마)라는 명칭으로 부를 수 있도록 하는데 기여하였다. 그것은 일본이 러일전쟁에 승리하기 위해 전략적 필요성에 의해 독도를 불법 편입해야 하는 상황이 만들어졌기 때문이다. 편입해야 할 섬의 명칭이 확정되지 않고서 (이미 '고시' 등의 규정을 위반해 국제법적으로 불법이기도 하지만) 법적으로 그 섬을 편입할 수는 없기 때문이다. 결국 독도는 제국주의 일본의 영토팽창 정책 속에 '죽도(다케시마)'라는 원치 않는 이름으로 불법적으로 편입된 일제침략의 첫 번째 희생물이 된 것이다.

제2부

현대 이후 독도 영토주권의 재인식

제6장

1947년 조선산악회 울릉도 · 독도학술조사단의 활동과 독도영토주권

1. 조사방법과 조사범위, 조사내용

한국의 역사서에서 독도는 우산도, 삼봉도, 가지도, 자산도 등으로 불렸다. 독도라는 섬의 명칭은 1906년 울도 군수 심흥택이 정부에 보고한 보고서에서 처음 등장하였다. 그러나 이미 1905년 을사늑약과 1910년 한일강제병합으로 인하여 국권을 상실하면서 독도라는 섬의 존재는 대한민국 국민들의 기억 속에 남아있을 수 없었다.

1945년 광복을 맞이하면서 독도는 다시 우리에게 찾아왔다. 그러나 2차 세계대전에서 패망한 일본은 샌프란시스코 평화조약 체결을 준비하는 과정에서 독도에 대한 야욕을 숨기지 않았다. 심지어는 연합군을 상대로 일본의 영토를 소개하는 팸플릿에 독도는 물론 울릉도까지 일본 영토라고 거짓자료로 홍보하였다. 뿐만 아니라 1947년 4월에는 일본어부들이 독도를 불법 점거하고 불법어업을 하면서 독도에서 어로작업을 하던 울릉도 어민들을 폭행하고 총격을 가하는 일까지 서슴지 않았다.[197]

눈앞에 보이는 문전옥답인 독도를 지척에 두고서도 독도어장을 마음대로 이용할 수 없었던 울릉도 어민들은 울분에 찬 호소를 하게 되었고, 울릉군과

---

197 「왜적 일인의 얼빠진 수작 – 울릉도 근해의 작은 섬들」, 『대구시보』, 1947.6.20, 기사 참조.

경상북도, 그리고 미군정 치하의 남조선 과도정부(이하 과도정부로 약칭함)에까지 전달되었다. 일본의 독도침탈 소식을 처음 보도한 『대구시보』에 이어 1947년 7월 『동아일보』도 독도가 "오랜 옛날부터 우리의 어업장으로서 또는 국방기지로서 우리의 당당한 판도에 속하였"[198]다고 보도함으로써 독도영토 주권에 대한 전국민적 인식을 더욱 확고히 하게 되었다.

해방된 지 불과 2년도 되기 전에 일본의 영토야욕 소식을 접한 과도정부에서는 이 문제의 심각성을 인지하고 일본의 독도 도발 문제에 적극적으로 대처하고자 했다.[199] 1947년 울릉도·독도 학술조사는 이러한 맥락에서 독도영유권을 재확인하고, 나아가 독도가 한국의 영토임을 증명할 수 있는 증거를 확보하는 차원에서 이루어지게 되었다.

조선산악회와 과도정부가 공동으로 추진한 제1차 울릉도·독도 학술조사는 해방 후 독도가 한국의 고유영토임을 전국민들에게 공개적으로 천명하고 독도 영유권을 확립하기 위해 정부 차원에서 추진된 최초의 대규모 학술조사였다는 점에서 중요한 의미를 가지고 있다. 물론 정부수립 후 1952년 2차 조사와 1953년 3차 조사도 있었지만, 첫 번째 학술조사라는 역사적·상징적 의의와 함께 파견 조사단의 규모 등에서 가장 중요한 의미를 가지고 있다고 볼 수 있다.

이 연구의 목적은 신문·잡지·문서 등을 통해 해방 후 한국의 독도영토수호사의 최초 활동으로 평가할 수 있는 1947년 8월 조선산악회 울릉도·독도 학술조사 활동의 구체적 면모를 확인하고 그 역사적 의의를 평가해보는데 있다. 학술조사단의 규모와 일정, 참가 인력의 구성, 조사활동상황과 조사 종료 후 대국민 보고회 개최 등 조사단의 구체적 활동 내용에 대해 파악해보고자 한다.

---

198 「판도에 야욕의 촉수 못버리는 일인의 침략성」, 『동아일보』, 1947.7.23.
199 「독도문제 중대화」, 『동아일보』, 1947.8.3; 「우리의 국토 추(秋) 일본과장담(談)」, 『동아일보』, 1947.8.3 기사 참조.

1947년 제1차 울릉도·독도 학술조사단의 활동과 관련한 몇 편의 선행연구들이 있었지만, 신문·잡지·문서자료들을 체계적으로 수집·정리·목록화 하여 소개한 연구논문이나 저서는 없었다.[200] 따라서 본론에서는 기존 연구에서 소개되었거나 또는 누락되었던 관련 자료들을 총괄 수집하여 목록화하고 이를 몇 가지 범주로 분류하여 제시한 후, 중요 내용들을 소개·검토해보고자 한다.[201] 마지막으로 결론에서는 1947년 울릉도·독도 학술조사활동을 평가해보고 그 역사적 의미와 의의를 제시해보고자 한다.

연구방법으로는 1947년 울릉도·독도 학술조사단의 활동상황을 파악할 수 있는 관련 자료를 수집·분류·분석해서 조사단의 구성 및 활동내용을 파악해보고자 한다. 구체적으로 당시 조사단의 활동을 가장 잘 알려주고 있는 대중매체인 신문과 잡지, 그리고 조선산악회에서 발행한 문서를 통해 학술조사단의 활동을 일목요연하게 파악해볼 수 있도록 한다.[202] 이를 위해 1947년

---

200 조선산악회(한국산악회)의 울릉도·독도 학술조사 관련 선행연구로는 박현진, 「독도 실효지배의 증거로서 민관합동 학술과학조사－1947년 및 1952~53년(과도)정부·한국산악회의 울릉도·독도조사를 중심으로－」, 『국제법학회논총』 60권 3호, 2015, 61~96쪽; 송호열, 「1947년 독도 학술조사에 대한 지리적 고찰」, 『한국사진지리학회지』 25권 3호, 2015, 33~50쪽; 유하영, 「조선산악회 울릉도 독도 학술조사의 국제법상 의미와 증거가치」, 『동북아연구』 35권 2호, 조선대학교 동북아연구소, 2020, 65~92쪽; 이기석, 「한국산악회의 1952년 '울릉도·독도 학술조사단 파견계획서」, 『영토해양연구』 14, 동북아역사재단, 2017, 134~171쪽; 홍성근, 「1947년 조선산악회의 울릉도학술조사대 파견 경위와 과도정부의 역할」, 『영토해양연구』 23, 2022, 129~165쪽; 정병준, 『독도 1947』, 돌베개, 2010, 110~175쪽 참조.
201 이 연구에서 소개한 '1947년 울릉도·독도 학술조사'와 관련한 총 55건의 신문·잡지·문서 자료들은 원문과 함께 현대문으로 번역하여 『해방 후 울릉도·독도 조사 및 사건 관련 자료해제Ⅱ』(근간)으로 출판될 예정이다.
202 이 연구를 수행하기 위해 조사한 자료는 신문·잡지자료 51건과 문서자료 4건이다. 구체적으로 1947년 울릉도·독도 학술조사단의 활동상황을 보도하고 있는 조사대상 신문은 『대구시보』, 『서울신문』, 『동아일보』, 『공업신문』, 『조선일보』, 『동광신문』, 『자유신문』, 『한성일보』, 『남선경제신문』, 『수산경제신문』, 『경성예과신문』 등 11종이다. 조사대상 잡지는 『건국공론』, 『국제보도』, 『사해』, 『신천지』 등 4종이며, 조사

조선산악회 울릉도 · 독도 학술조사단 활동 관련 신문 보도기사와 기고문, 잡지, 문서 등의 자료를 유형별로 분류하고 날짜별로 목록화하였다.

연구범위는 1947년과 1952년, 1953년 세 차례의 울릉도 · 독도 학술조사가 실시되었지만, 이 연구에서는 1947년 학술조사에만 국한한다. 그 이유는 위에서도 언급했듯이 1947년 학술조사가 해방 후 과도정부와 조선산악회가 공동으로 추진한 독도에 대한 최초의 학술조사라는 역사적 · 상징적 의의를 가지기 때문이다.

이하 본론에서는 '신문 · 잡지 · 문서에 나타난 1947년 울릉도 · 독도 학술조사단의 활동'(Ⅲ장)에 대해 본격적으로 다루기 전에 3차례에 걸쳐 실시된 '1947~1953년 울릉도 · 독도 학술조사활동'의 대강을 개략적으로 개관해 보기로 한다.

2. 1947~1953년 울릉도 · 독도 학술조사활동 개관

광복 후 한국정부는 영토주권 수호를 위해 독도를 관리하기 위한 노력을 꾸준히 기울여 왔는데, 그 일환으로 이루어진 것이 1947~1953년 3차에 걸친 조선산악회(한국산악회) 울릉도 · 독도 학술조사단의 파견이다. 물론 1947년 제1차 울릉도 · 독도 학술조사는 당시 미군정 치하에서 과도정부의 주도적 계획에 의해 실행되었다기 보다는 조선산악회의 계획과 준비가 먼저 진행되던 중, 독도영유권과 관련한 과도정부의 독도조사의 필요성이 시급하게 되어 공동으로 조사대를 파견한 것으로 볼 수 있다.[203]

대상 문서는 『조선산악회 발행 문서』 4건이다.

203 홍성근, 「1947년 조선산악회의 울릉도학술조사대 파견 경위와 과도정부의 역할」, 『영토해양연구』 23, 2022, 129~165쪽 참조.

아래 표에서 확인할 수 있듯이 3차에 걸쳐 진행된 학술탐사일자는 총 32일이며, 참가인원은 총 177명이다. 독도에 대한 조사를 실시한 일자는 총 4일이다. 그렇지만 2차 조사 때는 독도에 도착하기 직전 미공군기의 '독도폭격'으로 인해 아쉽게 되돌아 올 수밖에 없었다. 조사계획을 수립하고 실행했던 '조선산악회'는 2차 조사 때부터는 '한국산악회'로 명칭을 바꾸어 조사를 계속 수행했다.

〈표 5〉 조선산악회(한국산악회) 울릉도 · 독도 학술조사일자 및 참가인원

구분	울릉도 · 독도 전체 조사일자	참가인원	독도조사일자	비고
1차 조사	1947.8.16.~ 1947.8.28.(13일)	80명 (외부 17명 포함)	1948.8.20.(1일)	조선산악회, '남면 독도' 표주 세움
2차 조사	1952.9.17.~ 1952.9.28.(12일)	36명	1952.9.22.(1일)	한국산악회, 미공군 독도 폭격으로 독도인근에서 사진 촬영 후 철수
3차 조사	1953.10.11.~ 1953.10.17.(7일)	61명	1953.10.14.~ 1953.10.15.(2일)	한국산악회, 영토표지석 설치
계	총 32일	총 177명	총 4일	

울릉도 · 독도 학술조사단의 공식 명칭과 관련해서 당시 언론기사를 보면 '학술조사대' 또는 '학술조사단'이라는 명칭을 언론사 마다 각기 다르게 사용하고 있다. 1차 조사 때는 '학술조사대'라는 명칭이 좀 더 많이 사용되고 있지만, 2차와 3차 조사 때는 '학술조사단'으로 명칭을 단일화해서 쓰고 있다. 아무래도 '조사대'보다는 '조사단'이 정부에서 공식적으로 파견한 전문연구자들로 구성된 단체라는 의미와 성격을 보다 강하게 드러낸다고 볼 수 있다. 따라서 '한국령 독도'를 재확인하기 위한 동일한 목적의 조사활동을 두고 조사단에

대해 상이한 명칭을 사용할 경우 혼동이나 오해의 소지가 있기 때문에 이하에서는 1차~3차 조사에 공통으로 '울릉도 · 독도 학술조사단'으로 명칭을 통일해서 사용하고자 한다.

1) 1947년 제1차 울릉도 · 독도 학술조사

제1차 울릉도 · 독도 학술조사단[204]은 1947년 8월 16일부터 8월 28일까지 약 2주일간 조선산악회(한국산악회의 전신) 주최로 조사활동을 진행하게 되었다. 학술조사단의 일원으로 조사활동에 참여한 국사관장 신석호는 당시 학술조사단 출범 상황과 관련해 다음과 같이 진술하고 있다.

> 독도는... 1945년 9월 5일자 미국이 최초의 대일방침을 발표하여 「일본의 주권은 본주(本州) 북해도 구주(九州) 사국(四國)의 4대도에 한한다」 하였고, 동년 10월 13일자 연합군최고사령부의 공시 제42호로서 일본인의 어업구역의 한계선을 결정한 맥아더라인(MacArthur Line)을 발표하였는데 그 선이 독도 동방 12해리상을 통과하였으므로 우리는 독도가 당연히 우리나라 영토로 편입된 줄 알았다. 그런데 1947년(단기 4280년) 7월 11일에 미극동위원회가... 대일기본정책을 발표하게 되자 일본은 독도를 일본영토라고 여론을 일으켰다. 이에 우리나라에 처음으로 독도문제가 일어나 동년 8월 16일부터 약 2주일간 한국산악회 주최로 제1차 학술조사단이 독도에 가게 되었으며 정부에서도 여러 가지 초치를 취하였다.[205]

1947년 미극동위원회가 "대일기본정책"을 통해 일본의 영토를 "본주(本州) 북해도(北海島) 구주(九州) 사국(四國)의 제도(諸島)와 금후 결정될 수 있는 주위의 제소도(諸小島)에 한정"할 것이라고 발표하였다. 이에 따라 샌프란시

---

204 1947년 미군정 과도정부 하에 조직된 "조선산악회" 주최 「제1차 울릉도 · 독도 학술조사대」는 1948년 정부수립 후 "한국 산악회"로 명칭을 변경하고, 제2차(1952년), 제3차(1953년) 「울릉도 · 독도 학술조사단」을 구성하여 조사를 계속하였다.
205 신석호, 「독도의 내력」, 『독도』, 대한공론사, 1965, 16쪽.

스코 평화조약 이전에 일본의 영토를 최대한 확장하려던 일본은 독도를 자국 영토라고 주장하게 되었다. 이 소식을 접한 과도정부는 독도영유권을 재확인 하고 독도를 조사하기 위해 이미 1년 전부터 울릉도·독도 학술조사를 기획·준비하고 있던 조선산악회의 협조를 받아 1947년 8월 16일부터 8월 28일까지 제1차 울릉도·독도 학술조사단을 독도로 파견하게 되었다.[206]

1947년 8월 초 과도정부는 안재홍(安在鴻) 민정장관(民政長官)을 위원장으로 하는 '독도에 관한 수색위원회'를 조직하였으며, 8월 4일에는 중앙청에서 관계 공무원·전문가 합동회의를 개최하였다. 회의를 통하여 역사적 문헌 발굴과 현지조사 등 2가지 과제를 결정하고 독도조사단을 파견하기로 결정하였다. 이렇게 볼 때 1947년 "울릉도학술조사 계획"은 조선과도정부 민정장관 안재홍의 명령으로 "조선산악회 주최, 문교부 후원"으로 이루어진 것으로 볼 수 있다. 그렇지만 조선산악회 문서를 보면 그동안 산악회 사업으로 진행해오던 '제4회 국토구명사업'의 일환으로 이미 1946년 가을부터 울릉도 조사를 계획하고 준비하던 중 과도정부의 요청이 시의적절하게 이루어져 공동으로 조사단을 구성하여 파견했다고 볼 수 있다.

1947년 제1차 울릉도·독도 학술조사단은 과도정부 독도조사단 4명(국사관장 신석호, 외무처 일본과장 추인봉, 문교부 편수관 이봉수, 수산국 기술사 한기준)과 조선산악회장 송석하(宋錫夏)를 대장으로 한 각 분야 전문가 63명, 경상북도청 공무원 2명, 제5관구 경찰직원 11명을 포함하여 총 80명에 달하는 대규모 학술조사대였다.[207]

조선산악회에서 작성한 「1947년 8월 울릉도학술조사」 계획서에는 이번 학

---

206 유하영, 「조선산악회 울릉도 독도 학술조사의 국제법상 의미와 증거가치」, 『동북아연구』 35권 2호, 조선대학교 동북아연구소, 2020, 67~68쪽.

207 신석호, 「독도소속에 대하여」, 『사해(史海)』 1권 1호, 1948.12, 90쪽; 홍종인, 「울릉도 학술조사대 보고기(1), 『한성일보』, 1947.9.21; 한국산악회, 「울릉도 독도 학술조사대」, 『한국산악회50년사』, 1996, 81~82쪽 참조.

술조사가 조선산악회 주최, 문교부 후원으로 이루어졌음을 밝히고 있다. 4쪽으로 된 이 계획서에는 학술조사의 취지, 일정표, 각 반의 편성과 과제, 도민 위문행사, 보고와 연구발표 순으로 이루어져있다.[208]

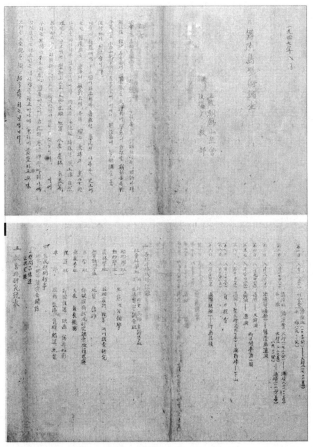

자료출처: 외교부 독도자료실

[그림 35] 1947년 8월 울릉도학술조사 계획서

208 조선산악회, 「1947년 8월 울릉도학술조사」, 1947.8.

이 계획서 자체에는 의도적으로 '울릉도 학술조사'라고만 한정되어 '독도' 조사에 관한 내용이 포함되어 있지 않은 것으로 보이나 독도조사단 파견이 미리 예정되어 있었던 것으로 보인다. 이 문서의 계획표상에는 8월 22~23일 '자유탐사'를 하는 것으로 일정표상에 나타나 있지만 실제로는 자유탐사가 독도 학술조사를 위한 것이었다. 변화무쌍한 독도주변의 기상상황으로 인해 독도 조사 일자를 확정하지 않고 '자유탐사'로 정해놓았다가 1947년 8월 18일 울릉도에 도착 직후 기상상황이 좋은 8월 20일을 정해 가장 먼저 독도 조사를 실시하였다. 하루 24시간도 되지 않은 짧은 조사시간이었지만 조사단은 독도를 실지 조사한 후에 독도가 한국영토임을 확인시켜주는 2개의 표목을 세우고 돌아왔다.

1947년 제1차 울릉도·독도 학술조사는 기본적으로 조선산악회의 계획과 준비 하에 과도정부의 전폭적인 지원이 함께 이루어진 민·관 협동조사라고 할 수 있다. 특히 독도영유권과 관련하여 제1차 울릉도·독도 학술조사는 과도정부가 민정장관을 위원장으로 하는 '독도 수색위원회'를 조직하고, 이 위원회가 관계 기관·전문가 회의를 통해 독도현지조사단 파견을 결정한 점, 또 조사단의 조직과 구성, 그리고 8월 16일 서울을 출발한 조사대가 8월 18일 포항에서 해안경비대 소속 대전환(大田丸)호에 승선해 울릉도로 향한 점 등은 당시 학술조사가 정부 차원의 "승인과 지원"에 따른 공식조사활동이었음을 입증하는 것이다.[209]

8월 16일부터 28일까지 13일 간의 울릉도·독도 종합조사 후 서울로 귀환한 조사단은 보고강연회와 전람회 개최, 조사보고서 작성과 언론 보도, 개별적 신문·잡지 기고와 자료공개 등 다양한 방식으로 조사결과를 결산, 정리하

---

209 박현진, 「독도 실효지배의 증거로서 민관합동 학술과학조사 - 1947년 및 1952~53년 (과도)정부·한국산악 회의 울릉도·독도조사를 중심으로 - 」, 『국제법학회논총』 60권 3호, 2015, 65쪽.

였다. 그러나 조사단의 활동 결과물들이 한국전쟁 과정에서 대부분 소실되거나 망실되어서 상세한 활동내용과 활동 전모를 밝히는데 어려움이 따른다. 아쉽지만 현재까지 남아 있는 신문·잡지 및 약간의 문서를 통해 학술조사단의 활동 내용을 파악하는데 그칠 수밖에 없다.

2) 1952년 제2차 울릉도·독도 학술조사

1947년 조선산악회 주최로 실시되었던 제1차 학술조사에 이어, 1952년에는 단체명을 한국산악회로 바꾸어 제2차 독도조사단이 다시 구성되었다. 1952년 1월 18일 한국의 "해양주권선언"('평화선' 또는 '이승만 라인')이 있은 직후, 1952년 1월 20일 일본 외무성은 성명을 발표하고, 독도에 대한 일본의 영유권 주장을 또다시 들고 나왔다. 일본 외무성은 "강화조약에서 우리에게 귀속된 우리의 독도까지도 한국에 속하게 될 것"이라고 주장하였는데, 여기서 일본이 "독도가 일본령에 귀속되었다"고 주장한 것은 매우 주목할 만한 부분이었다.[210]

1952년 제2차 울릉도·독도학술조사에서도 정부와 산악회가 공동으로 조사단을 구성하였다. 한국산악회 주최와 문교부·외무부·국방부·상공부·공보처 후원으로 구성된 이 조사단의 명칭은 공식적으로 "울릉도·독도 학술조사단"이었다. 박병주 교수가 국회도서관에 기증한 「(단기 4285년 7월) 울릉도·독도학술조사단 파견계획서」·「(단기 4285년 9월」 울릉도·독도학술조사단 파견계획서」에 1952년 독도학술조사단이 구성된 과정을 소상히 파악할 수 있는 내용이 잘 나타나 있다.[211]

한국산악회는 제2차 학술조사단 파견에 앞서 성명서를 발표하였는데,

---

210 유하영, 앞의 논문, 69쪽.
211 정병준, 앞의 책, 829쪽.

「울릉도·독도 학술조사단 출발에 제(際)하여」라는 이 성명서에서 조사단 파견의 목적이 "독도가 우리 울릉도의 부속도서로서 우리 영토"[212]임을 밝히는 것이라고 대내외에 천명했다.

제2차 울릉도·독도 학술조사단은 총 36명으로 구성되었다. 2차 학술조사단의 대장은 1차 학술조사 때 부대장이었던 홍종인(洪鍾仁)이 대장을 맡게 되었다. 2차 학술조사 때에는 잠수부도 동행하였다. 조사대와 함께 간 잠수원에는 해녀도 17명이 포함되었다. 이때 해녀 잠수부들이 동원된 이유는 독도 주변 지형에 대한 자세한 조사를 하기 위해서였다.[213]

당시 정부는 조사단에 범정부적 지원을 제공하였다. 조사단은 태풍으로 인해 예정보다 5일 늦게 9월 17일 부산항에서 교통부 부산해사국 등대순항선 진남호(鎭南號: 305톤)에 승선하여 다음날 울릉도 도동항에 도착하였다. 그런데 측량·측지반 박병주의 조사보고에 따르면 1952년 9월 22일 독도 인근 해상에 도착했을 때 군용기 3대가 나타나 진남호의 존재를 무시한 채 계속 독도를 폭격하였다. 어쩔 수 없이 조사단은 상륙을 포기하고 독도 주위를 순회하며 사진만 찍고 철수하였다. 당시 홍 단장의 전문(電文)에 의하면 학술조사단은 측지반을 중심으로 약 3일간 독도에 체류하며 조사활동을 펼칠 계획이었다.[214]

당시 상황을 한국산악회 부회장인 홍종인(洪鍾仁)은 다음과 같이 보고하고 있다.[215]

212 한국산악회, 「鬱陵島·獨島 學術調査團 출발에 際하여」, 『1952~1953년 독도 측량－한국산악회 울릉도 독도 학술조사단 관련 박병주 교수 기증자료－』, 국회도서관 편, 2008, 122~123쪽.
213 김정태, 「한국산악회30년사」 중 「1951년 9월 18일~26일: 제주도파랑도학술조사대 파견」, 『한국산악XI』(1975·1976년호), 1977, 35쪽.
214 박현진, 「독도 실효지배의 증거로서 민관합동 학술과학조사－1947년 및 1952~53년 (과도)정부·한국산악회의 울릉도·독도 조사를 중심으로－」, 『국제법학회논총』 제60권 3호, 2015, 70~71쪽 참조.
215 외무부정무국, 『독도문제개론』, 1955, 43쪽.

보고서

1. 한국산악회의 울릉도 독도 학술조사단 일행 36명은 교통부 소속선 진남호로 16일 오전 무사히 울릉동 동항구에 도착하여 19일 곧 독도로 향할 예정이었으나 독도에는 최근에도 미군비행기가 틀림없으리라고 인정되는 비행기 1대가 폭탄을 던져서 출어중의 어민이 화급히 퇴피(退避)치 않을 수 없었다는 사실을 알게 되어 본조사단에서 즉시 해군본부 총참모장에게 이 사실을 통지하는 동시에 본조사단의 안전한 항해를 보장하기 위하여 공군관계당국에 연락하기를 청탁하고 19일의 행동을 유예하고 있음.

2. 독도의 폭격사건인 즉 지난 9월 15일 오전 11시경 울릉도 통조림공장 소속선 광영호가 해녀 14명과 선원 등 합 33명이 소라 전복 등을 따고 있던 중, 1대의 단발비행기가 나타나서 독도를 두 번 돌면서 4개의 폭탄을 던졌는데 이 때문에 어민들이 곧 퇴피에 착수하자 비행기는 남쪽 일본 방향으로 날아갔다는 것이다. 독도 출어에 대해서는 울릉도 어민들이 간절히 원하는 바, 이어서 4월 25일 한국공군고문관을 통하여 미군 제5공군에 조회했던바 5월 4일부터 독도와 그 근방에 출어가 금지되었다는 사실이 없고, 또 극동군의 연습폭격목표로 되어 있지 않다는 회답이 있어서 한국공군총참모장으로부터 경상북도를 통하여 울릉도에도 통보되었던 것임에도 불구하고 이번에 하등의 경고도 없이 폭탄투하가 있었기 때문에 울릉도 도민들은 1948년 6월 30일[216]의 30명의 사망자를 낸 미공군의 폭격사건의 참담한 지난 기억을 다시 생각하고 불안공포를 느끼며 미군당국의 통보를 믿기 어렵다는 생각을 가지고 있다.

3. 독도의 어업상황을 듣건대 금년 봄에는 미역 만도 2억 엔 이상을 뜯고, 지금도 소라와 전복이 많이 묻혀 있는 것을 확인하고 가난한 어민들은 그 채취를 위하여 정부고위층에서 신속히 안전책을 강구하여 보장해 주기를 갈망하고 있다. 우리정부의 관계관으로서는 절해고도의 국민으로 하여금 믿을 것을 믿게 하여 생활근거를 더 유리하게 해결시켜 주도록 함이 있어야 할 것으로 본다.

4. 본조사단의 해군총참모장으로부터 우리 공군당국과 미 해군당국과의 만전의 연락결과의 통지가 있기를 기다려 불일 중 독도로 출발하여 측지반을 중심으로 한 일부단원은 3일간 독도에 체재하여 작업을 진행할 예정이다.

조사단장 홍종인

제2차 학술조사단에게 범정부 차원의 지원이 있었는데 총예산은 정부예산 2,957만 9,000원과 한국산악회 자체 예산 300만원을 포함해 총 3,257만 9,000원이 책정되었다. 자체예산 300만원은 참가자 60명의 등록금(회비) 5만 원씩을 계산한 것이며 이를 제외한 예산 부족액은 2,975만 9,000원이었다.[217]

10월 9일에는 부산시의회 의사당(부산시청 회의실)에서 제2차 울릉도·독도 학술조사 보고강연회를 개최했다. 이 강연회에서는 학술조사단원으로 참가했던 전문가들의 발표가 있었다. 홍종인이 「독도문제」, 박병주가 「독도측량계획」, 유홍렬이 「역사상으로 본 독도」, 홍이섭이 「독도이야기」, 김원용이 「울릉도의 유물과 유적」, 이지호가 「울릉도의 땅과 사람」, 전찬일이 「동해수산과 독도」, 임기홍이 「울릉도의 식물과 육수(陸水)」, 김정태가 「독도조사운행(運行)」을 각각 발표하였다.[218]

3) 1953년 제3차 울릉도·독도 학술조사

1953년 5~7월 사이에 일본 해상보안청·수산시험장의 순시선·시험선 등이 수시로 독도 해역을 불법 침입하고 독도 불법상륙을 저질렀다. 1953년 5월 28일 일본인의 독도 불법상륙과 한국 어민의 철수 강요 및 불법심문, 6월 27일 역시 독도 불법상륙과 한국 어민 철수 강요 및 불법심문, 그리고 일본 영토 표목 설치 등은 식민지 트라우마를 안고 있었던 모든 한국인들을 분노케 하였다. 특히 7월 3일 경북경찰국이 일본이 세워 놓은 '일본령' 주장 표목·게시판을 철거한 사실이 언론 등을 통해 확인되자 한국 국내 여론은 급격히 악화되었다.[219]

---

216 1948년 6월 8일 있었던 독도폭격사건 일자의 오기임. 미군의 독도폭격사건으로 인해 사망한 울릉도와 동해안 연안 어민들의 숫자는 현재까지 16명으로 밝혀져 있다.
217 유하영, 앞의 논문, 71쪽 참조.
218 「독도조사단 9일 보고회 개최」, 『동아일보』 1952.10.8.
219 정병준, 앞의 책, 829쪽.

1953년 7월 7일 외무부는 국방부에 일본정부가 독도에 '일본령 표식'을 세웠는지 확인하기 위해 해군함정을 파견해달라고 요청했다. 이에 따라 국방부는 사건조사를 위해 7월 8일 해군군함 한 척을 독도로 파견했고, 이 군함은 약 일주일간 초계활동을 벌였다. 7월 10일 경상북도의회는 대통령에게 독도 수호를 위한 적극적 조치를 건의했다.[220]

일본이 이러한 도발적 행동을 취한 것은 당시 진행 중이던 제2차 한일회담 (1953. 4. 15.~7. 13.)과 깊은 관련이 있다. 일본은 한일회담과 어업협상을 진행하는 한편으로 독도에 대한 불법침입과 한국인 심문 등 강제력을 동원하고 있었던 것이다. 한마디로 외교와 실력을 함께 행사한다는 전략이었다.

1953년 7월 8일 국회 제19차 본 회의는 "산악회를 포함한 강력한 현지조사단을 독도에 파견함에 원조하라"는 결의를 채택했다. 이 결의에 따라 한국산악회가 제3차 조사단 파견계획을 추진하도록 하였다. 한국산악회는 1953년 7월과 9월 2차례에 걸쳐 제3차 울릉도·독도 학술조사단 재파견 계획서를 작성, 정부의 적극적인 후원 하에, 대원 38명과 경상북도청 공무원 3명과 울릉도 관계자 20명 등 총 61명으로 조사대를 구성하였다.[221]

제3차 울릉도·독도 학술조사단 파견의 목적과 과제는 1952년 조사에 비해 보다 명확해졌다. 1953년도에는 일본의 독도 불법점거와 영토표지 설치 등이 공공연하게 진행되고 있었기 때문에 조사단의 파견목적 제1항이 독도와 인근 수역에 대한 조사로 제시되었다. 3차 학술조사에서 중점적으로 조사한 부분은 독도와 부근 수역의 과학조사(지질, 기상, 해양, 생물, 수산, 역사, 지리) 및 독도 측지와 지도 작성 등이었다. 이것은 1947년 및 1952년 조사의 미비점을 인식하고 이를 보완하기 위한 중요한 진전인 동시에 국제법 측면에서도 실효지배의 증거자료 생산을 목적으로 한 것이었다.[222]

---

220 유하영, 앞의 논문, 73쪽 참조.
221 국회도서관(박병주) 편, 『박병주 교수 기증자료』(1953년 7월 계획서), 143쪽.

[그림 36] 1947년 제1차 울릉도 · 독도 학술조사단이 설치한 표목

　현재 국회도서관에는 1953년 독도조사와 관련해 두 개의 계획서가 남아 있다. 1952년의 경우처럼 한국산악회는 7월과 9월 두 차례 계획서를 수립했다.[223] 한편 한국 영토임을 알리는 독도 표지는 최초 1947년 8월 20일 제1차 학술조사단이 동도에 두 개의 표목을 세웠는데, 오른쪽 표목에는 '조선 울릉도 남면 독도 (朝鮮 鬱陵島 南面 獨島)'라고 썼고, 왼쪽 표목에는 '울릉도, 독도 학술조사대 기

222　유하영, 앞의 논문, 74쪽 참조.
223　『박병주교수 기증자료』, 143~153, 155~159쪽.

념(鬱陵島, 獨島 學術調查隊 紀念)'이라고 썼다.[224] 그러나 조사대가 독도조사를 마치고 돌아간 후 독도에 불법 상륙한 일본인들은 이 표목을 철거하고 '일본 영토 표목'을 설치하였다. 이후 독도의용수비대와 독도경비대가 독도에 주둔할 때까지 한일 간에 뺏고 재설치하는 '표목전쟁'이 반복적으로 이어졌다.

1953년 10월 15일 제3차 울릉도·독도 학술조사단(단장 홍종인)은 전해인 1952년 제2차 울릉도·독도 학술조사단이 설치하려고 준비했지만 미군의 독도폭격연습으로 인해 설치하지 못했던 암석재질의 영토표지석을 독도에 설치하고 돌아왔다.

3. 신문·잡지·문서에 나타난 1947년 울릉도·독도 학술조사단의 활동

1) 신문 보도기사에 나타난 1947년 울릉도·독도 학술조사단의 활동

신문에 보도된 기사들은 대부분 1947년 조선산악회 울릉도·독도 학술조사단 활동에 대한 기사로, 현재까지 확인된 기사 건수만 최소한 23건에 이른다.[225] 1947년 8월 조선산악회 탐사가 본격적으로 조사활동을 시작한 직후부터 집중적으로 보도가 되고 있음을 알 수 있다. 신문 보도기사 내용을 살펴보면 '일본의 독도 도발과 정부의 대응', '울릉도·독도 학술조사단의 출발소식', '울릉도·독도 학술조사단의 귀환 보고회와 강연회 소식', '울릉도·독도 풍광 사진' 그리고 '울릉도민이 조사단 활동보고 전시회를 보기 위해 상경'했다

---

224 정병준, 앞의 책, 138~139쪽 참조. 특히 139쪽 홍종인이 촬영한 영토표목 사진 참조.
225 이 논문에서 누락된 신문기사들은 최근에 발간된 홍성근, 『광복 후 독도와 언론보도 2: 1945~1954년의 독도』, 동북아역사재단, 2021 참조.

는 내용을 주로 기사화하고 있다. 조사단의 활동을 보도하고 있는 기사들을
목록으로 정리하면 다음과 같다.

〈표 6〉 1947년 울릉도 · 독도 학술조사단 활동 관련 신문 보도기사

순번	기사 제목	신문명	날짜
1	왜적(倭賊) 일인(日人)의 얼빠진 수작	대구시보	1947.06.20
2	판도(版圖)에 야욕(野慾)의 촉수(觸手) 못버리는 일인(日人)의 침략성	동아일보	1947.07.23
3	울릉도답사대, 조선산악회서 파견	한성일보	1947.08.03
4	독도문제 중대화	동아일보	1947.08.03
5	우리의 국토 추 일본과장 담	동아일보	1947.08.03
6	독도는 우리 판도, 역사적 증거문헌 발견, 수색회서 맥사령(司令)에 보고	동아일보	1947.08.05
7	독도는 우리 땅, 사적 증거문헌 발견	동광신문	1947.08.07
8	독도조사단 16일 등정	대구시보	1947.08.17
9	울릉도학술조사대 출발	자유신문	1947.08.20
10	울릉도학술조사대, 현지착 활동에 착수	서울신문	1947.08.22
11	독도를 탐사	대구시보	1947.08.22
12	울릉도학술조사대, 독도답사, 의외의 해구발견	조선일보	1947.08.23
13	성인봉을 답파, 과학 하는 조선	공업신문	1947.08.28
14	독도사진공개, 본사 최촉탁 촬영	대구시보	1947.08.30
15	독도사진	대구시보	1947.08.31
16	울릉도사진	대구시보	1947.09.03
17	울릉도사진	대구시보	1947.09.04
18	울릉도사진	대구시보	1947.09.05
19	울릉도조사대의 귀환보고강연회	서울신문	1947.09.09
20	울릉도 보고, 10일에 강연회	공업신문	1947.09.09
21	독도의 국적은 조선, 입증할 엄연한 증거자료 보관	공업신문	1947.10.15
22	울릉도 보고전	서울신문	1947.11.05
23	울릉도전시회에 도민대표가 상경	대구시보	1947.11.08

이 보도 자료를 신문사별, 보도기사 건수별로 보면 『대구시보』에서 9건, 『서울신문』 3건, 『동아일보』 4건, 『공업신문』 3건과 『조선일보』, 『동광신문』, 『자유신문』, 『한성일보』에서 각 1건씩으로 나타났다.

『서울신문』을 비롯, 중앙에서 발행되는 『동아』, 『조선』, 『한성일보』와 『공업신문』 등은 학술조사단의 '울릉도 현지 활동' 보도와 학술조사단의 결과물인 '귀환보고 강연회', '울릉도 보고전' 등에 대한 소식을 전하고 있다.

특히 울릉도가 속해 있는 경북지역인 대구에서 발행되는 『대구시보』의 1947년 6월 20일자 기사 외 8건에서는 조사단 파견, 독도탐사, 전시회 관련 보도와 함께 울릉도·독도의 사진을 싣고 있다. 이 중 『대구시보』의 촉탁기자로 파견되어 학술조사단에 합류한 최계복이 촬영한 독도 사진은 광복 후 언론 매체를 통해 소개된 최초의 독도 사진으로 중요한 자료적 가치를 가지고 있다.

학술조사단이 독도조사를 마친 후 발표한 성과로 『공업신문』(1947. 10. 15.)은 독도가 한국령임을 입증할 수 있는 중요한 동물학적 연구결과를 소개하고 있는데, "조선과 대륙 대만에만 분포되어 있고 일본에는 절대로 없는 「대만 흰나비」가 이 섬(독도)에 있는 것은 동물학상으로도 조선의 섬인 것을 확실히 증명해준다."[226]고 보도하고 있다.

이에 앞서 과도정부가 울릉도·독도 학술조사단을 파견하게 되는 경위를 보도하는 기사들이 눈에 띄는데, 「왜적(倭賊) 일인(日人)의 얼빠진 수작」(『대구시보』, 1947.06.20.), 「판도에 야욕의 촉수 못버리는 일인의 침략성」(『동아일보』, 1947.07.23), 「독도문제 중대화」(『동아일보』, 1947.08.03.), 「우리의 국토 추(秋) 일본과장 담」(1947.08.03.) 등의 보도기사에서는 독도에 대한 일본의 야욕을 비판하면서 과도정부가 이 문제를 중대한 사안으로 간주하

---

226 「독도의 국적은 조선, 입증할 엄연한 증거자료 보관」, 『공업신문』, 1947.10.15.

고 이에 대응하는 과정을 보여주고 있다.

위의 「독도문제 중대화」 기사는 "과도정부에서는 이 문제를 중대시하여 민정장관이 위원장이 되고 독도에 관한 수색위원회를 조직하여 4일 상오 10시부터 중앙청 민정장관실에서 그에 대처하기 위한 협의를 하기로 되었다."[227]며 이 문제의 심각성에 대처하는 과도정부의 대응을 보도하고 있다.

같은 날 추인봉 외무부 일본과장은 "이 문제는 우리 국토에 관한 만큼 중대한 문제다. 독도에 관한 역사적 고찰과 현지조사를 하여 맥아더 사령부에 보고하고 우리국토라는 것을 세계에 선포하여야 한다."[228]고 발표함으로써 일본의 독도영유권 주장에 대한 강력한 대응에 나서는 한편 공식적으로 독도조사에 나설 것임을 천명하고 있다. 나아가 독도영유권을 입증할 수 있는 자료를 연합군 맥아더 사령부에 보고하여 전 세계로부터 독도가 한국령임을 인정받고자 했다. 이러한 독도에 대한 정부의 기본적인 입장은 당시로부터 75년이 흐른 지금까지 변함없이 지속되고 있다.

이 보도기사를 검토해보았을 때, 결국 조선산악회 울릉도 · 독도 학술조사단의 파견 10여 일을 앞두고 일본의 독도도발에 대한 과도정부의 강력한 대응 필요성과 시급성이 대두하게 되었고, 전년도부터 이미 울릉도 · 독도 탐사를 준비 중이었던 조선산악회의 협조와 과도정부의 후원으로 전격적인 학술조사를 실시하게 된 것이라고 볼 수 있다.

2) 신문 기고문에 나타난 1947년 울릉도 · 독도 학술조사단의 활동

1947년 8월 조선산악회 울릉도 · 독도학술조사단이 현지 조사 활동과 관련해 신문 지상에 발표한 '기고문'은 현재까지 24건이 확인되고 있다. 당시 학술

---

227 「독도문제 중대화」, 『동아일보』, 1947.08.03.
228 「우리의 국토 추 일본과장 담」, 『동아일보』, 1947.08.03.

조사단에 함께 참여했던 전문가들이 학술조사 보고문 형식으로 기고한 기사들이 많이 실려 있음을 알 수 있다. 관련 기사를 보도한 신문으로는 『남선경제신문』, 『대구시보』, 『서울신문』, 『수산경제신문』, 『자유신문』, 『조선일보』, 『한성일보』 그리고 경성대학 교내신문인 『경성예과신문』 등 총 8종에 이른다. 신문에 게재된 전체 기고문을 날짜순으로 정리해보면 다음과 같다.

〈표 7〉 1947년 울릉도 · 독도 학술조사단 활동 관련 신문 기고문

순번	기고자	기사 제목	신문명	날짜
1	조선산악회 학술조사대	동해 신비경인 독도의 생태에 황홀	자유신문	1947.08.24
2	편집부	독도는 이런 곳①	남선경제신문	1947.08.27
3	편집부	독도는 이런 곳②	남선경제신문	1947.08.28
4	권상규	동해의 고도, 울릉도기행(1)	대구시보	1947.08.27
5	권상규	울릉도기행(2)	대구시보	1947.08.29
6	송석하	수력발전도 가능	자유신문	1947.09.01
7	편집부	독도 가제에 대하여(해독불가)	자유신문	1947.09.01
8	석주명	울릉도의 연혁(해독불가)	서울신문	1947.09.02
9	특파원	절해의 울릉도: 학술조사대 답사(1)	조선일보	1947.09.04
10	김원용	울릉도의 여인	서울신문	1947.09.06
11	석주명	울릉도의 연혁(해독불가)	서울신문	1947.09.02
12	구동련	울릉도기행(1)	수산경제신문	1947.09.20
13	구동련	울릉도기행(2)	수산경제신문	1947.09.21
14	구동련	울릉도기행(3)	수산경제신문	1947.09.23
15	구동련	울릉도기행(4)	수산경제신문	1947.09.24
16	홍종인	울릉도 학술조사대 보고기(1)	한성일보	1947.09.21
17	홍종인	울릉도 학술조사대 보고기(2)	한성일보	1947.09.24
18	홍종인	울릉도 학술조사대 보고기(3)	한성일보	1947.09.25
19	홍종인	울릉도 학술조사대 보고기(4)	한성일보	1947.09.26

20	방종현	독도의 하루	경성대학 예과신문 13호	1947.09.28
21	윤병익	가제(於獨島)(1)	서울신문	1947.11.15
22	윤병익	가제(於獨島)(2)	서울신문	1947.11.18
23	홍종인	동해의 내 국토, 슬프다 유혈의 기록: 답사회고	조선일보	1948.06.17
24	홍종인	울릉도 보고전을 열면서	서울신문	1947.11.15

신문기고문은 내용 면에서 볼 때 답사의 결과보고 성격으로 볼 수 있다. 신문기고문에서는 주로 울릉도·독도의 지리와 풍광, 생태, 풍습, 답사 후 소감과 회고, 독도강치 등을 신비롭게 묘사하며 소개하고 있다. 이처럼 총 8종의 신문지면을 통한 24건의 기고문에는 처음 울릉도를 찾는 감회부터 울릉도 생활 풍습, 바다생물, 식물은 물론 차후 울릉도의 발전에 대한 제안까지 다양한 형식으로 된 조사 후기가 게재되어 있음을 알 수 있다.

『수산경제신문』에는 포항지국의 구동연이 '울릉도 기행'이란 주제로 울릉도의 풍광과 지리 생활습속 등을 4번으로 나누어 기고하였다. 그리고 『한성일보』에서는 '학술조사대 보고기'라는 주제로 홍종인의 글을 4번에 나누어 싣고 있다. 이 24건의 기고문 중에서 특히 홍종인의 '학술조사대 보고기'가 조사대의 파견 목적, 참가 인원, 임무, 각 팀별 편성 등 당시 상황을 소상히 파악할 수 있는 가장 중요한 정보를 제공하고 있다.

조사대의 부대장으로 참가했던 홍종인은 이 '보고기'에서 울릉도·독도 학술조사의 목적에 대해 다음과 같이 밝히고 있다.[229]

　　1947년의 하기(夏期) 사업으로 소백산맥 학술조사행사의 뒤를 이어 획기적인 규모로 울릉도 학술조사대를 파견하게 된 것은 울릉도가 동해의 고도(孤

229　홍종인, 「鬱陵島 學術調査隊 報告記(1)」, 『한성일보』, 1947. 9. 21.(강조 필자)

島)로 그 실정이 소개된 바가 전부터 거의 없었을 뿐만 아니라 왜적(倭敵)과의 전쟁 중 십 수년 간은 군사 요충지로서 본토와의 일반적 왕래가 매우 어려운 관계에 있었기 때문에 더욱 그 실정을 알 수 없었다. 지도상으로 뿐만 아니라 국민적 관심에서도 언제까지나 절해의 고도로 버려둘 수 없다는 점에 착안하였던 것이 그 주된 이유였다. 그리하여 **작년 가을부터 의도한 것**이 이제 실현을 보았던 것이다. 그리고 울릉도에서 동남향으로 해상 48해리에 있는 무인도로 그 귀한이 문제 되리라고 전해지는 독도행은 실행 전까지는 외부 발표를 시종 보류하고 있었으나, 이는 우리가 **당초부터 계획해온 기습적인 여정**이었던 것이다.

홍종인은 이 '보고기'에서 울릉도 · 독도 학술조사 계획이 **'작년 가을', 즉 1946년 가을부터 이미 계획을 준비**하고 있었고, '독도조사'는 철저히 비밀에 붙여져 있다가 울릉도에 도착하자마자 곧바로 실행에 옮긴 **'기습적인 여정'**이었다고 보고하고 있다. 과도정부가 일본의 독도도발에 대응하기 위해 1947년 중반부터 독도조사를 계획한 것이라면, 조선산악회의 독도조사 계획은 그보다 약 1년 가까이 더 빨리 계획한 것으로 볼 수 있다.

그렇지만 비록 조선산악회가 학술조사를 주최 · 주관하였지만, 계획을 실행에 옮기는 데에는 과도정부의 물심양면의 전폭적인 지원이 있었기에 가능한 일이었다.[230] 과도정부의 적극적인 후원이 없었더라면 소기의 성과를 거둘 수 없었을 것이다. 결과적으로 이런 선각자들의 노력은 향후 우리나라의 독도영유권 공고화에 크게 기여하였다.[231]

4회에 걸쳐 『한성일보』에 게재한 '울릉도학술조사대 보고기'에서 홍종인

---

230 실제로 1947년 5월, 조선산악회에서 위원들에게 보낸 통지문에도 "울릉도학술조사대 파견(시기 · 방법)"이 당면사업 안건으로 제안되어 있음을 알 수 있다. 조선산악회, 「위원 피선 및 제22회 위원회 소집 통지의 건」, 1947. 5. 12 참조.
231 송호열, 「1947년 독도 학술조사에 대한 지리적 고찰」, 『한국사진지리학회지』 25권 3호, 2015, 48쪽.

은 이번 학술조사에 참가한 조사대원들의 조직편성과 인적 구성에 대해 소개하고 있는데 구체적인 조직편성과 인원, 임무, 참가자 명단 등을 아래 표에서 확인해 볼 수 있다.[232]

〈표 8〉 1947년 조선산악회 울릉도·독도 학술조사단의 편성

구분		인원	임무	비고
조선산악회	본부	15명	대장, 지휘, 총무, 식량, 장비, 수송	
	사회과학 A반	10명	역사, 지리, 사회, 경제, 고고, 민속, 언어	
	사회과학 B반	11명	생활실태조사	본부원 겸무
	동물학반	6명	동물	
	식물학반	9명	식물	
	농림학반	4명	임상, 농경, 목축, 하천 조사	
	지질광물반	2명	지질, 광물	
	의학반	8명	보건질병상황 연구조사, 구호, 의료	
	보도·영화반	8명	사진, 신문보도, 영화제작	
	전기통신반	2명	무선 통신	
	소계	63명		
과도정부	독도조사단	4명	정부 부처 공무원(외무처 일본과장, 문교부 편수관, 수산국 기술사, 국사관장)	
	경북도청직원	2명	관할지역(경북) 공무원	
	제5관구직원	11명	관할지역(경북) 경찰직원	
	소계	17명		
	총원	80명		

조사대의 편성을 보면 모두 10개 조사반으로 구성되었음을 알 수 있다. 이 중 조선산악회에서 파견한 관련 전문가들이 63명이며, 과도정부에서 파견한

---

232 홍종인, 「울릉도 학술조사대 보고기(1)」, 앞의 글, 81~82쪽 참조.

공무원들은 중앙정부공무원과 경북도청공무원, 제5관구 경찰공무원 등 모두 17명으로 확인된다. 민·관으로 구성된 조사단의 총 인원은 80명으로 확인되고 있다.

다음으로 조선산악회에서 파견한 10개 조사반에 편성된 전문가들과 중앙정부에서 파견한 공무원, 지방공무원들의 현재까지 파악된 명단을 소개하면 다음과 같다.

〈표 9〉 1947년 조선산악회 울릉도·독도 학술조사단의 인적 구성

구분		인원	성명	비고
조선산악회	본부	15명	송석하(대장), 홍종인(부대장), 도봉섭(부대장)김정태, 김정호, 김홍래, 남행수, 현기창, 주형렬, 정인호, 전탁, 신업재, 이문업, 김재문, 지원홍	
	사회과학 A반	10명	방종현, 김원룡, 김용경, 이원우, 유하준, 정홍헌, 이정호, 손계술, 임창순 등	
	사회과학 B반	11명	홍종인(부대장), 정건우, 정병채, 장수환 등	홍종인 부대장겸무
	동물학반	6명	석주명, 윤익병, 임문규, 송상헌, 유진해, 이희태	
	식물학반	9명	도봉섭(부대장), 심학진, 최기철, 이우로, 유경수, 정영호, 홍성언, 이규완 등	도봉섭 부대장 겸무
	농림학반	4명	김종수, 이창복, 노희원, 유시승	
	지질광물반	2명	옥승식, 주수달	
	의학반	8명	조중삼, 전언기, 이정주, 김홍기, 전영호, 석주일, 박용덕, 채숙	
	보도·영화반	8명	현일영, 임주식, 박종대, 최계복, 김득조, 고희성	
	전기통신반	2명	신언모, 최창근	
	소계	63명		

과도정부	독도조사단	4명	추인봉(외무처 일본과장), 이봉수(문교부 편수관), 한기준(수산국 기술사), 신석호 (국사관장)	
	경북도청직원	2명	권○○(지방과장) 외 직원 1명	
	제5관구직원	11명	성명미상	
	소계	17명		
	총원	80명		

3) 잡지 기사에 나타난 1947년 울릉도·독도 학술조사단의 활동 내용

1947년 조선산악회 울릉도·독도 학술조사 관련 자료에서 신문지상이 아닌 잡지에 발표된 글은 아래의 표에서와 같이 현재까지 4편이 확인되었다.

〈표 10〉 1947년 울릉도·독도 학술조사단 활동 관련 잡지 기사

순번	기고자	기사 제목	잡지명	날짜
1	홍구표	무인도도 답사를 마치고(기행)	『건국공론』 제3권 제5호	1947.11
2	송석하	고색창연한 역사적 유적 울릉도를 찾아서	『국제보도』	1947.12
3	석주명	울릉도의 인문(해독불가)	『신천지』 제3권 제2호	1948.2
4	신석호	독도소속에 대하여	『사해』 제1권 제1호	1948.12

잡지에 발표된 글로는 먼저 홍구표의 「무인도도 답사를 마치고(기행)」이 1947년 발간된 『건국공론』 11월호에 실려 있다. 내용은 18일 본토에서 출발하여 21일 포항항을 출발할 때까지의 울릉도 독도 답사에 관한 것으로 울릉도로 가는 동해상에서의 풍광과 동해상에 위치한 무인도인 독도의 위치와 동식물에 대한 것, 그리고 울릉도 독도의 모습과 생활상들을 필자의 감성을 섞어

자세히 밝히고 있다.

　두 번째 글은 학술조사대장인 송석하의 「고색창연한 역사적 유적 울릉도를 찾아서」가 『국제보도』 1947년 12월호에 소개되어 있다. 이 글은 제목 그대로 울릉도의 과거 역사와 현재 모습을 소개하고 있는데, 울릉도의 풍광과 오징어 손질하는 여인네들의 모습, 오징어 말리는 모습을 사진으로 소개하고 있다. 또한 울릉도의 역사와 지형, 오징어 어업 등을 소개하고 있다.

　세 번째 글은 석주명이 1948년 2월 『신천지』에 「울릉도의 인문」이라는 제목으로 발표한 글인데 아쉽게도 망실된 글자가 많아서 판독이 어렵다.

　네 번째 글은 신석호의 「독도소속에 대하여」라는 논문으로 1948년 11월에 발간된 『사해』 1호에 실려 있다. 내용은 '독도의 지세와 산물', '독도의 명칭', '삼봉도와 독도', '울릉도 소속문제', '독도 – 울릉도 개척과 독도', '일본의 독도 강탈', '**일본 영유** 이후의 독도' 순으로 목차를 구성하여 독도가 한국의 영토임을 밝히고 있다.

　잡지에 발표한 글들은 대체로 울릉도 · 독도의 역사에 대해 언급하고 있다. 홍구표, 송석하, 석주명의 글은 울릉도 · 독도 조사에 참가한 후 기행문, 감상문의 수준에서 조사후기를 작성한 것으로 보인다. 특히 독도와 관련해서는 짧은 조사 시간으로 인해 충분한 지식과 정보를 얻기 어려워서 그런지 깊이 있는 논의는 이루어지고 있지 않다. 주로 신비로운 울릉도 · 독도의 자연경관을 경탄하거나 육지생활과 동떨어진 울릉도 사람들의 생업모습과 낯선 풍습을 기술하고 있는 정도이다.

　다만 신석호가 『사해(史海)』 1948년 12월호에 발표한 「독도소속에 대하여」는 울릉도 · 독도가 한국의 영토인 이유를 역사적 근거와 자료를 토대로 논증하고자 시도했다는 점에서 선구적인 연구로 볼 수 있다.

4) 조선산악회 문서에 나타난 1947년 울릉도 · 독도 학술조사단의 활동

1947년 울릉도 · 독도 학술조사 활동을 기획하고 주최한 기관인 〈조선산악회〉에서 발행한 관련 문서는 상대적으로 많지 않다.[233] 앞에서 언급한 홍종인이 쓴 '학술조사대 보고기'에서도 보았듯이 〈조선산악회〉가 울릉도 · 독도 학술조사를 계획한 것은 이미 1946년 가을경이었다. 아래에 소개하고 있는 문서는 1947년 5월과 7월에 작성된 것으로, 1947년 8월 학술조사 이전에 미리 조사계획을 수립하고 그와 관련한 준비를 하고 있었음을 확인할 수 있다.

〈표 11〉 1947년 울릉도 · 독도 학술조사대 활동 관련 조선산악회 문서

순번	작성자	제목	날짜
1	조선산악회	위원 피선 및 제22회 위원회 소집 통지의 건	1947.5.12
2	조선산악회	해안경비대 공문	1947.7.30
3	조선산악회	1947년 8월 울릉도학술조사	1947.8
4	조선산악회	1947년도 조선산악회 사업개황(보고)	1947

조선산악회에서 작성한 문서들은 학술조사단 파견 계획과 관련된 구체적 내용을 담고 있는 중요한 문서들이다. 문서 4건의 내용을 살펴보면 다음과 같다.

첫 번째 문서는 「1947년도 조선산악회 사업 개황(보고)」는 조선산악회의 연간 사업 성과를 보고한 문서이다, 조선산악회가 월별로 수행한 사업들을 보고하고 있는데, 여기에는 울릉도 · 독도 조사 활동 전후 계획과 결과 보고,

---

233 최근에 발표된 홍성근의 논문(2022)에서 추가로 발견된 관련 자료들을 소개하고 있으나, 논문 작성 중 뒤늦게 확인한 관계로 본 논문에 반영하지 못한 점은 아쉬움으로 남는다. 향후 연구에서 선행연구성과를 반영하게 되면 조선산악회 문서는 더욱 많아질 것이다. 홍성근, 「1947년 조선산악회의 울릉도학술조사대 파견 경위와 과도정부의 역할」, 『영토해양연구』 23, 2022 참조.

전람회 일정 등이 상세히 제시되어 있다. 울릉도·독도 학술조사 후 귀환 보고 강연회 및 전시회를 개최하였는데 9월 10일 국립과학박물관 강연회, 11월 10~19일 동화백화점 보고전람회를 개최하였다. 전람회에는 사진과 표본, 특산품 등을 전시하였는데 입장 인원을 2만 명으로 보고하고 있다. 부산전람회 (11월30일~12월4일), 대구전람회(12월6일~12월10일)까지 관람 인원을 합하면 족히 5만 명 이상이 되었을 것으로 추산할 수 있다. 신문·잡지를 통해서도 전국민이 독도에 대한 인식을 가질 수 있었지만, 많은 인원이 전시회를 통해서도 독도에 대한 인식을 가질 수 있게 됨으로써, 독도의 존재와 위치, 중요성에 대해 많은 국민들에게 파급되는 계기가 되었다.

두 번째, 「위원 피선 및 제22회 위원회 소집 통지의 건」(1947.5.12)에는 산악회 정기총회에서 선거 결과 선출된 각 위원들에게 당선통지와 소집통지를 알리는 문서이다. 학술조사단 파견 약 3개월을 앞둔 시점에서 소집된 위원회의 안건에서 몇 가지 안건이 상정되어 있는데, 그 중 당면사업의 건에서 '울릉도학술조사대 파견(시기·방법)'이 첫 번째 안건으로 다루어지고 있음을 볼 때, 조사단 파견을 가장 우선적인 당면사업으로 추진하고 있음을 알 수 있다. 또한 소백산맥 학술조사대 파견 등 기존에 실시해 오고 있던 국토구명사업의 일환으로 울릉도학술조사대 파견을 계획하고 있었음을 알 수 있다.

세 번째, 「조선산악회→해안경비대 공문」(1947.7.30)은 조선산악회 회장 송석하가 울릉도·독도 학술조사 사업을 위해서 해안경비대사령관에게 학술조사단 수송을 위한 함정 지원을 요청한 공문서이다. 조사단 파견 15일 전에 작성한 문서로 울릉도·독도 조사를 위한 준비가 상당히 진행된 상태로 보인다. 통위부 해안경비대 총사령관에게 보낸 문서로 조사단 수송을 위한 군함 파견 협조요청 문서이다. 조사단은 해안경비대 함정인 '대전환(大田丸)'을 지원받아서 포항에서 울릉도·독도를 왕복하였다. 이 사실은 조선산악회 울릉도·독도 조사가 정부의 지원을 받아 진행된 조사였음을 확인시켜주는 것이다.

네 번째, 「1947년 8월 울릉도학술조사」(1947.8)는 1947년 울릉도·독도 학술조사가 문교부의 후원으로 조선산악회 주최로 추진되었음을 보여주는 문서이다. 학술조사 출발 이전에 작성된 문서로 실제 내용은 「1947년 8월 울릉도·독도 학술조사를 위한 계획서」이다. 문서 자체에는 독도에 대한 언급이 없지만, 8월 22일~23일 자유탐사 계획이 독도탐사를 위해 설정된 기간이었을 것이다. 실제 독도조사는 울릉도 도착 직후 8월 20일 실시한 것으로 볼 때 독도조사가 가장 중요한 임무였다고 볼 수 있다.

계획표에는 학술조사의 취지와 조사단 전체 일정표, 조사반의 편성과 역할을 제시해놓았다. 또한 도민위문행사를 계획하여 영화상영과 강연회 개최, 위문품 전달, 울릉도민 대상 의료진료 등을 실시키로 하였으며, 마지막으로 전국 순회 보고와 발표를 하기로 계획을 잡아놓았다.

이상 4건의 조선산악회 문서들을 보면 과도정부의 조사단 파견 요청 약 1년 전부터 이미 조선산악회에서는 국토구명사업의 일환으로 조사계획을 수립하고, 조사단 파견을 준비하고 있었던 것으로 보인다. 그러던 중 일본의 독도 도발이 심각한 상황으로 이어지자 과도정부의 요청에 의해 협동으로 울릉도·독도 학술조사단을 파견하게 되었음을 알 수 있다. 또한 조사단이 귀환 후 벌인 울릉도·독도 관련 각종 보고회와 전시회를 통해 수만 명의 국민이 독도에 대한 정보를 알게 되었고, 이는 향후 국민이 한국령 독도에 대한 인식을 확고히 하는데 큰 기여를 하게 되었다.

4. 1947년 울릉도·독도학술조사단 활동의 의의

1947년 8월 16일~28일 13일간의 울릉도·독도 학술조사를 마치고 돌아온 조사단의 활동 결과는 신문과 잡지 등 대중매체를 통해 국민에게 알려졌다.

지금까지 이 논문에서 소개한 1947년 울릉도·독도 학술조사 관련 자료들을 검토해보면, 울릉도·독도 학술조사 실시 전후 국내 신문·잡지 등을 통해 학술조사단의 출발 소식과 함께 울릉도·독도의 인문·자연·지리·사람 등을 소개한 자료들이 주종을 이룬다.

조사단 관련 신문 보도기사와 신문 기고문을 합쳐 현재까지 파악된 신문 기사 건수는 총 47건에 이르며, 1947년 8월 조선산악회 울릉도·독도 학술조사단이 본격적으로 조사 활동을 시작한 직후부터 집중적으로 보도하고 있음을 알 수 있다.[234] 이들 신문 기사 자료를 보면(2021년 12월 31일 현재)『대구시보』11건,『서울신문』9건,『한성일보』5건,『동아일보』4건,『자유신문』4건,『수산경제신문』4건,『공업신문』3건,『조선일보』3건,『남선경제신문』2건,『동광신문』1건,『경성대학 예과 신문』에서 1건씩 확인된다.

이 중 '신문보도 기사' 내용을 보면 학술조사대의 출발 소식, 울릉도 현지 활동 보도와 학술조사대의 결과물인 '귀환보고 강연회' 그리고 '울릉도 보고전'에 대한 소식을 전하고 있음을 알 수 있다. '신문 기고문'에서는 주로 울릉도·독도의 지리와 풍광, 생태, 풍습, 답사 후 소감과 회고, 독도강치 등을 신비롭게 묘사하며 소개하고 있다. 처음 울릉도를 찾는 감회부터 울릉도 생활 풍습, 바다생물, 식물은 물론 차후 울릉도의 발전에 대한 제안까지 다양한 형식으로 된 조사 후기가 게재되어 있다.

특히 울릉도가 속해 있는 경북지역인 대구에서 발행된『대구시보』의 1947년 6월 20일자 기사 외 10건에서는 조사단 파견, 독도탐사, 전시회 관련 보도와 함께 울릉도 독도의 사진을 싣고 있다. 이 중 독도 사진은 광복 후 언론 매체를 통해 소개된 최초의 독도 사진으로 중요한 자료적 가치를 가지고 있다.

---

234 지금까지 소개된 자료는 2021.12.31 현재까지 1947년 울릉도·독도학술조사단 활동 관련 조사된 자료이다. 향후 지속적인 관련 자료의 조사·발굴을 통해 자료들을 추가·보완해나가야 할 것이다.

이 밖에도 잡지에 소개된 '울릉도·독도 학술조사단'의 조사 결과는 해당 분야 전문가들의 조사보고 기사와 논문으로 작성되어 『신천지』, 『건국공론』, 『국제보도』, 『사해』에 각각 수록되어 있다. 특히 조선산악회에서 작성한 문서 4건에는 전년도인 1946년 가을부터 이미 울릉도·독도 학술조사를 위해 조직적이고 체계적으로 준비한 과정이 잘 나타나 있음을 확인할 수 있다.

1947년 조선산악회와 과도정부가 함께 실시한 울릉도·독도 학술조사는 해방 후 한국(과도)정부의 영토주권 수호를 위한 확고한 의지 표명이었다. 또한 1947년 학술조사는 한국(과도)정부의 행정적, 실질적 독도 관리 시작을 알리는 첫 출발점이었다는 점에서 이어지는 1953년~1956년 독도의용수비대 활동과 함께 현대 독도수호사의 상징적 의미를 가지고 있다고 하겠다.

지금까지 살펴본 해방 후 독도에 대한 실효적 지배의 시발점이 된 1947년 조선산악회의 울릉도·독도 학술조사 활동의 의의를 다음과 같이 정리해 볼 수 있다.

첫째, 1947년 울릉도·독도학술조사는 이후 대한민국 국민과 정부의 독도 인식·정책과 관련해 중요한 이정표가 되었다. 과도정부와 조선산악회 독도 조사의 결과는 1948년 한국정부 수립이후 한국의 독도인식과 여론형성, 독도 정책수립의 시금석이 되었다고 할 수 있다. 1947년 학술조사를 계기로 독도 문제의 중요성과 분쟁가능성, 한국영유권의 역사, 증거문헌, 일본 침략의 구체적 실상 등을 명확히 인식할 수 있게 되었고, 이에 대해 적극적으로 대처해야 한다는 전 국민적 공감대를 형성하게 되었다.[235]

둘째, 1947년 학술조사단이 펼친 활동 중 특히 중요한 의의를 가진 활동은 이들이 독도가 한국령임을 확인하는 표목을 설치했다는 것이다. 독도 표목설치는 한국의 독도영유를 확고히 하는 동시에 독도에 대한 실효적 지배의 근거

---

235 정병준, 『독도 1947』, 153쪽.

를 확고히 세운 것이라고 볼 수 있다.[236]

셋째, 1947년 울릉도·독도 학술조사는 해방 후 과도정부와 한국민이 독도 주권수호의 중요성을 인식하고 그에 대한 국민적 자각과 의지를 형성하였고, 또한 독도수호를 위한 적극적 준비와 대처를 보여준 획기적 조사였다는 점에서 그 의의를 찾을 수 있다.[237]

넷째, 1947년 울릉도·독도 학술조사대의 조사활동은 과도기적 시기에 펼쳐진 민관 합동 관할권 행사의 "사실"이며, 이는 대한민국 영토를 지키는 국제법적·국내법적 해석과 적용의 사례라고 할 수 있다. 따라서 향후 일본에 관한 외교적 협상에서 기초 근거로 활용될 수 있게 되었다는 점에서 또한 중요한 의의를 가질 수 있다.[238]

이상과 같이 해방 후 1947년 울릉도·독도 학술조사는 독도현대사의 시작과 함께 독도에 대한 한국의 실질적 관리의 서막을 연 획기적 학술조사활동이었다고 그 의의를 평가할 수 있다.

---

236 정병준, 앞의 책, 138쪽.
237 박현진, 앞의 논문, 82쪽.
238 유하영, 앞의 논문, 87쪽.

제7장

1948년 독도폭격사건과 독도영토주권

1. 문제의 제기

독도폭격사건은 1948년 6월 8일과 1952년 9월 15일에 있었던 독도에 대한 미군의 폭격사건을 지칭한다. 특히 1948년 폭격사건은 많은 인명과 재산손실을 초래한 사건으로 전 국민의 슬픔과 공분을 자아낸 사건이었다. 이 사건은 아직까지 그 진상이 명백히 규명되지 않은 부분이 많을 뿐 아니라 피해자들에 대한 보상도 제대로 이루어지지 않았다. 1952년 폭격사건은 때마침 한국산악회가 제2차 울릉도·독도 학술조사단을 파견했는데, 미군기의 독도 폭격으로 인해 독도에 상륙하지 못하고 중도에서 포기해야만 했다. 다행히 인명피해는 없었지만 대규모 독도조사를 실시하려던 관련전문가들의 입도 시도를 저지한 충격적 사건이었다. 1952년의 2차 폭격사건의 경우 어느 정도 사건 규명에 대한 연구가 이루어졌다. 그러나 1948년 1차 폭격사건의 경우 사건 규명을 위한 몇 편의 선행 연구가 있었지만 여전히 의문과 의혹이 해소되지 않고 있다.

과연 독도폭격사건의 진실은 무엇인가? 폭격이 일어났던 당시 한국정부, 즉 남조선 과도정부와 이승만 정부는 이 사건의 성격을 어떻게 인식하고 있었으며, 또한 이 사건에 대해 어떻게 대응했는가? 이 사건을 초래한 배후가 있었는가? 그렇다면 과연 그 배후는 어떤 세력인가? 독도를 폭격한 공격자와 피해자에 대한 의문은 많이 밝혀졌으나, 독도폭격사건의 배경에 대한 의혹은 여전히 줄어들지 않고 있다.

현재까지 1948년 독도폭격사건의 진실을 밝히기 위한 중요한 연구 성과들이 있었다. 이 연구들은 주로 독도폭격사건의 경과와 진상을 규명하면서 독도영유권과 관련해 이 사건이 가지는 의미를 제시하는데 주안점을 둔 것이었다. 독도폭격사건과 관련한 최근의 연구 중에서 특히 홍성근[239]과 정병준[240]의 연구는 독도폭격사건의 진상을 규명하는데 중요한 기여를 한 것으로 평가할 수 있다. 이들의 연구는 사건의 배경이나 원인을 일본과의 관계 속에서 밝히려는 시도였다.

또한 로브모(M.S. Lovmo)[241]의 연구는 1948년 독도폭격사건의 몇 가지 의혹들, 즉 조업선박에 대한 폭격 여부, 기총소사와 실제 폭탄사용 여부 등의 미해결 쟁점을 해명하고 사건의 실체를 밝히는데 중요한 기여를 한 것으로 평가받고 있다.

반면에 김태우[242]의 연구는 이 사건의 근본원인을 1947~1948년 미국의 극동지역 군사정책의 변화에서 찾고자 하였다. 즉 1948년 독도폭격사건은 당시 미국이 극동지역 대소봉쇄정책의 일환으로 독도를 폭격연습장으로 활용하면서 발생한 사건으로, 이는 미국의 냉전정책에 따른 불가피한 희생임을 강조한 것으로 보고 있다. 이것은 독도폭격사건에 대한 기존의 연구와는 또 다

---

239 홍성근, 「독도폭격사건의 국제법적 쟁점 분석」, 『독도 연구총서』 10, 독도연구보전협회, 2003, 377-417쪽; 「평화선 선언과 독도 폭격 연습지 지정에 대한 법·정책적 이해」, 『독도연구』 18호, 영남대 독도연구소, 2015.6, 167-192쪽; 홍성근, 「1948년 독도폭격사건의 인명 및 선박 피해 현황」, 『영토해양연구』 19, 2020.6, 40-80쪽.

240 정병준, 『독도 1947: 전후 독도문제와 한·미·일 관계』, 돌베개, 2010.(이하 『독도1947』로 표기)

241 Lovmo, M. S., "Further Investigation into The June 8, 1948 Bombing of Tokdo Island", International Journal of Korean Histoy, vol.4, Aug. 2003, 261-278쪽.

242 김태우, 「1948년 미 공군에 의한 독도 폭격의 전개양상과 군사정책적 배경」, 『동북아역사논총』 32호, 동북아역사재단, 2011.6, 375-411쪽.

른 시각을 제시한 것이라 할 수 있다.

이 장에서는 기존의 홍성근, 정병준, 로브모, 김태우 연구의 연장선상에서 1948년 독도폭격사건의 경과를 재구성해보고, 이 사건이 일어난 배경을 검토해보고자 한다. 아울러 이 사건에 대한 당시 한국(과도)정부의 인식과 대응에 대해서도 함께 살펴보고자 한다. 1952년 독도폭격사건이 발생한 배경에 대한 의혹은 상당히 밝혀졌지만, 1948년 독도폭격사건의 발생 배경에 대한 의혹은 아직까지 충분히 규명되지 못했다. 따라서 이 장에서는 1948년 1차 폭격사건이 발생한 배경에 대한 의혹과 배후를 규명하는데 주안점을 두고자 한다.

2. 1948년 독도폭격사건의 경과

1) 1948년 독도폭격사건의 발생과 피해상황

"독도에 폭탄이 떨어지고 기관총이 난사 되자, 괭이갈매기의 울음소리와 함께 독도의 바다는 온통 붉은빛으로 물들었다. 생업을 위해 강원도와 울릉도에서 온 어선들이 갑작스런 폭탄세례에 바다는 마치 태풍을 만난 듯 동요하고 어부들은 죽어갔다. 이것은 소설이 아니다. 1948년 6월8일 화요일 정오께 독도에서 벌어진 거짓말 같은 사실이다. 당시 생존자들의 증언에 따르면 다른 어부들과 함께 30여 척의 배에 나눠 승선해 독도 근해에서 고기잡이와 미역을 채취하다 봉변을 당했다. 증언에 의하면 이 날에만 거의 150여 명 가까운 어부들이 폭격으로 사망한 것으로 추정되고 있지만 정확한 내용은 아직 밝혀지지 않고 있다. 폭격으로 대부분 어선은 침몰하고 3명의 생존자를 포함한 극소수만이 부서진 15t급 목선을 타고 표류하다 저녁이 돼서야 동해상에서 구조됐다."[243]

---

243 『대구일보』, 「1948년 미공군 폭격연습 표적 "어민 150여명 무고한 희생"」, 2015.02.

위 이야기는 2015년『대구일보』에서 다룬 기사내용이다. 70여년 전 이야기이지만, 이 기사에서도 여전히 그날 발생한 사건 상황에 대해서 많은 의혹을 제기하고 있다. 특히 사건 당일 폭격으로 인해 발생한 사상자 수가 아직까지 정확히 밝혀지고 있지 않다는 점이다.

당시 신문 자료를 살펴보면 피해상황을 다음과 같이 보도하고 있다.

폭격사건을 처음 보도한『조선일보』는 "6월 8일 오전 11시 반경 국적불명의 비행기가 독도에 폭탄을 투하하고 기총소사를 가해 울릉도·강원도 어선 20여척이 파괴되고, 어부 16명이 즉사하고, 10명이 중상을 입었다."[244]고 보도했다.

『동아일보』는 "독도에서 어선이 폭격을 받아 20여 명이 사상한 사건이 일어났다. 미역을 채취 중이던 어선 15척이 작업 하던 중 상공에 나타난 비행기로부터 폭탄과 기관총 공격을 받아 11척이 침몰하고 사망 9명, 실종 5명, 중상 2명, 경상 8명이라는 큰 희생을 냈다"[245]고 보도하고 있다.

같은 날『경향신문』은 "정체 모를 비행기 울릉도 어선 폭격"이란 제목으로 "15척의 어선에 45명의 어부가 독도 근해에서 미역을 채취하던 중 정체 모를 비행기 아홉 대가 날아들어 폭탄과 기관총 사격을 받았으며, 9일 구호선을 출동시켜 구호작업을 하는 중"[246]이라고 전하고 있다. 신문보도 외에도 그날의 참상은 잡지를 통해 보다 상세히 알려졌다.[247]

06.
244 『조선일보』, 「국적불명의 비기(飛機)가 투탄 기총소사, 독도서 어선파괴, 16명이 즉사」, 1948.6.11.
245 『동아일보』, 「소속불명의 비기(飛機) 어선을 폭격 소사(掃射)」, 1948.06.12.
246 『경향신문』, 「정체모를 비행기 울릉도어선 폭격」, 1948.06.12.
247 조춘정, 「독도폭격사건의 진상」, 『민성』 8월호; 한규호, 「참극의 독도(현지레포-트)」, 『신천지』 7월호(통권27호).

國籍不明의

飛機가投彈機銃掃射

獨島서漁船破壞·16名이即死

【鬱陵島에서本社特派員尹鼓鍾特電】八일 오전一一시반경 울릉도동방 三九해리 [illegible] 울릉도와강원도의 [illegible] 獨島(獨島)에 국적불명의 [illegible] 기수대가 출현하야 폭탄을 투하한후 기관총소사까지 행하고사라졌는데 그곳의 [illegible] 十여척어선이파괴되고어부 十六명이즉사 十명이중상 되었다 이급보를받은울릉도당국에서는 조선二척이 [illegible] 현장에급행하였다

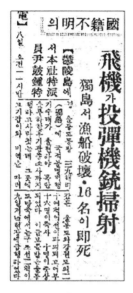

[그림 37]『조선일보』 1948.6.11자 관련기사

正體모를飛行機

鬱陵島漁船爆擊

【鬱陵島서 本社朴興燮記者特電】八일 오전열두시경 울릉도 부근 독도(獨島)에서 미역을 따고있던 어선十五척이 난데없는 비행기의 폭격을 받었다

이날 열다섯척의 어선은 四十五명의어부를실고 작업을하고있었는데 정체모를 비행기 아홉대가 날러드러 투탄과 기총사격을 감행하여 발동선등 十一척이 침몰하고 사망九명 행방불명五명 중상자二명 경상자八명을내었으며 손해는 약五백만원에 달한다고한다 급보를접한 경찰에서는 九일오후 [illegible] 구호선을 출동시켜 구호작업을 하는중인데 비행기는 모국비행기의 연습이 아니었던가하고 추측된다고 한다

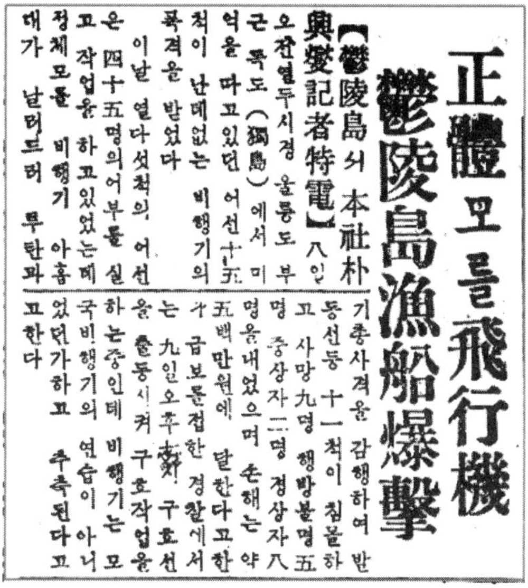

[그림 38]『경향신문』 1948.6.12자 관련기사

앞의『대구일보』 취재 기사에 따르면, 당시 생존한 3명의 어부는 김태홍(22), 최만일(33), 최춘삼(44)씨로, 이들은 "7일 독도에 도착해 미역을 따고 있었고, 이튿날 8일 오전 11시30분께 정체 모를 비행기 6대가 날아와 어선으로 10여 개 이상의 폭탄을 던졌다"고 전했다. 또 "폭탄이 터지면서 일어난 파도로 어선은 침몰 됐고, 당시 부근 해상에는 약 20~30척의 어선이 있었다." "결국 발동선 2척과 전마선 2척이 겨우 귀환했다."며 "같이 간 일행 중에는 행방불명된 자가 2명이며, 김동술(39)씨는 기관총의 탄환을 맞고 사망했다"고 당시 상황을 전했다. 당시 언론보도에 따르면 폭격으로 사망한 사람이 십 수명이라 보도됐지만, 생존자들의 증언에 의하면 30여 척의 배에 200여 명의 어부가 사망했을 것이라는 추측이 나오고 있다.[248]

국내의 언론매체들은 앞 다투어 당시의 참상을 소개하고 있음을 알 수 있다. 이 사건으로 인해 독도에 대한 우리 국민들의 관심은 크게 높아졌으며, 또한 독도가 우리의 영토라는 인식이 더욱 확고해진 계기가 되었다. 그러나 문제는 위의 신문보도기사에서 보듯이 당시의 상황들에 대한 파악이 정확하지가 않다는 점이다. 애초에 공습을 가한 국가와 비행기의 정체는 그 후 미국의 폭격기로 밝혀졌지만, 서둘러 피해조사와 보상을 마친 관계로 사건의 실체와 원인 규명, 피해규모, 사후 보상 등이 제대로 이루어지지 못하게 되었다. 따라서 세월이 갈수록 이 사건에 대한 의혹은 증폭되어 왔다.

다행히 2003년을 기점으로 이 사건의 실체를 규명하는 의미 있는 연구들이 이어져 사건의 의혹을 풀어주는데 상당부분 기여하였다.[249]

2) 진상조사와 어민피해 보상

많은 어민들이 희생당한 이 사건에 대해 1948년 6월15일 제헌국회는 제11차 본회의를 열고 독도 폭격사건을 의제로 다뤘다. 진상을 규명하자는 긴급동의안이 나왔기 때문이다. 결국, 외무국방위원회에 일임하자는 의견이 채택됐다. 이튿날 미군정 당국은 외무위원회 소속 장면 의원에게 "폭격사건에 대해 조사하고 있으며 만약 미군에 책임이 있으면 손해를 보상하는 등 모든 조치를 취하겠다"는 내용의 성명서를 보내왔다.

당시 미군정 정보당국은 폭격사건이 알려지고 나서 한국인들이 분노했으나, 16일 하지 중장이 성명을 발표하자 미국에 대한 비우호적인 여론이 사라졌다고 평가했다. 다음날 극동공군사령부는 우발적인 사고였다는 내용의 조사결과를 발표하고, 미군정은 조사결과 대신 29일 보상이 이뤄지고 있다는

---

248 『대구일보』, 2015.02.06자 기사 「1948년 미공군 폭격연습 표적 "어민 150여명 무고한 희생"」.
249 홍성근(2003/2015), 로브모(2003), 정병준(2010), 김태우(2011)의 앞의 논문 참조.

사실만 밝혔다.

뒤늦게 밝혀진 사실이지만, 당시 피해보상이 제대로 되지 않았던 것으로 나타나고 있다. 보상을 못 받은 사람이 대다수인데다 보상받은 사람들도 당시 돼지 한 마리 값 정도에 그쳐 보상금으로 위령제를 지냈다고 전해진다. 당시 언론에서는 정확한 진상 규명을 요구했지만, 별다른 조치 없이 사건은 이렇게 마무리됐다.

당시는 미군정 치하였기 때문에 한국인은 정부 차원의 항의를 할 수 없었다. 사건 조사와 수습도 미군이 맡았다. 그 결과 폭격을 한 B-29편대의 승무원들이 어선들을 보지 못해 저지른 실수라는 식으로 조사는 흐지부지 끝나버리고 말았다.[250]

1948년 1차 독도폭격사건의 진상은 2000년대 이후 학계를 중심으로 몇몇 연구자들에 의해 상당 부분 밝혀졌다. 앞서 언급한 홍성근, 정병준, 로브모, 김태우 등의 연구는 이 사건의 진상을 밝히는데 중요한 기여를 했다.

또한 앞선 연구들의 성과를 확인하고 보충하는 작업으로서 김웅학의 조사·연구 결과는 이 사건에 대한 보다 구체적이고 실증적인 자료들을 제시해주었다. 그는 2005년 12월 1일 출범한 「진실화해를 위한 과거사정리위원회」에서 독도폭격사건에 대한 공식적인 조사를 하였으며, 그 결과를 논문으로 발표하였다.[251] 유족의 신청으로 국가에서 공식 조사하게 된 이 사건은 민원신청인, 유족, 당시 울릉도에 근무하면서 이 사건을 조사했던 경찰관 등 관련 참고인의 구술 증언을 토대로 재구성한 것이다. 구술증언을 통해 독도폭격사건을 재구성한 것은 기존의 연구와는 다른 접근 방법을 시도한 것으로, 당시의 사건현장 상황을 보다 구체적이고 생생하게 재현설명해주는 장점을 가진다. 이 논문은 증

---

250 『대구일보』, 위의 기사.
251 김웅학, 「증언을 통해 본 1948년 독도폭격사건」, 『독도논총』 제6권 제1호, 2012.6, 65-116쪽.

언자들과의 대담을 통해 사건이전 상황, 폭격사실, 기총소사 사실, 피해사실, 폭격사실에 대한 증언과 군문서의 비교 등을 실증적으로 제시하고 있다.

〈표 12〉 1차 독도폭격사건 피해상황 언론사 및 정부발표 집계

구분		인명피해		재산피해			일자
		사망/실종자	부상자	침몰선박	파손선박	피해액	
언론 보도	조선일보	16명	중상 10명	20여척			1948.06.11
	동아일보	14명(9/5)	중상2/경상8	11척	4척		1948.06.12
	경향신문	14명(9/5)	중상2/경상8	11척	4척	500만원	1948.06.12
	민주일보	14명(3/11)	중상 3명	19척	4척		1948.06.13
	자유신문	9명	중경상 36명	11척		500만원	1948.06.12
	한겨레신문	150명		80척	2척		1999.10.11
	대구일보	200명		30척			2015.02.06
정부 보고	경상북도	14명	중경상자 6명	4척		94만원	1952.9.20

이 밖에도 월간 '신천지' 1948년 7월호에는 사망 16명(중상 3명), 침몰선박 23척으로, 1952년 울릉도·독도학술조사단은 사망자를 30명으로 집계했다. 특히 '푸른울릉·독도가꾸기모임'과 한국외국어대 독도문제연구회는 1995년 생존자 3명의 증언을 종합하여 150~320명의 사망자가 발생한 것으로 추산하기도 했다. 로브모는 그의 논문에서 사망자 최소 30명, 침몰선박 80여척으로 조사내용을 각각 발표하였다.

위의 표에서 보듯이 사건 당시 언론에 보도된 피해규모에는 큰 차이가 없었으나 2000년을 전후해서 피해자와 유가족을 상대로 한 조사에서는 피해규모가 10배 이상 큰 것으로 나타난다. 피해규모가 이렇게 큰 차이를 보여주는 이유는 무엇일까?

여러 가지 이유가 있겠지만 우리가 추정해 볼 수 있는 이유는 일단 다음과 같

은 몇 가지로 제시해볼 수 있을 것이다. 첫째, 단편적인 언론 보도와 몇몇 피해자의 진술 외에는 당시 사건현장을 재구성할 수 있는 자료가 현저히 부족하다는 사실이다. 둘째, 지리·교통적 여건으로 사건현장에 대한 보존이나 상황파악이 지체되었다는 점이다. 셋째, 따라서 제대로 된 피해상황 조사가 이루어지지 못했으며, 넷째, 미군정체제 하에서 사건의 실체를 파악하기 위한 과도정부의 신속한 조사나 대응이 부족하였다는 점이다. 다섯째, 특히 아쉬운 점은 피해 가족들의 실종 신고 등이 부족하여 정확한 피해 규모의 파악이 어려웠다는 점이다.

이상과 같이 여러 언론기관의 보도기사와 연구논문, 시민사회단체 조사내용 등을 종합해보면 현재까지 인명피해와 재산피해는 당시 미공군기의 폭격으로 인한 사망/실종자가 약 200명 내외, 침몰선박이 약 50척 내외일 것으로 추산된다. 피해규모의 많고 적음을 떠나 명확한 진상규명의 차원에서 민·관·학 3자로 구성된 진상조사가 필요하리라 본다.

3. 1948년 독도폭격사건의 발생배경

1) 독도폭격사건에 대한 미국의 태도

독도폭격사건으로 미군의 책임을 지탄하는 국내 여론이 비등해지자 주한미군정사령부도 6월 24일 주한미군사령부를 경유해 극동군사령관에게 독도폭격금지를 요청하는 공문을 보냈다. 군정장관 윌리엄 딘 소장 명의로 된 이 공한에서 "리앙쿠르암 인근이 한국어부들이 가용할 수 있는 최상의 어장에 속"하며 "이 해역이 울릉도와 인근 도서에 거주하는 1만 6,000명의 어부 및 그들 가족들의 주요 자원"이라고 지적했다.[252]

---

252 정병준, 『독도 1947: 전후 독도문제와 한.미.일 관계』, 돌베개, 2010. 192쪽(이하 『독

여기서 주목할 점은 딘 군정장관이 독도 동방 10해리 지점부터 동해안에 이르는 지역에 대한 폭격금지를 요청한 사실이다. 이는 단지 이 해역이 한국 어민들의 어로지역이기 때문만이 아니라 주한미군정의 관할구역이자 한국 영토임을 인지했기 때문이다. 미군정은 이 지역이 한국어부들의 어업구역이라며 구체적인 어획고를 제시하기까지 했다. 딘이 제시한 독도 동방 10해리 이서(以西) 지역은 연합군최고사령부지령(SCAPIN) 1033호(1946.6.22)「일본의 어업 및 포경업 허가구역에 관한 건」의 제3항, "일본의 선박 및 선원은 리앙쿠르암으로부터 13해리 이내에 접근해서는 안되며, 또한 이 섬과의 일체의 접촉은 허용되지 않는다"라는 지령, 즉 맥아더라인을 반영한 것으로 보인다. 맥아더라인은 일본 어부들의 출어경계선으로 선언되었을 뿐만 아니라, 미군정에 의해 한국 어부들의 어장이자 한국 해역으로 판단된 것이었다.[253]

독도폭격사건과 관련하여 주한미군정사령부나 극동군사령부, 극동공군사령부, 제5공군 등은 무고한 사망, 부상, 재산상의 손실에 대해 공식적으로 사과·사죄하지 않았다. 또 이 사건과 관련한 최종적인 조사결과도 발표되지 않았다. 극동공군은 "가장 불행한 유감스러운 사고"라고 발표했고, 하지는 "큰 충격을 받았"으며 "미군이 그 책임을 져야 한다는 것이 판명되면 그 책임은 도저히 피할 수 없을 것"이라는 성명서를 발표함으로써 사건을 일단락했다. 한국 언론들은 폭격기 조종사가 군법회의에 회부되었다는 등의 낙관적이고 주관적인 전망을 내놓았지만,[254] 후속조치는 없었다.[255]

독도폭격사건과 관련한 최종 조사결과보고서는 발표되지 않았다. 극동군

도 1947』로 표기.
253 『독도 1947』, 193-194쪽.
254 「근일발표, 猛爆한 비행사들 군법회의 회부?」, 《수산경제신문》(1948.7.8.);「민주독립당, 독도폭격사건 진상규명촉구」, 《조선일보》(1948. 7. 8). 정병준, 『독도 1947』, 194쪽 각주 30) 재인용
255 『독도 1947』, 194쪽.

사령부, 극동공군사령부, 제5공군, 주한미군정사령부 중 어느 쪽도 조사결과 보고서를 발표하지 않았다. 진상은 규명되지 않았고, 진심을 담은 사과도 없었다. 주한미군정은 최고책임자인 하지가 아닌 딘 군정장관이 배상이 완료되었다고 기자회견을 통해 밝히는 것으로 사건을 종결지었다.[256]

아래의 그림은 1·2차 독도 폭격사건을 일자별로 정리한 것이다.[257]

1947. 4	독도 폭격사건 발생 추정(48년 6월12일자 조선일보)
1948. 6. 8	미군 독도폭격 양민학살 사건
1950. 4. 25	한국정부, 미 제5공군 앞으로 폭격사건과 관련한 조회
1950. 5. 4	미국 회답, 독도와 그 근방에 출어가 금지되었다는 사실이 없었다는 것과 극동공군의 연습폭격의 목표로 되어 있지 않았다는 내용
1950. 6. 25	한국전쟁 발발
1951. 7. 6	연합국사령부, SCAPIN 제2160에 의해 독도를 폭격 연습지로 지정
1951. 6. 8	독도조난어민 위령제 개최(독도에 위령비 건립)
1952. 7. 26	미일합동위원회, 독도를 미군폭격연습지로 재지정
1952. 9. 15	미군 독도 폭격사건 발생(폭탄 4발 투하)
1952. 9. 22	미군 독도 폭격사건 발생(52년 9월22일자 조선일보 보도)
1952. 9. 24	미군 독도 폭격사건 발생 (울릉도 독도 학술조사단 독도입도 포기)
1952. 11. 10	한국정부, 미국대사관에 폭격사건 재발방지 공문 발송
1952. 12. 4	미국대사관 회답, 진상파악 곤란, 재발방지를 위한 신속한 조치 예정
1953. 1. 20	유엔군 총사령관, 독도폭격연습지 중단 조치 명령
1953. 3. 19	미일합동위원회, 독도를 미군폭격연습지에서 해제결정

[그림 39] 독도폭격사건 일지

---

256 『독도 1947』, 200쪽.
257 『대구일보』, 2015.02.06자 기사에서 인용

2) 독도폭격사건의 진상과 의문점

1948년 독도폭격사건은 여러 가지 의문점을 남겼다. 사건 자체와 관련해서는 폭격을 가한 비행기의 소속·대수, 폭격시각·고도, 기총소사 여부, 사망자·실종자 수, 파괴된 어선 수 등이 쟁점이며, 사건의 배경으로 가장 중요한 것은 언제, 왜, 어떻게 독도가 극동공군의 폭격연습장으로 지정되었는가 하는 점이었다.[258]

특히 중요한 의문은 '왜 한국 아닌 일본 어민·어선에 폭격연습을 사전 경고하도록 했나?'는 것이다. 연합군최고사령부지령(SCAPIN) 677호(1946.1.29)에 의해 독도는 일본정부의 정치상·행정상 권력행사가 정지되었고, 연합군최고사령부지령(SCAPIN) 1033호(1946.6.22) 맥아더라인 선포에 따라 일본의 선박과 선원은 독도로부터 13해리 이내에 접근이 금지되었을 뿐만 아니라 독도와의 일체 접촉이 불허되었다. 즉, 독도는 일본령에서 배제된 상태였고, 일본 어민·어선은 독도 인근 13해리 이내 접근이 금지된 상태였다. [그런데 한국 어선·어민이 아니라] 이미 접근이 금지된 상태였던 일본 어민·어선들에게 폭격연습 2주 전에 경고했다는 것은 불가사의한 일이다.[259]

그렇다면 왜 SCAPIN 1778호가 일본의 정치상·행정상 권리가 정지되고, 일본 선박·선원들이 13해리 이내 접근 혹은 접촉이 허용되지 않는 독도에 일본 어민들이 가지말아야 한다고 규정한 것인지에 대해서 여러 가지 가능성을 생각할 수 있다. 그 중 하나의 가능성으로 일본 외무성 등이 직간접적 방식의 공작력을 발휘했을 경우를 상정할 수 있다.[260]

이미 1947년 6월 일본 외무성은 「일본의 부속소도: 제IV부(태평양 소도서, 일본해 소도서)」라는 팸플릿을 만들어 독도는 물론 울릉도가 일본령이라는

---

258 『독도 1947』, 201쪽.
259 『독도 1947』, 232쪽.
260 『독도 1947』, 233쪽.

선전을 연합국에 대대적으로 한 바 있다. 이 팸플릿에서 일본 외무성은 "다즐레(Dagelt, 울릉도)에 대해서는 한국 명칭이 있지만, 리앙쿠르암(Liancourt Rocks, 독도)에 대해서는 한국명이 없으며, 한국에서 제작된 지도에서 나타나지 않는다는 점에 주목해야 한다"는 허위주장을 했다. 일본 외무성은 허위사실에 기초한 팸플릿을 통해 일본의 독도영유권을 주장했던 것이다. 즉 1947년 4월 일본 어부는 독도에 불법 상륙해 독도가 자신의 어구라며 한국 어부에게 총격을 가했고, 1947년 6월 일본 외무성은 독도가 일본령이라는 팸플릿을 만들어 연합국에 대대적인 홍보작업을 벌였다.[261]

일본이 1905년 독도를 자국령으로 불법 편입할 때의 가장 중요한 목적은 러일전쟁에서 러시아 함대를 감시하기 위한 군사망루의 설치였는데, 이런 맥락에서 일본정부가 주일미군으로 하여금 독도를 군사시설로 활용하게 함으로써 독도에 대한 일본의 영유권을 강화하고, 미군을 통해 증거문서를 확보하는 책략을 구사하지 않았는가 하는 의문에 도달한다. 왜냐하면 1948년의 독도폭격은 1947년의 독도폭격연습장 지정 때문이었는데, 같은 상황이 1951~1953년에도 반복되었기 때문이다. 1951년 일본 외무성과 일본 국회가 독도영유권을 주장하기 위해 벌인 공작은 1947년의 독도 폭격연습장 지정에 끼친 일본의 영향력 유무에 대한 실마리를 제공한다.[262]

대일평화조약 체결이 급물살을 타던 1951년 제10회 일본 중의원 외무위원회(1951. 2. 6)에서 야마모토 도시나가 의원은 "위도(緯度)관계 혹은 기타 조치에 의해 점령군정 밑에" 있는 하보마이, 시코탄, 다케시마에 대해서는 '특수한 수단'을 강구해야 하며, 종래의 도(道)·도(都)·부(府)·현(縣) 관할하에 있는 곳은 일본의 영토로 반환받기 위해 노력해야 하지 않겠느냐고 질문했다. 이에 대해 시마즈 히사나가 정무국장은 "종래부터 충분히 연구", "거듭하

261 『독도 1947』, 233-234쪽.
262 『독도 1947』, 234쪽.

여 충분히 경청해 연구"하겠지만 "어떻게 손을 쓰는지는 양해 바란다"라고 답변했다. 특수한 수단의 정체는 독도를 미군 폭격연습장으로 지정·해제하는 전략이었다.[263]

제13회 중의원 외무위원회(1952. 5. 23)에서 야마모토 도시나가 의원은 "이번 일본 주둔군 연습지 설정에서 다케시마 주변이 연습지로 지정되면 이를 일본의 영토로 확인받기 쉽다는 발상에서 외무성이 연습지 지정을 오히려 바란다는 얘기가 있는데 사실이냐"라고 질문했고, 이시하라 간이치로 외무성 정무차관은 "대체로 그런 발상에서 다양하게 추진"한다고 답변했다.

1951년 체결된 미일안전보장협정의 후속조치로 행정협정(SOFA)이 체결되었고, 이의 이행을 위한 미일합동위원회가 설치되었다. 미일합동위원회는 1952년 7월 26일 「군용시설과 구역에 관한 협정」을 체결했는데, 이는 일본 외무성이 추진한 대로 독도를 미군의 공공훈련구역으로 선정한다는 내용이었다. 이는 독도를 일본령으로 만들고자 주일미군을 활용해 증거문서를 확보하려는 일본 외무성 책략의 구현이었다. 그 후 1952년 9월 한국 어선과 한국산악회 독도조사대에 대한 미군기의 폭격사건이 재발했다. 일본정부는 시마네현 주민들의 어업불편 등을 내세워 1953년 3월 19일 미일합동위원회 소위원회를 통해 독도를 미공군의 훈련구역에서 제외했다.[264]

미일합동위원회 소위원회가 개최되기 직전에 열린 제15회 참의원 외무·법무위원회 연합심사회(1953. 3. 5)에서 시모다 다케소 외무성 조약국장은 이러한 "조치를 취한 것이 다케시마가 일본이 영유하고 있는 섬이란 사실을 명확하게 법률적으로 뒷받침 하는 근거"를 마련하기 위한 것이라고 밝혔다.[265]

263 『독도 1947』, 234-235쪽.
264 『독도 1947』, 235쪽.
265 『제15회 참의원 외무·법무위원회 연합심사회 회의록』(1953. 3. 5) [이종학(전 독도박물관장), 「독도박물관 보도자료」(2001. 12. 20)에서 재인용]

일본정부는 이러한 독도 폭격연습장 지정·해제 조치를 완료한 4개월 후 이 조치가 독도의 일본영유권을 증명한다고 한국정부에 통보했다. 결국 일본정부는 1951~1953년 간 미국을 이용해 독도를 자국령으로 확보하기 위해 정부 차원에서 책략을 구사했고, 정해진 방침에 따라 이를 실천에 옮겼다.

일본 외무성의 계획에 따라 독도를 일본령으로 전제한 토대 위에서 주일미공군 훈련장으로의 지정, 일본 어민을 내세운 독도 훈련장 지정의 해제, 이후 한국정부를 향한 미일교섭과정 공개 등이 진행되었다. 미군은 독도 접근이 불법인데다 원천봉쇄되어 있었던 시마네현 등 일본 어민에게만 훈련사실을 통보했고, 아무런 통보를 받지 못한 채 자국 어장에서 조업 중이던 한국 어선·어민들은 폭격에 희생되었다. 일본 외무성과 중의원은 거리낌 없이 이런 책략의 진행에 대해 논의했다. 미국은 이용당했고, 한국의 주권은 침해당했으며, 한국인들의 생명은 존중되지 못했다. 국가 간의 신의는 존재하지 않았다. 일본은 이웃 국가인 한국은 물론 우방인 미국을 상대로 독도영유권 증빙을 얻기 위해 공작적 책략을 구사했던 것이다.

1951~1952년에 벌어진 일련의 사건, 즉 독도의 미공군 폭격연습장 지정, 미공군의 폭격, 한국 어민·어선의 피해 등은 1947~1948년에 벌어진 사건과 정확히 일치하는 것이다. 1947~1948년의 사례가 1951~1952년 일본정부 책략의 원천이 된 것인지, 아니면 두 사례가 모두 일본의 독도영유권 확보를 위한 준비된 책략의 결과였는지 밝혀지지 않았다. 그러나 1947~1948년, 1951~1952년 간 사례에서 명백히 드러난 사실은 미공군이 독도를 폭격연습장으로 지정한 후 훈련사실을 독도 접근이 원천 봉쇄된 일본 어민에게만 통보했고, 폭격은 무고한 한국 어민·어선들에게 가해졌다는 점이다.[266]

우리는 1952년 2차 독도폭격사건에 개입한 일본의 책략을 볼 때 1948년 독

---

266 『독도 1947』, 236-237쪽.

도폭격사건도 동일한 일본의 책략에 의한 것이라고 볼 수 있다. 즉 일본은 ①
'독도문제'를 쟁점화해 ② 국제사법재판소로 가져가고 ③ 자신들에 유리한
논리와 증거를 만들어 내기 위해 ④ 독도를 미공군 연습장으로 지정하는 협
정을 미군당국과 체결하고 ⑤ 미군으로 하여금 폭격 당일 일본 어민들에게만
독도인근 출어금지를 내리게 한 것이다.

　이러한 일련의 과정은 1948년 독도폭격사건이 일본의 치밀한 기획에 의한
것임을 보여주는 것이며, 따라서 이 사건의 배후에 일본이 있다는 것을 재삼
확인시켜주는 것이다.

4. 1948년 독도폭격사건에 대한 한국(과도)정부의 대응

　1948년 6월 8일에 일어난 1차 독도폭격사건 당시는 민정장관 안재홍이 이
끄는 '남조선 과도정부'가 통치하던 시기로 공식적인 한국정부가 수립되기 전
이었다. 때문에 한국정부가 공식적인 항의나 대응을 하기에는 한계가 따를
수밖에 없었다. 그럼에도 불구하고 과도정부는 미군에 의한 독도폭격사건을
적극적으로 항의하고 책임규명과 재발방지를 위한 노력을 기울였다.

　1948년 8월 15일 대한민국 정부 수립 후에도 이러한 노력은 이어져 1950년
4월 25일 미국 제5공군에 독도폭격사건을 조회하여 항의하였다. 미국 제5공
군으로부터 같은 해 5월 4일자로 "당시 독도와 그 근방에 출어가 금지된 사실
이 없었으며, 또 독도는 극동공군의 연습 목표가 되어 있지 않았다"는 요지의
회답을 받았다. 그 후 한국전쟁 기간에 독도가 미·일합동위원회에 의하여
미국 공군의 연습기지로 선정되었다는 정보가 한국에 입수되었다. 대한민국
정부는 이를 미국 공군에 항의했는데, 미국 공군사령부는 1953년 2월 27일자

로 독도'는 미국 공군을 위한 연습기지에서 제외되었다는 공식 회답을 대한민국 정부에 보내어 왔다.

이러한 사실들은 대한민국 정부가 수립된 1948년 8월 15일 이후 '독도'에 대하여 주권을 행사해서 미국 공군사령부와 항의 문서를 교환했으며, 미국 공군사령부도 '독도'를 한국영토로 인정하여 이에 회답하고 승복했음을 잘 나타내는 것이다.[267]

1948년 1차 독도폭격사건에 이어서 1952년 2차 독도폭격사건에서도 대한민국 정부의 독도영유권에 대한 인식과 대응은 확고하게 나타나고 있음을 알 수 있다. 일본의 독도폭격 연습지 지정과 관련하여, 일본은 미일행정협정에 의하여 독도를 폭격연습지로 지정하고 해제하였으므로 일본영토라고 주장하였다. 그러나 한국은 일본이 1953년 3월 19일 미일합동위원회 소위원회에서 지정해제를 결의하기 전에 이미 1952년 11월 10일 주한미국대사관에 폭격 재발방지를 요청하였고, 같은 해 12월 4일 답장까지 받았다. 이러한 사실은 독도폭격연습지가 일본의 요청에 의해 해제되었다기보다는 한국의 요청에 의해 해제된 것을 알 수 있다. 한국은 1952년 1월 평화선 선언으로 독도에 대한 영유권을 대내외에 공표하였다. 또한 한국전쟁 중임에도 불구하고, 1952년 9월 울릉도·독도학술조사단(단장 홍종인)을 파견하고, 한국의 영토인 독도에 대한 폭격 재발 방지 약속을 요구하는 등 적극적인 독도정책을 추진하였다. 그러한 결과, 미국은 러스크 서한 등으로 일시적으로 취하였던 일본에 편향된 태도를 바꾸어, 1952년 12월 독도를 더 이상 미군의 폭격연습구역으로 사용하지 않을 것임을 통보하는 한편, 독도문제에 개입하지 않겠다는 입장을 취하게 되었다.[268]

---

267 신용하,『독도영유의 진실이해』, 서울대학교 출판문화원, 2012. 277쪽.
268 홍성근,「평화선 선언과 독도 폭격 연습지 지정에 대한 법·정책적 이해」,『독도연구』
      18호, 영남대 독도연구소, 2015.6, 189-190쪽.

5. 1948년 독도폭격사건의 결과

1948년 독도폭격사건은 한국인들에게 중요한 교훈과 계기를 제공했다. 이 폭격사건으로 말미암아 독도가 한국영토라는 국민적 공감대와 국내외적 확인 작업이 이루어진 것이다. 언론의 보도는 피해 어민들이 강원도 울진·묵호, 울릉도 어민들로 모두 한국인들이며, 이들이 조업하던 독도 역시 한국령이라는 것을 전제로 하고 있었다. 이것은 독도가 울릉도 주민뿐만 아니라 경상북도와 강원도 등 동해안 지역 어민들이 대대로 삶의 터전으로 이용해왔음을 보여주고 있다.

미군정 역시 사건이 발생한 독도에 "군의를 포함한 조사 및 구호반"을 파견했다. 즉, 독도의 관할권이 미군정에 있음을 보여주는 것이었다. 또한 『뉴욕타임스』는 "해안 주민들이 생계를 획득하기 위해 수세기 전부터 그들의 조상 대대로부터의 어장에 출어"했다가 사고를 당한 것이라며 독도가 한국의 어장임을 확인했다.

나아가 독도 사건의 유가족들에게 보내는 의연금·성금이 전국에서 답지했다. 수산협회, 중학생 등은 독도사건 유족들에게 성금과 위문품 등을 전달했다. 이는 수해·화재 의연금처럼 국토 내의 불행에 대한 국민적 관심과 위로의 표현이었다.

이러한 인식과 조치들은 모두 사건발생지인 독도가 한국 영토라는 분명한 증거였다. 또한 이 사건의 조사와 처리에 일본정부나 연합군최고사령부(SCAP)은 전혀 개입하지 않았으며 일본 언론에 보도되지도 않았다. 때문에 독도폭격사건을 계기로 모든 한국인들은 독도가 명백히 한국의 영토이며, 불행한 사건이 발생한 울릉도의 부속도서로 관심을 기울여야 한다는 공감대를 형성했다.[269]

---

269 『독도 1947』, 244쪽.

1948년 독도폭격사건은 울릉도·독도를 생업터전으로 삼고 있는 어민들에게 엄청난 상처와 고통을 안겨준 사건이었다. 희생자가 없었던 2차 폭격사건과는 달리 1948년 1차 폭격사건은 많은 사상자가 발생하였기에 범국민적 아픔과 공분을 일으킨 사건이었다. 그렇지만 이 사건은 우리정부와 국민이 독도영유권 수호에 대한 의지를 더욱더 확고히 하는 계기가 되었다. 또한 울릉도·독도 조사단의 파견과 이승만 평화선의 선포 등으로 이어진 대한민국 정부의 적극적인 행동은 독도 수호에 대한 한국정부의 단호한 대처였다고 볼 수 있다.

방법·사료·언론기사로 확인하는
독도영토주권의 재인식

제8장

1950년대 독도의용수비대와 제주해녀의 독도수호활동

1. 독도의용수비대와 제주해녀의 협력관계 연구의 필요성

그동안 독도의용수비대 관련 연구들은 주로 이들의 독도수호활동과 애국적 활약상을 소개하고, 국제법적 측면에서 그 중요성과 의미를 조명하는 데 집중해왔다.[270] 이들의 활약과 업적을 기리고 평가하기 위한 학술연구는 2009년과 2010년 두 차례에 걸친 독도의용수비대기념사업회설립기념학술회의 발표를 통해 주로 이루어졌다.[271] 이러한 선행 연구자들의 연구 덕분에 독도의용수비대의 활약상과 업적을 재조명하면서 동시에 다양한 의미 있는 평가들이 내려질 수 있었다.

그렇지만 독도의용수비대의 활약상과 업적을 총체적으로 파악하고 평가하기 위해서는 좀 더 보완되어야 할 부분이 있다. 즉 기존의 연구를 통해서는 왜 이들이 독도에 들어갔으며(입도 동기), 독도에서는 무엇을 했는가(독도수호 활약)에 대한 연구와 평가에 집중하였다면, 독도 입도 후 이들이 독도에서

---

270 김명기,『독도의용수비대와 국제법』, 다울, 1998; 김명기,「국제인도법상 독도의용수비대의 법적 지위에 관한 연구」,『人道法叢論』제31호, 대한적십자사 인도법연구소, 2011; 나홍주,『독도의용수비대의 독도주둔 활약과 그 국제법적 고찰』, 책과사람들, 2007; 이용원,『독도의용수비대: 독도를 지켜낸 영웅 33명의 활동상』, 범우, 2015.

271 독도의용수비대기념사업회,『독도의용수비대의 역사적 의의와 국토수호 정신 계승』, 독도의용수비대 기념사업회, 2009; 독도의용수비대 기념사업회,『독도영유권 수호를 위한 애국심 함양 방안』, 독도의용수비대 기념사업회, 2010 참조.

어떻게 생활했는가에 대한 연구가 공백으로 남아 있기에 이 부분에 대한 보완이 필요하다. 이 부분이 보완되었을 때 독도의용수비대의 활약상에 대한 전체적인 그림이 완성될 수 있을 것이다.[272] 따라서 기존의 연구 성과를 토대로 이 연구는 주민생활사의 측면에서 독도의용수비대의 독도수호활동을 재조명해보고자 한다.

광복 후 지금까지 독도에는 많은 주민들이 짧게는 수일간, 길게는 수년간 거주하며 생활해왔지만, 이들 독도 주민생활을 조명하기 위한 연구는 최근에야 조금씩 진행되고 있다.[273] 그러나 독도의용수비대원들의 독도생활에 대한 조사·연구는 아직 미진한 상태로 남아있다

최근 근현대 독도주민생활사 관련 연구조사도 있었지만, 광복 직후 1947년 울릉도독도학술조사단의 활동, 1948년 독도폭격사건, 동해안 어민들과 제주 해녀들의 독도어로활동, 최종덕과 김성도 이장의 독도주민생활 등을 통시적으로 다루면서 독도의용수비대와 독도경비대의 독도생활이 단편적으로 함께 다루어지고 있다.[274]

---

272 1955년~1964년까지 독도경비대원들의 활동상을 기록한 황영문의 수기『독도의 한 토막』에는 다양한 독도생활의 면면들을 소개하고 있다. 독도의용수비대와 독도경비대의 주둔기간이 일부 중첩되는 부분도 있을 수 있고(134쪽), 황영문과 같이 독도의용수비대원으로 근무하다가 경찰로 특채되어 독도경비대원으로 계속 독도에서 근무한 대원들도 다수 있기에, 이 수기집에 나오는 독도생활이 독도경비대원의 생활에만 국한된 모습이라고 한정지을 필요는 없을 것 같다. 즉 독도의용수비대원들의 생활도 이 수기집에서 소개하고 있는 생활과 크게 다르지 않을 것이다. 특히 저자인 황영문은 홍순칠의 부관으로서 군대 시절부터 한 부대에 근무하며 홍순칠을 따르고 모셨던 충직한 인물이었다. 따라서 한 인물이 같은 장소, 같은 시기, 같은 환경에 살면서 그 곳 생활을 수기로 옮겼기에 굳이 독도의용수비대와 독도경비대의 생활상을 분리해서 다르게 생각할 필요는 없을 것 같다; 독도박물관,『독도의 한토막』, 울릉군 독도박물관, 2019 참조.
273 경상북도,『독도를 지켜온 사람들』, 2009; 경상북도,『독도주민생활사(History of Dokdo Residents)』, 2010; 황정환·여세주·김호동·윤국진,『독도 어로 및 생활에 대한 역사적 고찰』, 대구경북연구원, 2012.

이 논문에서는 독도의용수비대 활동을 제주해녀와의 협력관계를 중심으로 주민생활사적 측면에서 재조명해보고자 한다. 주민생활사적 측면에서 독도의용수비대의 독도수호활동을 재조명하는 것은 독도의용수비대의 존재가치에 대해 새로운 의미를 부여할 수 있기 때문이다. 지금까지는 일본의 독도침입에 맞서 민간인으로서 독도를 경비하고 수호했다는 독도경비사적 범주에서만 독도의용수비대의 존재가 평가받아왔지만, 수년간 독도를 삶의 터전으로 일구고 그 터전 위에서 제주해녀들과 함께 생활해오면서 독도를 지키고 관리해온 점도 새롭게 평가받아야 할 부분이라고 생각한다.

즉 독도의용수비대는 전쟁으로 인해 국가의 공권력이 미치지 못하는 시기에 독도를 실질적으로 지배할 수 있도록 독도를 지켰을 뿐만 아니라, 그곳에서 생활하며 울릉도 어민들과 제주해녀들이 함께 어로활동을 할 수 있는 생활공간으로 독도를 가꾸고 관리하는 데에도 큰 기여를 했다고 평가할 수 있다. 다시 말하면 독도의 실질적 지배·권리가 독도주민생활을 통해 뿌리내릴 수 있도록 한 역할도 동시에 인정받아야 할 것이다.

그런데 독도의용수비대와 제주해녀의 협력관계를 주민생활사적 측면에서 접근하기 위해서는 그러한 관계를 입증할 수 있는 직간접적 사료나 자료가 필요하지만 아쉽게도 관련 기록들은 없고 몇 장의 사진만이 남아 있을 뿐이다. 그렇지만 불과 70여 년 전, 비록 90세를 전후한 노령이지만, 그들이 활동했던 가까운 어제의 일들을 여전히 기억하고 있는 분들의 생존은 그 자체가 역사이고 사료일 것이다. 따라서 이 연구의 목적을 수행하기 위해서는 불가피하게 당시 활동했던 생존자들의 '구술증언'이 절대적으로 필요하다고 할 수 있다.

일제강점기 식민지 역사교육의 영향으로 문헌 중심의 사료에만 자료적 가치를 부여해 온 실증사학의 영향으로 인해 구술자료는 그저 '입에서 입으로

---

274 경상북도, 『근현대 독도주민생활사』, 2021. 11.

전해져 오는 근거 없는 이야기'일 뿐이었다. 그러나 일제강점기 철학자인 범부(凡父) 김정설(金鼎卨)도 어떤 사실을 입증하기 위한 근거로서 구증(口證)의 중요성을 제시한 바 있다. 그는 사적(事蹟)을 연구하는 방법이 문헌(文獻)에만 의거하는 것이 아니며, 비록 문헌자료가 부족하더라도 물증(物證), 구증(口證), 사증(事證) 등의 자료를 이용할 수 있다고 하였다. 심지어 그는 이 사증(四證)이외에도 우리들이 공통적으로 가지고 있는 혈맥(血脈=血證), 즉 우리의 심정, 민족정신에서도 그러한 근거를 찾을 수 있다고 하였다.[275]

이처럼 울릉도·독도 관련 구술증언 자료를 채록, 수집, 정리하는 작업이 필요한 이유는 첫째 일본의 독도영유권에 대한 공세적 주장을 반박하기 위한 근거 자료의 확보를 위해, 둘째 90대 전후 구술증언자들의 고령화와 사망시기의 임박으로 인한 구술증언 채록의 시급성, 셋째 문헌자료 위주의 기존 독도연구의 한계성 탈피와 학술자료의 확대 및 구술증언 자료의 가치 상승의 필요성을 위해서이다. 무엇보다 독도영유권을 주장할 수 있는 문헌자료가 부족하다고 '한국의 독도영유권 주장의 설득력이 없다'고 하거나 '영유권 주장을 포기'해서는 안되기 때문이다.[276]

최근 일본이 독도영유권 주장을 강화하기 위해 어민들의 구술증언을 채록하기 시작한 것은 주목할 만한 일이다. 2014년 7월 14일 일본 요미우리 신문은 일본 정부가 오키섬 주민들을 대상으로 울릉도·독도 어로활동 관련 구술증언을 채록하고 영상으로 촬영했다고 보도했다. 이들의 증언을 채록한 것은 독도영유권을 주장하기 위한 자료 수집 차원이라고 하였으며, 이렇게 수집·정리된 자료를 인터넷에 공개할 방침이라고 하였다. 이러한 일본의 움직임에 대응하고 독도영토 주권을 지키기 위해서라도 울릉도·독도 관련 구술증언

---

275 김범부, 「국민윤리 특강」, 『화랑외사』, 이문출판사, 1981, 228쪽 참조.
276 이태우, 「거문도·초도 사람들의 울릉도·독도 도항과 영속적 경영: 지역민들의 구술증언을 중심으로」, 『독도연구』 30호, 영남대 독도연구소, 2021.6.30, 186쪽.

을 채록하고 기록으로 남기는 일은 반드시 필요한 작업이다.[277]

　이하 본론에서는 먼저 독도의용수비대 결성의 배경과 일본순시선 퇴치, 역사적 의미 등을 살펴본 후, 이어서 제주해녀와 협력하며 어떻게 독도를 지키며 생활하였는지 알아보도록 한다. 즉 독도의용수비대와 제주해녀들이 혹독한 독도의 자연환경 속에서 어떻게 협력하며 거친 환경을 극복하고 생활하였는지, 또 어떻게 독도를 삶의 터전으로 관리하고 경영해왔는지를 고찰해보고자 한다. 이는 궁극적으로 독도의용수비대의 독도 주둔생활이 독도의 실질적 지배·관리를 가능케 하였음을 재확인하는 동시에 그 업적에 대한 평가를 새롭게 하는 것이기도 하다. 이 시기 독도수호와 관련하여 특히 제주해녀들의 활약을 주목할 필요가 있다. 그 동안 제주해녀는 독도의용수비대의 독도수호활동과는 무관한 별개의 존재로 생각되어 왔지만, 이들의 도움이 있었기에 독도의용수비대의 활동과 공적도 가능할 수 있었다. 제주해녀는 비록 총 대신 '태왁'을 메었지만 어쩌면 무명용사로 삶의 터전인 독도와 독도어장을 지켜왔다고 할 수 있다.

2. 독도의용수비대의 독도 수호 활동(1953~1956)[278]

1) 독도의용수비대의 독도 주둔 배경

8.15 광복 후 독도영유권 논쟁이 시작된 것은 1952년부터이다. 대한민국정

277　이러한 작업의 일환으로 영남대 독도연구소에서는 2018년 1월부터 10월까지 3차례에 걸쳐 거문도와 초도, 여수 현지조사에서 울릉도·독도 도항 관련 제보자들과 인터뷰를 실시하였으며, 제보자들과 면담한 구술증언 내용을 정리하여 결과물로 발간하였다(이태우 외 3인 편,『울릉도·독도로 건너간 거문도·초도 사람들: 거문도·초도 사람들의 울릉도·독도 관련 구술증언 자료집』, 영남대 독도연구소 자료총서9, 도서출판 선인, 2019 참조).
278　경상북도,「우리는 독도의용수비대」,『독도를 지켜온 사람들』, 2009, 125-134쪽 참조.

부가 1952년 1월 18일 국무원고시 제14호로 '인접 해양의 주권에 대한 대통령의 선언'(이승만 라인)을 공포했는데, 그 범위 안에 독도와 그 영해가 포함되자, 일본이 열흘 뒤인 1952년 1월 28일 평화선 선포에 항의함과 동시에 독도의 한국영유를 인정할 수 없다는 외교문서(구술서)를 한국정부에 보내왔다.

한국정부는 일본정부의 항의를 일축하고, 1946년 1월 26일 연합국 최고사령부가 SCAPIN 제677호에 의해 이 섬을 한국(당시 미군정)에 반환해서 일본 통치구역으로부터 명백히 제외했으며, 또 맥아더라인 밖에 두었다는 사실을 지적하고 일본정부가 이를 상기하면 독도가 한국영토임을 확인할 수 있을 것이라고 응답하였다.

그러나 일본정부는 이에 승복하지 않고 2개월 후인 4월 25일 독도를 일본영토라고 주장하면서, 한국측이 제시한 SCAPIN 제677호와 맥아더라인 밖의 지적에 대해 반박 구술서를 보내왔다. 이로써 독도논쟁은 본격적으로 불붙기 시작하였으며 일본의 독도침범도 노골화되었다.[279]

이승만 대통령이 '평화선'을 선포하자 일본 외무성은 당년 1월 28일 항의해 왔을 뿐만 아니라, 독도에서 조업 중인 울릉도 어선들이 일본인들에 의해 쫓겨 나오게 되었다. 이로 인해 울릉도 어민들은 생계에 큰 타격을 입게 되었다.

6.25 전쟁 당시 중공군 포로의 배낭에 울릉도 오징어가 발견되어 UN군 사령부는 홍콩 등지로 수출되던 울릉도 오징어에 대해 수출금지를 명령하여 울릉도 오징어잡이 배들은 오징어 조업을 포기할 수밖에 없었다. 당시 울릉도는 한국전쟁으로 인해 육지로부터 식량의 공급이 급격히 줄고 쌀이나 보리 옥수수 등의 식량자급률이 30%도 채 미치질 않아 울릉군청 직원들을 곡창지대인 전라도로 급파하여 식량을 구해 오기도 했다. 울릉도에서 오징어를 잡을 수 없었던 어민들은 독도 근해로 나아가 비교적 수익성이 좋은 미역이나 소

---

279 박인수, 「국내법 적용에 의한 독도의 수비와 관리」, 『울릉도 독도의 종합적 연구』, 민족문화연구자료총서 제21집, 영남대출판부, 2005, 154-155쪽.

라, 전복, 홍합, 우럭 등을 잡아 생계를 이어야만 했으나 이마저 일본의 독도 침탈로 쫓겨 나온 울릉도 주민들은 생존에 중대한 위협에 아닐 수 없었다.

이에 울릉군수 홍성국(洪成國: 1949.1.13.~1952.9.6.)과 울릉경찰서장 이병달(李炳達: 1952.6.2.~1953.9.14) 등은 이 같은 사실을 경북도지사에게 보고하고 대책을 요구했다. 당시 한국전쟁으로 뚜렷한 대책이 있을 리가 없었다. 일본의 독도 침탈은 국가적으로는 영토침입이지만 울릉도 주민들의 입장에서는 생존에 중대한 위협이 아닐 수 없었다.[280]

정부에서는 6.25전쟁으로 독도에까지 힘이 미치지 못하는 관계로 군(軍)을 통하여 을릉군에다 민간 방위대라도 조직하여 독도를 지킬 것을 꼭 당부했다. 이에 홍성국 울릉군수는 6.25전쟁에 참전하였다 육군상사로 부상을 입어 명예 전역(1952.7.25.)하여 울릉도로 귀향한 6촌 동생 홍순칠과 협의하여 재향군인회 울릉 연합 분회를 결성하게 된다(1952.8.20.). 초대 회장으로 홍순칠이 취임하여 전쟁에 참전하였던 용사를 위주로 재향군인회 회원으로 활동하면서 재향군인회에서 독도의용수비대를 결성하게 된다.[281]

홍순칠은 당시 군대 예편 인사차 울릉경찰서장 방문 시 경찰서 마당에 독도에서 뽑아온 표목(標木)[282]을 발견하였다. 이때 할아버지(홍재현옹)께서 항상 말씀하셨던 독도의 위기사태가 실제로 발생했음을 알고 인사와 더불어 경찰서장에게 이에 따른 대안을 물어보았으나 한숨으로 대답을 들을 수밖에 없었다.

---

280 이예균, 「독도의용수비대의 활동사항과 의의」, 『독도의용수비대의 역사적 의의와 국토수호 정신 계승』, 독도의용수비대기념사업회 설립기념 학술회의 발표자료집, 2009.11.26, 77-82쪽.
281 홍순칠은 재향군인회 울릉연합분회 회장을 초대, 2대, 3대까지 역임하였다.
282 발견 당시 도근현 은기군 오키촌 죽도라고 쓰여져 있었으며, 그 크기는 4.5각(角)이고 길이는 6척이나 되었다고 한다. 홍순칠, 『이땅이 뉘 땅인데!: 독도의용수비대 홍순칠 대장수기』, 혜안, 1997, 20쪽.

2) 재향군인회에서 독도의용수비대 결성까지

홍순칠의 수기 등에서 잘 알려져 있듯이, 6.25전쟁으로 한국 정부의 혼란을 틈타 독도를 침탈당하게 되자 당시 울릉군수, 울릉경찰서장, 경북도경 등 암묵적 지원 아래 홍순칠은 전투에 경험 있는 예비역을 소집하기 위해 경북 병사구 사령관 도장을 위조하여 가짜 군(軍) 징집영장(재소집)을 50부 발부하게 된다. 최초 50명으로 도동국민학교 운동장에서 독도의용수비대로 발대식을 가지고 운동장에서 밤낮으로 실전에 따른 훈련으로 현역 군부대와 같은 주특기별 1전투대, 2전투대 등으로 구성하게 된다.

당시 독도에 불법으로 들어가 있는 일인들에 의해 독도근해에서 어로작업 하던 우리 어민들은 남녀노소를 불문하고 무차별적인 폭행으로 피투성이가 되어 쫓겨나오곤 했다. 남자들은 물론 해녀들까지 피해를 당하는 모습을 보고 대원들은 "오히려 이 상황에 기다릴 시간이 어디 있겠냐"며 통분하여 매일같이 지금 바로 들어가자고 성화를 부리기도 하였다. 또한 홍순칠 대장은 "전쟁터에 나가는데 한번 죽은 목숨인 우리가 이 한 목숨 버려도 아까울 것 하나 없으나 이런 만행 저지른 일본 놈들 때려잡고 독도를 지키려면 완벽한 작전과 무기라도 있어야 될 것 아니냐"고 대원들을 설득하였다. 고(故) 홍순칠 대장 생존시 회고담에는 "독도에서의 생활보다 이때가 가장 힘들었다"고 기록되어 있다.

홍순칠은 조부 홍재현의 영향을 많이 받았다. 1882년 울릉도 개척령이 내려진 후, 1883년 개척민 1진으로 울릉도에 들어온 홍재현은 수시로 독도를 바라보면서 독도가 울릉도의 속도임을 인지하고 있었다. 홍재현은 눈에 보이는 독도에 1947년 이전까지 총 45차례나 건너가 어로활동을 하였고, 1906년의 오키도사(隱岐島司)가 울릉도에 와서 독도를 일본의 소유라고 한 것이 부당하다는 것을 지적하기도 했다. 그러한 조부의 모습을 곁에서 지켜보면서 홍순칠은 어릴 적부터 독도가 울릉도민의 삶의 텃밭임을 자각하고 그것을 지키겠다는 역사적 소명의식을 갖게 되었다고 볼 수 있다. 그러한 역사적 소명의식을 갖게 된 주요한 계기는 1947년 한국산악회가 편성한 독도학술조사단이 울릉도와 독도를 현지 답사한 사건이었다. 1929년생인 홍순칠은 이때 나이가 감수성이 강한 18세였기 때문에 한국산악회 울릉도·독도 학술조사단이 홍재현가에 머물고, 조부 홍재현이 독도조사에 대하여 협조하고, '진술서'를 작성하는 것을 보면서 독도를 지키겠다는 역사적 소명의식을 갖게 되었을 것이다.[283] 광복 후 연합국과 일본 사이에 대일평화조약이 체결되는 과정에서 일본은 독도를 한국의 영토라고 규정한 초안을 변경하기 위해 적극적 로비에 나섰고, 그와 함께 독도에 대한 여러 차례 도발을 해왔다. 이러한 일본의 도발행위로 독도에 대한 어로활동을 나선 어민들은 심각한 위협을 느꼈다. 특히 앞서 언급했듯이 한국전쟁 당시에 중공군의 배낭 속에서 울릉도 오징어가 발견된 것을 계기로 유엔군사령부가 울릉도 오징어의 수출을 금지시킴으로써 오징어 가격이 폭락하게 되었다[284]

이로 인해 울릉도 어민들은 잡어가 많이 잡히는 독도어장으로 너나 할 것 없이 진출하여 고기와 소라, 전복 등을 잡아 생계를 이어가고자 하였으나 일본이 독도가 자국의 땅이라는 푯말을 세우는 등 위협을 가해왔다. 이에 어민들은 울릉군청과 경찰서에 찾아가 안전조업을 위한 대책을 요구하게 되었고[285] 결국 울릉도민의 삶의 터전을 지키기 위한 수비대의 필요성이 대두되면서 민과 관의 상호 협조와 양해 아래 독도의용수비대가 결성되었다고 보아야 한다. 그런 점에서 독도의용수비대는 울릉도민의 삶의 터전을 지키려는

---

283 김호동, 「독도의용수비대 정신 계승을 위한 제안」, 『독도연구』9호, 영남대독도연구소, 2010. 12, 262쪽.

284 이예균·김성호, 「의용수비대 창설 1등 공신」, 『일본은 죽어도 모르는 독도이야기 88』, 예나루, 2010, 170-171쪽 참조.

285 홍순칠, 『독도의용수비대 홍순칠 대장 수기 이 땅이 뉘 땅인데!』, 혜안, 1997, 220-221쪽.

민관협동정신에 의해 결성되었다고 볼 수 있다.[286]

3) 독도의용수비대의 독도주둔과 일본순시선 퇴치

독도의용수비대의 공적은 대한민국 정부가 제정한 법률에 의해 공식적으로 인정받고 있다. 독도의용수비대 지원법 제2조 제1호에 의하면 독도의용수비대는 "울릉도 주민으로서 우리의 영토인 독도를 일본의 침탈로부터 수호하기 위하여 1953년 4월 20일에 독도에 상륙하여 1956년 12월 30일 국립경찰에 수비업무와 장비 전부를 인계할 때까지 활동한 33명의 의용수비대원이 결성한 단체를 말한다."고 정의되어 있다. 또한 이들이 독도에 주둔하여 독도를 수호한 기간은 「독도의 지속가능한 이용에 관한 법률」, 제3조 4항에서는 의용수비대의 활동기간을 1953.4.20.~1956.12.31.로 명시하고 있다.[287] 나아가 독도의용수비대 지원법 시행령(대통령령 제23334호 일부개정 2011. 11. 30.)에 의해 독도의용수비대기념사업회가 구성되어 이들이 독도를 지켜낸 공훈을 기념할 수 있도록 하였다.

전투부대의 조직 구성은 대원별로 전투 경력과 용감성, 연령과 성격, 가정형편 등을 고려하여 홍순칠 대장이 적절한 자리에 배치하였다. 구성원의 숫자에 대한 논란이 있지만 현재 정부에서 공식적으로 인정된 조직 구성원은 아래에 제시된 바와 같이 총 33명이다.

---

286 김호동, 위의 논문, 266-267쪽.
287 그런데 최근 일부 연구자들에 의해 독도의용수비대의 활동기간과 인원에 대한 이견이 제기되고 있다. 이처럼 최근 논란이 제기되는 쟁점 사항의 경우, 사료의 한계에도 불구하고 성급한 결정을 내릴 경우 또 다른 문제를 야기할 우려가 있어 조심스러운 접근이 필요하다. 이에 대해서는 독도주민생활사의 추가 연구 과제 중 하나로 남겨두면서, 중장기적 계획 아래에서 사료발굴 또는 정리한 자료를 토대로 차근차근 정리해 나갈 필요가 있을 것으로 본다.

대장 홍순칠, 부관 황영문
전투1대장: 서기종, 대원 김재두, 최부업, 조상달, 김용근, 하자진, 김현수,
    이형우, 김장호, 양봉준
전투2대장: 정원도, 대원 김영복, 김수봉, 이상국, 이규현, 김경호, 허신도,
    김영호
후방지원대장: 김병열, 대원 정재덕, 한상용, 박영희,
교육대장: 유원식, 대원 오일환, 고성달
보급대장: 김인갑, 대원 정이관, 안학률, 정현권, 구용복, 이필영

독도의용수비대의 독도 주둔과 일본순시선 퇴치 활약을 연표 순으로 살펴
보면 아래와 같다.[288]

1953년 4월 19일 밤12시 1진 울릉도에서 선발대원7명 선원5명으로 이필영 소
    유선박 삼사호로 울릉도에서 출발
1953년 4월 20일 아침8시 독도 서도에 도착("이 땅이 뉘 땅인데"). "독도 수비
    대" 책자에는 1953년 3월 26일 밤 9시 30분에 울릉도 동항을 출발 27일
    새벽 5시 독도 서도 도착
1953년 4월 21일 독도에 첫 국기 계양식 거행하고 독도 수비 업무에 착수
1953년 6월 24일 시마네현 은기도 수산고등학교 실습선 다이센마루 독도의
    영해에 침범한 교사와 학생들에게 철저히 교육 후 독도를 침범한 죄
    과를 인정하고 다시는 독도를 침범하지 않겠다는 각서를 받고 돌려보
    냄(당시 일본에서는 실습선이 기관고장으로 평화선을 넘어 독도 근
    해를 표류중 한국 경비대가 나포하여 억류했다고 항의)

288 이예균, 「독도의용수비대의 활동사항과 의의」, 『독도의용수비대의 역사적 의의와
    국토 수호 정신 계승』, 독도의용수비대기념사업회 설립기념 학술회의 자료집, 2009.
    11.26, 81-82쪽.

1953년 7월 23일 새벽 5시경 보초병 조상달 발견 일본 해상보안청 소속 P.S 9
함 서도 물골 약 200m 전방에 위치 보트로 약20m까지 접근하여 10여
분간 기관총으로 200여발 발사 격퇴시킴.

1954년 8월 23일 일본해산보안청 순시선 오키호가 독도 서도 동북방 700m 지
점으로 접근, 오전 8시 40분경 서도 해안으로부터 약 10분간 약 600여
발을 발사 격퇴(일본 외부성 항의각서 보내옴)

1954년 8월 28일 경비 초소 및 표석 제막

1954년 9월 23일 독도 동남방 500m 거리 일본 해상 보안청 소속 P.S 9, 11정이
접근 일본 함정에서 먼저 함포를 공포탄으로 쏘아 박격포 1발로 응수
하자 "비겁하게 뒤에서 총쏘지 말라고!"고 방송 후 긴급히 도망감. 독
도에 일본 비행기 출몰로 인해 일주일에 걸려 가짜 목대포 만들어 포
구 직경 20cm 로 포신이 자유롭게 360도 돌릴 수 있게하여 설치하였
다. 당시 일본에서 발간된 〈KING〉 이란 월간지에 독도에 거포 설치
(巨砲 設置)란 기사가 실렸다(일본 함정에서 망원렌즈로 촬영한 사진
과 함께) 목대포 설치 이후부터는 신기할 정도로 일본함정들은 독도
가까이 접근치 못하고 거포의 위력(?)을 아는지 사정거리 밖 먼 바다
에서 서성이다 되돌아 갔다함.

1954년 11월 21일 일본해상보안청 소속 P.S 9, 10, 16 3척 함정과 비행기 1대가
독도를 침범해와 소총, 기관총 60mm 박격포로 무차별 발포로 격퇴
(당시 일본 NHK 방송보도 한국 경비대가 발포해서 일본 해상 보안청
함정들이 피해를 입고 16명 사상자 발생) ※ 일본정부는 즉각 한국 정
부에 항의 각서를 제출하고 독도우표가 붙은 우편물 반송

1956년 12월 30일 독도의용수비대 임무 종료 철수(무기 및 전투장비 일체 대
한민국 경찰로 인계함).

4) 독도의용수비대 활동의 역사적 의미

앞에서도 언급한 바와 같이 독도의용수비대 활동과 관련하여 일부 연구자
들이 그 활동사에 대해 의문을 제기하기도 한다.[289] 당시 활동했던 대원들의

기억력에 의존한 구술이 정확하지 않음으로 해서 생긴 독도주둔 기간 등 기록상의 문제나, 유공자 33인의 선정과정과 관련한 문제점 등이 사실과 부합하지 않는다는 지적이 있었다. 당연히 독도의용수비대 활동의 사실성과 정확성이라는 측면에서 그러한 지적을 충분히 검토하고 오류를 바로잡아 나가야 할 것이다.[290]

그러나 독도의용수비대의 활동과 정신을 선양하고 독도에 대한 애국심을 고취시키기 보다는 독도의용수비대 존재에 대한 정체성 논란에만 계속 매몰된다면, 자라나는 후세대에 대한 독도교육에서도 독도의용수비대에 대한 소개와 애국심 양양 교육이 위축될 수밖에 없을 것이다. 이러한 논란은 해방과 한국전쟁 등으로 인해 국가적 차원의 독도수호가 제대로 이루어지지 않았던 시기에 일본의 독도침탈 야욕에 맞서 자발적으로 독도를 지키려 했던 그들의 공적마저 부정하려는 움직임으로 연결되지 않을까 하는 우려가 들 정도이다.[291]

홍순칠 이하 독도의용수비대는 그 공적이 인정되어 그 대원의 일부가 경찰로 특채되었지만 독도를 지키는 동안 국가로부터 봉급을 받은 것도 아니다. 그 절해고도에서 일본의 위협 아래 독도를 지키면서 그들의 최소한의 삶을 영위하기 위한 미역 채취 등의 생업활동을 한 것이 왜 비난의 대상이 되어야 하는지 알 수 없다.[292]

---

289 「독도수비대의 진실」, 『오마이뉴스』, 2006.10.30(김영균 기자); 김윤배·김점구·한성민, 「독도의용수비대의 활동시기에 대한 재검토」, 『내일을 여는 역사』 43, 2011.6, 172-211쪽 참조.
290 독도의용수비대의 활동과 관련한 상이한 견해가 존재하고 있으므로 향후 독도의용수비대동지회 회장으로 활동 하던 서기종을 비롯하여 독도경비대로 전환한 9명(황영문, 이규현, 김영호, 김영복, 하자진, 양봉준, 서기종, 이상국)에 대한 추가적인 구술조사가 필요할 것으로 여겨진다.
291 김호동, 「독도의용수비대 정신 계승을 위한 제안」, 『독도연구』 9호, 영남대독도연구소, 2010, 258쪽.

비록 독도의용수비대의 활동사에 대해 문제 제기가 있다고 하더라도 독도의용수비 대원들이 목숨을 걸고 독도를 사랑하고 지켰다는 사실은 결코 퇴색되어서는 안 될 것이다. 독도의용수비대는 1950년대 일본의 물리적인 독도침탈을 차단하고, 한국의 계속적, 실질적 지배를 가능하게 했다. 독도의용수비대가 활동한 1950년대는 한국전쟁으로 국가 기능이 전반적으로 약화되어 있었고, 이를 기회로 일본인들이 의도적으로 독도에 접근하거나 상륙하는 일이 빈번하였다. 1953년에만 해도 10여 차례 있었다. 이러한 위기 상황에서 독도에 대한 한국의 계속적이고 실질적인 지배가 가능하도록 하는 일에 기여했던 이들이 바로 독도의용수비대였다. 독도의용수비대는 독도가 한국의 영토임을 몸소 증명하였다.[293]

예나 지금이나 독도는 울릉도의 부속 섬이고, 울릉도 주민들의 삶의 터전이다. 독도의용수비대가 울릉도 주민들에 의해 자발적으로 조직되었다는 것 자체도 중요하다. 영토와 국민은 국가를 구성하는 불가분의 요소이며, 둘 간에는 긴밀한 연대관계가 형성되어 있다. 독도의용수비대가 활동한 시기는 독도가 독도폭격연습지에서 해제된 지 얼마 지나지 않은 시기였다. 홍순칠 대장을 비롯하여 독도의용수비대 대원들 중에는 1948년과 그 이후에 일어난 독도폭격사건을 직간접적으로 경험한 바 있어서 독도로 가는 길은 생명의 위협을 무릅쓰고 가는 길이었을 것이다.

이러한 상황 속에서 이루어진 독도의용수비대의 독도수호활동은 삶의 터전인 영토에 대한 국민들의 긴밀한 연대의식을 실질적으로 증명해주는 것이라 할 수 있다. 독도의용수비대기념사업회는 독도의용수비대 대원들의 독도 사랑과 국토수호 의지가 결코 훼손되지 않도록 해야 할 것이다. 또한 1950년

---

292 김호동, 위의 논문, 266쪽.
293 홍성근, 「청소년 독도 교육과 독도의용수비대 기념사업회의 역할」, 『독도영유권 수호를 위한 애국심 함양 방안』, 독도의용수비대 기념사업회, 2010, 47쪽.

대 일본의 물리적 도발에 대응했던 독도의용수비대의 정신이 교과서 독도 기술 등 21세기 일본의 도전에 대응하여 새롭게 되살아나도록 해야 할 것이다. 이를 위해 울릉도의 독도의용수비대기념관을 효율적으로 활용할 뿐만 아니라 독도의용수비대 활동의 역사적 의미를 새롭게 하는 연구 조사 및 교육 사업을 지속적으로 추진할 필요가 있을 것이다.[294]

3. 독도의용수비대와 제주해녀의 독도생활

1) 독도의용수비대의 일상생활과 제주해녀

1950년대 초반 독도의용수비대가 독도 경비 업무를 수행하고 있을 당시, 그들은 독도 주둔 비용 마련을 위한 부차적 수익 창출의 일환으로 독도의 해산물을 채취할 인력이 필요했으며 제주도 해녀들은 안정적인 소득을 창출할 수 있는 작업공간이 필요했다. 이처럼 상호 공생적 필요성이 결합되어 독도에서 어로작업을 위한 해녀들의 울릉도 출향이 시작되었다.

망망대해만 바라보며 외롭게 독도를 지키던 독도의용수비대원들에게 봄철 몇 개월의 짧은 기간이지만 제주해녀들이 물질하며 미역을 채취하는 모습을 보는 것만도 고독한 일상생활에 청량제 역할을 하며 큰 위로가 되었다.

독도의용수비대원과 독도경비대원 생활을 연속해서 함께 보낸 황영문은 자신의 독도 생활 수기집인『독도의 한토막』에서 일상생활의 모습들을 스케치하고 있다.[295]

---

294 홍성근, 위의 논문, 47-48쪽.
295 독도박물관,『독도의 한토막』, 울릉군 독도박물관, 2019, 42-43쪽.

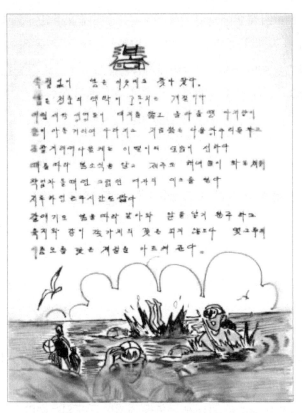

[그림 40] 독도바다에서 미역을 채취하고 있는 제주해녀

    이 글과 그림은 봄이 되어 독도에 작업을 하러 온 해녀들의 모습을 묘사하고 있다. 당시 제주해녀들이 채취한 화포(和布)는 미역을 뜻하는데, 이것은 미역의 일본식 한자표기를 한국어로 표기한 것이다. 글 내용 중에는 "때를 따라 봄소식을 알고 제주도 해녀들이 화포채취 작업 차 올 때면 그립던 여자의 미소를 본다."라고 표현하고 있는데, 봄철에 찾아 온 제주해녀들을 반갑게 바라보며 인적 없는 고도에서 쌓였던 외로움을 날려버리고 있는 독도의용수비대원들의 모습을 떠올리게 한다.

2) 독도의용수비대와 제주해녀의 협력[296]

독도의용수비대원들의 독도에서의 삶은 독도에서 어로활동을 하며 함께 거주했던 제주해녀들의 삶과 분리해서 생각할 수 없다. 비록 일 년 사계절을 함께한 것은 아니지만 이른 봄부터 여름까지 역할은 달랐지만 같은 장소에서 서로 도움을 주고받으며 함께 생활하였다.

제주해녀들이 독도에 모습을 나타낸 것은 일제강점 말기인 1940년을 전후해서 일본인 선주들에게 고용되어 독도에서 조업을 시작하게 된 시점부터이다. 그러다가 광복을 맞이한 이후에는 한국인 선주들에게 고용되어 미역 채취 등 독도에서의 조업이 본격적으로 이루어졌다. 처음에는 10명 내외 제주해녀들로 시작되어 1950년대 후반에는 20~40명으로 증가했고, 1980년대 초부터는 점차 감소하게 되었다.[297]

1950년 이전 제주해녀가 독도어장에서 어로활동을 한 사실은 신문기사에서도 확인할 수 있다. 울산의 한석근은 「아버지의 독도지키기」라는 글에서 1947년 미군정청의 허가를 얻어 자신의 부친(인솔자)과 모친, 해녀 14명과 선원 등 18명이 함께 1948년 3월 초에 포항에서 울릉도를 거쳐 독도로 건너가 미역을 채취한 사실을 신문기사에서 밝히고 있다.

> 어머니와 해녀 14명, 인솔책임자 1명(선친), 경리 1명, 뱃사공 1명, 허드렛일 1명, 모두 18명이 48년 3월 초에 포항에서 울릉도, 울릉도에서 독도로 일엽편주 돛단배를 타고 서도에 상륙했다. 서도에는 수면 가까이 자연 동굴이 있었고, 20여 명이 쉴 수 있는 넓은 공간이 있다. 돌과 모래를 고르게 펴고 그 위에 나뭇가지와 볏짚을 깔고 숙소를 마련했다. 상륙한 뒷날부터 미역채취를 시작했고, 작은 전마선 한 척이 계속 채취한 미역을 뭍으로 날라서 어머니와 남자들은 단(單)을 붙

---

296 경상북도, 「여성의 몸으로 독도에 입성하다」, 『독도를 지켜온 사람들』, 2009, 155-171
    쪽 참조.
297 경상북도, 『대한민국의 아름다운 섬, 독도』, 2019, 57쪽.

여 건조시켰다. 1주일에 한 번씩 울릉도에서 식량과 물, 땔감을 싣고 오는 목선
에 돌아갈 때는 건조한 미역을 실어 보냈다. 이렇게 두 달 가량 작업을 해서 울릉
도로 운반한 미역을 다시 큰 배를 이용해 포항으로 날랐다. 포항에서 다시 기차
화물칸을 이용해 서울 동대문 시장까지 운반해서 큰 창고를 빌어 차곡차곡 쌓고
대상(大商)과 거래를 맺었다. 이렇게 시작된 독도 수산물 채취 사업은 6.25 한국
전쟁이 일어나기까지 3년에 걸쳐 이어졌다.[298]

한석근은 독도에서 어로작업을 할 때 자신의 모친인 강월선(康月仙)이 해
녀들의 식사를 맡아보았으며, 미역채취에 참여한 해녀는 변황옥, 강봉화, 김
인옥, 강갑출, 허미생, 강슬자, 정일길, 김순열, 김일순, 한순열 등이 있었다고
기억하고 있다.[299] 이처럼 독도의용수비대가 독도에 주둔하기 이전에 이미
제주해녀들이 독도에서 어로활동을 하고 있었음을 알 수 있다.

독도의용수비대가 장기간 독도에 주둔하기 위해서는 많은 수의 대원들이
생활하기 위한 비용이 필연적으로 따를 수밖에 없었다. 정부의 지원 없이 자
체 경비를 마련하여 장기간 독도에서 생활한다는 것은 한계가 있었기에, 홍
순칠은 자체적으로 주둔경비를 조달하기 위한 방법으로 미역을 채취해서 판
매수익을 독도의용수비대의 주둔비용의 일부분으로 충당하려고 생각했다.
그렇게 하기 위해서는 해녀들의 도움을 받지 않을 수가 없었다.

한 해 동안 독도수비대의 경비는 엄청난 비용이 소모되었다. 하지만 무한정
비용을 제공하는 이도 없고 해서 무진장의 미역을 그냥 버릴 것이냐, 아니면 따
서 수비대 비용에 충당할 것인가를 대원들과 상의하고, 가능하면 우리들의 노력
으로 얼마간의 비용을 조달하자는 것이 미역작업이었다.[300]

홍순칠이 그의 수기에서 밝히고 있듯이 제주해녀의 도움으로 미역을 채취

298 한석근, 「아버지의 독도지키기」, 『울산매일』, 2013.3.5.
299 한석근, 「독도와 울산의 해녀사」, 『향토사보』, 27집, 울산향토사연구회, 2016, 353쪽.
300 홍순칠, 『이땅이 뉘 땅인데!: 독도의용수비대 홍순칠 대장수기』, 혜안, 1997, 157쪽.

해서 독도주둔 비용의 일부를 충당하고자 했음을 알 수 있다. 이렇게 독도의 용수비대와 제주해녀는 처음 고용인과 피고용인의 관계로 독도생활을 시작했음을 알 수 있다. 그렇지만 독도의용수비대가 열악한 환경 속에 살면서 독도를 지킬 수 있었던 데는 무엇보다 제주해녀의 역할이 컸다고 할 수 있다.

아직까지 독도의용수비대가 존재할 수 있었던 기반을 마련해 준 제주해녀에 대한 체계적인 연구가 많이 부족한 상태이다.[301] 그동안 독도에서 미역을 채취했던 제주해녀의 어로활동과 독도생활이 단편적으로 소개된 적은 있었다. 최근 『경북매일』 신문에 소개된 관련 기사에서도 제주해녀와 독도의용수비대가 상보적, 공생적 협력관계를 유지하며 독도에 거주해왔음을 밝히고 있다.

해녀의 독도 진출도 주목할 필요가 있다. 1950년대 초반 제주 해녀는 독도 어장으로 이동하였다. 독도에는 물이 없고 비와 바람을 피할 수 있는 거주지도 없었으나 넓은 미역어장이 있었다. 해녀들은 서도 물골 자갈밭에 가마니 몇 장을 깔고 자거나 나무로 2층 단을 만들어 비바람을 피해 살았다. 1954년 조봉옥 해녀는 울릉도에 사는 시삼촌이 독도에서 물질을 하면 돈벌이가 될 것이라고 종용하자 세 살짜리 딸과 시아버지, 시누이, 동네 친구 2명과 함께 울릉도에서 전주(錢主)의 오징어 배를 타고 독도로 갔다. 같은 시기에 독도로 간 박옥랑, 김순하, 박애자 해녀는 오징어 장사를 하는 포항 친구의 권유로 울릉도를 경유하여 독도로 갔다. 해녀 개인별로 어장을 찾아 독도로 간 것이다. 1959년 19살에 독도에 간 김공자 해녀는 제주 해녀 36명과 남자 10명 등 45명이 함께 독도에서 미역 채취업을 했다. 당시 독도의용수비대가 독도 어업권을 확보하면서 해녀를 집단 모집하였다.[302]

---

301 제주해녀와 독도의용수비대의 협력관계를 다룬 논문으로는 김수희, 「독도어장과 제주해녀」(『대구사학』109호, 2012, 123-154쪽)를 참조할 것.

302 김수희, 「독도로 간 해녀」, 『경북매일』(기획·특집) 포항의 해양문화－해녀③, 2021. 06.30.

제주해녀와 독도의용수비대의 협력관계는 1953년 4월 홍순칠에 의해 독도의용수비대가 결성되면서 시작되었다. 이들은 독도 주둔을 준비하면서 자체 경비를 마련하기 위해 독도에서의 미역 채취 작업을 구상하였다.

> 무진장의 미역을 버릴 것이냐, 아니면 따서 수비대에 충당할 것인가를 대원들과 상의했다. 모두 작업을 해서 팔자는 얘기였다. 그럼 대장은 제주에 건너가 해녀를 데리고 올 것이니 대원들은 미역 따는 준비를 완벽하게 해 두도록 부탁하고 해녀 인솔차 제주도로 갔다. 50명의 해녀, 잡역 20명, 운반선 3척, 독도의 식구는 100명이 훨씬 넘었다.[303]

홍순칠은 경상북도지사 신현철을 만나 독도어장에서의 독점적 어장이용권을 허가받았다. 홍순칠은 이 어장이 '산전수전' 끝에 겨우 얻어냈다고 어려움을 털어놓았다. 당시 독도어장의 미역채취권은 경제적인 가치가 컸다. 독도의용수비대는 독도 주둔과 함께 제주해녀들을 동원하여 미역을 채취할 것을 계획하고 제주에 가서 해녀들을 모집하기 시작하였던 것이다.

조선시대 미역어장이었던 독도어장은 일제시대 통조림 원료 공급지로 이용되었기 때문에 미역이 잘 자라 방치 상태였다. 태평양 전쟁기 일본인들의 감시가 소홀한 틈을 타 울릉도인 윤상길과 김무생, 김기수 등은 미역 채취를 목적으로 출어하기 시작하였다. 사회적 혼란 속에 양식이 부족한 울릉도에서는 자연산 돌미역이 식량을 대신할 수 있는 귀한 해산물이었으므로 수십 명 또는 수백 명이 독도 어장에 진출하였다. 이 시기 독도 어업을 경험한 사람들은 지천에 깔린 것이 미역이었다고 전한다. 길이가 짧아 손질을 따로 해야 하는 육지 미역에 비해 독도미역은 따서 그대로 말려 사용해도 될 정도로 길었으며 질이 좋았다고 한다.[304]

---

303 홍순칠, 『이땅이 뉘 땅인데!: 독도의용수비대 홍순칠 대장수기』, 혜안, 1997, 87쪽.
304 경상북도, 「독도를 지켜온 사람들」, 2009, 160-170쪽.

3) 제주해녀의 어로활동과 독도생활

당시에 독도에서 어로활동을 하던 주민들의 생활사를 살펴보면, 배를 가지고 있고 미역을 채취할 줄 아는 사람은 독도에 미역을 채취하러 갔었는데, 한 척에 7, 8명 정도가 타고 들어갔으며, 제주도 해녀들을 고용하기도 하였다. 일제강점기 때에 동도의 자갈밭에 지어 놓은 20여 평 넘는 창고에서 작업도 하고 잠도 잤다. 그런데 이 창고는 태풍에 흔적도 없이 사라졌다. 창고가 사라진 이후에는 배와 물골에서 잠을 잤다. 3, 4일 또는 1주일간 미역 채취 작업을 하여 울릉도 등으로 보냈는데, 염장은 하지 않았고 독도에서 말리거나 울릉도로 가져와 말리기도 하였다. 장작불을 피워서 밥을 해 먹었고, 반찬으로는 고추장과 된장만 가져갔으며, 고기를 잡아 반찬을 만들어 먹곤 하였다.[305]

제주해녀들이 미역 채취를 위해 독도로 건너온 것은 앞의 신문기사 글을 통해 소개한 한석근의 모친 등 14명의 해녀들이 1948년 3월에 미역채취를 하러 독도에 들어간 사실에서 확인할 수 있으며, 1952년 9월 15일 미군의 2차 독도폭격 때 독도에서 소라와 전복 채취작업을 하던 광영호 소속 해녀 14명이 피해를 입은 것을 통해 볼 때 그 이전부터 제주해녀들이 독도에서 어로작업을 하고 있었지만, 독도의용수비대와 함께 독도로 건너가 물질을 하였던 제주해녀는 김순하, 박옥랑등 5, 6명이었다.

박옥랑은 그 당시에 울릉도에서 오징어나 명주를 사다가 제주도에 와서 팔던 상인 이춘양의 권유로 19세 되던 해인 1953년에 울릉도로 건너왔다고 한다. 울산으로 가기로 약속이 되어 있었으나, 울릉도에 가면 더 많은 돈을 벌 수 있을 것이라는 이춘양의 말에 울릉도로 왔다고 한다. 울릉도에 와 있을 때, 독

---

305 황정환·여세주·김호동·윤국진,『독도 어로 및 생활에 대한 역사적 고찰』, 대구경북연구원, 2012, 23쪽.

도에 미역이 많다는 소문을 듣고 누군가 발동선을 빌려서 작업을 가자는 제안을 하여, 제주해녀 5명이 독도로 건너 갔다고 한다.[306]

독도에는 미역이 지천으로 깔려 있었고 소라와 전복이 마치 나무에 열매처럼 붙어 있었다. 당시에는 미역이 돈이 되었기 때문에 미역 채취 작업에만 전념하고 소라나 전복은 채취할 시간적 여유가 거의 없었다. 미역을 말린 후 서도에 있는 굴 속에 차곡차곡 쌓아 놓았다가, 울릉도로 실어가 포항이나 부산에서 상인이 오면 팔았다. 제주 구좌읍 하도리에 거주하는 해녀 조봉옥은 울릉도 천부에서 조그마한 가게를 운영하던 시삼촌 백사만의 권고로 임화순, 송영찬, 오평금 등 7명과 함께 울릉도로 건너갔으며, 1954년에 사공 2명과 해녀 7명이 오징어 배를 타고 독도로 갔다고 한다. 해방 직후부터 한국전쟁 직후까지 독도에서는 주로 미역을 채취하였고, 강치 등의 다른 어종에는 별로 관심이 없었다. 조선시대 때에 주로 채취하였던 전복도 거의 따지 않았고, 일본인들이 잡아오던 강치 잡이도 하지 않았다고 한다.[307]

독도의용수비대는 1953년 독도에 주둔한 시기부터 미역 조업을 하였다. 이들의 미역 조업은 제주에서 30명, 많게는 50여 명의 해녀들을 집단적으로 모집하여 운반선 3척을 구비하여 울릉도와 독도를 수시로 왕래하였다. 미역 조업은 현재 가격 7,000만원 상당의 고수입을 올릴 정도로 부가가치가 높은 어업으로 입찰은 경쟁적이었다. 이러한 이유로 독도의용수비대 일원 정원도는 1957년 300~400만원의 입찰비를 내고 미역어장을 조직적으로 운영하였다.

독도의용수비대는 처음 서도에 거주하였으나 해녀들이 활동하면서 동도로 이전하였고 해녀들은 서도 물골에 거주하였다. 해녀들은 물이 가장 귀했으므로 물골 수신(水神)에게 제를 올렸다. 김공자 해녀는 제를 지내면 물통의 물이 전보다 시퍼렇게 나와 40여 명의 음용수가 해결되었다고 하였다.[308] 어

---

306 같은 책, 24-25쪽.
307 같은 책, 25쪽.

장이 있지만 만약 물이 없었다면 살아갈 수 없었기 때문에 해녀들은 감사의 표시를 물골 수신(水神)에게 나타냈다. 사람이 살 수 없는 이 바위섬은 물과 미역어장이 확보됨으로써 거주공간으로 자리 잡기 시작한 것이다.

4) 독도수호의 도우미 제주해녀

제주해녀들은 동도에 사는 독도의용수비대와 함께 일본의 침탈 야욕에 맞서 독도 지킴이에 큰 일조를 하였다. 1954년 홍순칠 독도의용수비대 대장이 동도에 독도경비대 막사를 지으려고 통나무를 싣고 왔는데 물가까지 옮길 수 없었다. 해녀들은 바다에 떨어뜨린 통나무를 물가까지 밀어주고 막사를 짓는데 도움을 주었다. 또한 먹을 물이 떨어져 곤경에 처했을 때 해녀들은 서도 물골에서 물을 실어 동도에 살던 경비대원들에게 전달하였다. 그리고 파도로 울릉도 보급선이 독도에 접안할 수 없어 경비대원들이 아사 직전에 있다는 소식을 듣고 해녀들은 풍랑 속에 뛰어들어 부식물을 받아오기도 했다.

> 이불을 뜯어 밧줄을 만들고 그 밧줄로 몸을 묶은 후 거센 풍랑 속으로 뛰어들었지요. 우리가 배에서 부식을 받아 헤엄쳐 오면 독도경비대원들은 이불 끈 밧줄을 끌어당기면서 우리를 도왔어요. 힘쎈 장정들이 얼마나 마음이 급했던지 바닷가에까지 다 나왔는데도 계속 끌어당기는 바람에 바위의 굴 껍질에 긁혀 상처가 많이 나서 고생했어요.(김순이 해녀)[309]

독도경비대원들이 기아 위험에 처하자 제주해녀들은 자신의 생명을 돌보지 않고 풍랑 속에 뛰어들어 식량을 조달하였다. 독도 거주자들에게는 물과

308 해녀박물관 편,「김공자 해녀 증언」,『제주해녀의 재조명4』, 해녀박물관, 2011, 276쪽.

309 윤미경,「아 제주해녀여」(제주해녀 구술증언수기자료집), 2010. 참조(김수희, 위의 논문, 23쪽 재인용).

먹을 것이 부족한 생활이었지만 이들의 생활에 생명을 불어넣고 장기간 거주할 수 있게 된 것도 제주해녀가 있었기 때문이었다. 비록 독도경비대의 사례이기는 하지만, 이러한 사례를 통해서 보더라도 독도의용수비대와 제주해녀는 서로가 서로를 의지하며 협력관계를 형성하며 험난한 독도생활을 이어나갈 수 있었던 것이다. 물론 당연히 제주해녀들의 어로활동과 독도생활을 일본으로부터 안전하게 지켜준 것은 독도의용수비대였다.

독도의용수비대와 독도경비대의 독도주둔생활에 도움을 준 사례들을 우리는 제주해녀들의 구술증언을 통해 들어볼 수 있다.[310]

① "독도에는 바다사자와 갈매기가 참 많았어요."(고정순 해녀 증언)

1953년도 17세 때 사촌언니들을 따라 다섯 명이 독도에 처음 갔어요. 8시간 배 타고 갔는데 참 힘들었어요. 독도에는 바다사자와 갈매기들이 참 많았어요. 바다사자가 우리를 지켜주는 친구처럼 느껴졌어요. 독도에서 물질하면서 보니 소련, 중국 배는 그냥 지나가는데 유독 일본 배는 독도에 다가와서 독도를 한 바퀴 빙 돌고 가곤 했어요. 그럴 때면 우리는 무서워 가만히 숨어 있기도 했었지요.

울릉도에서 물질할 때는 울릉도 사람들이 우리 같은 해녀를 처음 보았는지 우리가 물속에 들어가면 "죽었다!"하고 다시 올라오면 "살았다!"하면서 신기해했어요. 울릉도 사람들은 순진해서 우리가 전복을 주면 된장을 주면서 우리를 좋아했던 것들이 기억이 나요. 우리가 울릉도, 독도에 갔을 때는 먹을 것이 없어서 쑥과 쌀을 죽처럼 끓여 먹었어요.

② 통나무 막사를 짓는데 참여한 김순하 해녀 증언(독도사랑해녀회 초대회장)

1954년도에 홍순칠 대장이 독도에 막사를 지을 때 통나무를 울릉도 저동에서 싣고 왔어요. 배에서 바다에 통나무를 떨어뜨리면 독도의용수비대원들은 깊은 바다에 들어와서 통나무를 옮길 수가 없어서 우리가 그 통나무를 물가로 밀어주는 작업을 했어요. 물가에 있던 독도의용수비대원들은 우리가 밀어준 통나무를 끌어 올려 막사를 지었죠. 그때 우리는 "앞으로 제주해녀들도 독도를 지키는데

---

310 윤미경, 같은 글 참조.

참여했다고 하겠구나!" 하면서 웃었는데 54년이 지난 지금 와서야 독도의병대를 통해서 이 말을 듣네요. 울릉도에 살 때는 큰 모시개에서 살던 학수 아바이(삼사호 선주 이필영씨)집에서 생활했어요.

③ 울릉경찰서장의 감사장을 받은 김순이 해녀 증언

파도로 울릉도의 보급선이 독도에 접안 할 수가 없어 아사직전에 있다는 독도경비대의 안타까운 소식을 듣고 해녀 둘이서 나섰어요. 이불을 뜯어 밧줄을 만들고 그 밧줄로 몸을 묶은 후 거센 풍랑 속으로 뛰어 들었지요. 우리가 배에서 부식을 받아 헤엄쳐 오면 독도경비대원들은 이불 끈 밧줄을 끌어당기면서 우리를 도왔어요. 힘센 장정들이 얼마나 마음이 급했던지 바닷가에까지 다 나왔는데도 계속 끌어당기는 바람에 바위의 굴 껍질에 긁혀 상처가 많이 나서 고생했어요. 울릉도로 돌아가서 치료 받으러 다니고 있는데 하루는 울릉경찰서에서 경찰관이 왔어요. 잘못한 것도 없는데 왜 경찰서에서 부르느냐면서 따라갔더니 울릉경찰서장님이 독도경비대원들을 구해주어서 고맙다고 이 감사장을 주시지 않겠어요?

5) 제주해녀의 독도어로활동의 역사적 의미

1950년 전후부터 1970년대 후반까지 독도에서 어로활동을 해온 제주해녀들은 독도주민생활사와 독도경비사에서 빠질 수 없는 중요한 역할을 한 주역이라 할 수 있다. 조선산악회의 울릉도 · 독도 학술조사와 독도의용수비대의 독도수호 활동, 그리고 독도경비대의 독도수호 활동에도 언제나 제주해녀들이 함께 했다.

지금까지 제주해녀의 독도어로활동의 의의는 위에서 언급한 독도조사나 독도수호 활동에 도움을 준 조력자 정도의 의미로만 인식되어 왔다. 결과적으로 주체적, 자발적 참여가 아니라 우연적 참여에 의해 독도수호에 간접적 도움을 주는 활동을 했다는 사실만 단편적으로 부각되어 왔다.

그러나 1950년 전후~1970년대 후반까지 독도조사나 독도수호 활동에는 항상 제주도 출신 독도해녀들이 함께 해왔으며, 심지어 최종덕(1965~1992), 김성도(1992~2018)의 독도어업도 이들이 없었다면 불가능했을 것이다. 즉 이들은 광복 후~1970년대 후반까지 지속적으로 독도어장을 관리하면서 독도 근현대주민생활사를 구성하는 일원으로서 중요한 역할을 담당해왔다고 할 수 있다. 나아가 독도수호를 가능케 해 준 생산력을 제공준 또 하나의 독도수호단체라고 할 수 있다.

따라서 독도주민생활사의 맥을 이어준, 그리고 독도의용수비대를 도우며 한국이 독도를 실질적으로 지배·관리할 수 있도록 해 준 진정한 주체는 제주해녀라는 사실이 보다 적극적으로 조명될 필요가 있을 것이다.

4. 독도의용수비대 활동의 주민생활사적 의미

지금까지 독도의용수비대와 제주해녀의 협력관계를 중심으로 독도의용수비대의 주민생활사적 의미를 찾아보고자 했다.

이를 위해 본론에서 독도의용수비대의 독도 수호 활동을 살펴본 후, 독도의용수비대와 제주해녀들이 혹독한 독도의 자연환경 속에서 어떻게 협력하며 거친 환경을 극복하고 생활하였는지, 또 어떻게 독도를 삶의 터전으로 관리하고 경영해왔는지를 단편적이나마 몇 가지 구술증언 사례를 통해 확인해 보았다.

주민생활사적 측면에서 독도의용수비대의 독도수호활동을 재조명해 봄으로써 우리는 다음과 같은 의미를 찾아볼 수 있겠다.

무엇보다 독도의용수비대의 존재가치에 대해 새로운 의미를 부여할 수 있다. 지금까지는 일본의 독도침입에 맞서 민간인으로서 독도를 경비하고 수호했다는 독도경비사적 범주에서만 독도의용수비대의 존재가 평가받아왔지만, 수년간 독도를 삶의 터전으로 일구고 그 터전 위에서 제주해녀들과 함께 생활해오면서 독도를 지키고 관리해온 점도 새롭게 부각되고, 평가받아야 할 부분이라고 생각한다.

즉 독도의용수비대는 전쟁으로 인해 국가의 공권력이 미치지 못하는 시기에 독도를 실질적으로 지배할 수 있도록 독도를 지켰을 뿐만 아니라, 그곳에서 생활하며 울릉도 어민들과 제주해녀들이 함께 어로활동을 할 수 있는 생활공간으로 독도를 가꾸고 관리하는 데에도 큰 기여를 했다고 평가할 수 있다. 다시 말하면 독도의 실질적 지배·관리가 독도주민생활을 통해 뿌리내릴 수 있도록 한 역할도 동시에 인정받아야 할 것이다.

이는 궁극적으로 독도의용수비대의 독도 주둔생활과 제주해녀의 어로생활이 독도를 실질적으로 지배·관리할 수 있게 하였음을 재확인하는 동시에 그 업적에 대한 평가를 새롭게 하는 것이기도 하다. 특히 독도에서 제주해녀들의 활약은 새롭게 우리의 주목을 끄는 것이었다. 그동안 제주해녀는 독도의용수비대의 독도수호활동과는 무관한 별개의 존재로 생각되어 왔지만, 이들의 도움이 있었기에 독도의용수비대의 활동과 공적도 가능할 수 있었음이 확인되었다.

그러나 이 연구를 수행하는 과정에서 미진한 점 또는 향후 보완되어야 할 과제 또한 적지 않게 남아 있음을 확인할 수 있었다. 무엇보다 독도의용수비대와 제주해녀가 협력관계를 통해 독도를 수호하고 지배·관리했음을 입증할 근거자료가 많이 부족하다는 점에 스스로 아쉬움을 가진다. 향후 보다 진전된 연구결과를 제시하기 위해서는 몇 가지 추가적 보완이 필요할 것으로 생각한다.

첫째. 최근에 발간된 독도경비대원들의 생활을 담은 『독도의 한토막』을 통해 독도의용수비대의 독도생활 모습을 추정해볼 수는 있지만 아직까지 독도의용수비대원들의 생활상을 제대로 파악할 수 있는 자료나 연구물을 찾기가 어렵다. 이를 위해서는 우선 독도의용수비대원들이 소장하고 있던 관련 유물이나 유품을 총합해서 수집·정리할 필요가 있다. 사진이나 영상물, 영화, 일기, 기록물, 특히 현재 90세 전후의 생존해 계신 다섯 분들의 구술증언자료 등을 채록해 둘 필요가 있다. 기존에 산발적으로 채록해 놓았던 돌아가신 대원들의 육성 녹취록도 한 곳에 모아서 정리할 필요가 있다. 말하자면 독도의용수비대 아카이브를 체계적으로 구축할 필요가 있다.

이러한 자료들이 어느 정도 축적되어야만 제대로 된 독도의용수비대원들의 생활상을 재구성 해낼 수 있을 것이며, 향후 기념관이나 전시관, 교육현장 등에서 이들의 근무환경과 생활모습을 생생하게 재현해서 후세들에게 전달할 수 있을 것이다. 당연히 독도수호 및 영토수호, 애국심과 나라사랑 정신을 함양하는데도 일조할 수 있을 것이다.

둘째. 독도의용수비대원들이 제주해녀와 협력관계를 통해서 독도를 수호했던 부분을 밝히기 위해서도 마찬가지로 당시 독도어장에서 어로활동을 했던 해녀들의 영상자료나 물증자료, 구술증언들을 더 많이 확보할 필요가 있다. 기존에 산발적으로 채록, 수집해 두었던 관련 자료들을 확보, 수집, 정리하여 독도의용수비대원들과 함께 독도를 지키며, 관리하던 모습을 남기고 보존할 필요가 있다.

이 장에서는 독도의용수비대와 제주해녀의 협력관계를 중심으로 독도의용수비대 활동의 주민생활사적 의미에 대해 고찰해보고자 했다. 그러나 관련 자료의 부족으로 명확하게 주제의 타당성을 입증하고 논지를 전개하는데 한계가 있음을 인정하지 않을 수 없다. 추후 더 많은 관련 자료를 확보하고, 더 많은 전문가들의 조언을 반영하여 보다 진전된 연구가 이루어질 수 있도록 하는 과제는 논자의 책임으로 남겨 둔다.

제9장

독도와 관련한 '스기하라(杉原隆) 보고서' 비판

1. '스기하라 보고서'의 개요와 작성 의도

'시마네현 죽도문제연구회'에서는 2012년 3월 『제2기 '죽도문제에 관한 조사연구' 최종보고서』를 발간하였다. 이 보고서에는 여러 편의 논문·연구리포트가 수록되어 있는데, 그 중에서도 스기하라 다카시(杉原隆)가 쓴 「에도시대부터 쇼와시대에 걸쳐 다케시마와 관련된 오키인들의 발자취」(이하 '스기하라 보고서'로 약칭함)는 17세기 이후 울릉도·독도와 관련이 있다고 보는 오키섬 사람들의 흔적을 지역의 사료에서 찾아 재구성하려고 한 것이다.

이 장에서는 '스기하라 보고서'가 기술하고 있는 내용을 목차에 따라 정리·검토하고, 그에 대한 평가를 내려보고자 한다. 왜냐하면 『제2기 '죽도문제에 관한 조사연구' 최종보고서』에 수록된 논문·기사가 어떤 내용을 수록하고 있는지 일차적으로 평가한 후, 그에 대한 대응 방안을 검토할 필요가 있기 때문이다.

스기하라는 이 보고서에서 울릉도·독도 문제에 관련된 오키섬 주민 개개인의 역할, 집안 내력, 심지어 그들 후손의 현재 상황까지 구체적으로 소개하고 있는데, 울릉도·독도와 관련, 종래 연구를 통해 이미 널리 알려진 인물이 아니라 오키섬의 일반 주민들의 행적을 자세하게 다루고 있는 점이 특징이다. 이것은 울릉도 · 독도가 역사적으로 오랜 세월 동안 오키섬 주민들의 삶과 밀착된 지역이었다는 점, 즉 전근대에 일본(오키섬 주민)이 독도를 실질적으로 이용하고 있었음을 우회적으로 부각시킴으로써 독도의 역사적 권원이 일본에 있음을 강조하려는 의도로 볼 수 있다.[311]

'스기하라 보고서'는 울릉도 · 독도와 관련이 있다고 보는 오키인들의 흔적을 통시적 순서로 다루고 있다. 즉 '원록죽도일건(元祿竹島一件)'에 관련된 오키 사람들, '천보죽도일건(天保竹島一件)'에 관련된 아마(海士)의 와타나베가, 메이지 초기 독도문제와 관련된 오키 사람들, 나카이 요자부로와 함께 독도(다케시마) 문제에 관련된 오키 사람들, 다이쇼, 쇼와 초기 독도(竹島 · 다케시마) 문제와 관련된 고카촌 쿠미 지역 사람들, 태평양전쟁 전후의 독도(다케시마) 문제와 관련된 오키 사람들, 이승만 평화선 설정 전후의 독도(죽도 · 다케시마) 문제와 관련된 오키 사람들의 순서로 구성되어 있다. 여기서 우리는 '스기하라 보고서'가 독도의 영유권 주장을 위해 역사적 기록물들을 어떻게 '활용'하고 있는지 잘 살펴볼 수 있다.

'스기하라 보고서'는 비록 사료에 근거하기는 했으나, 엄밀한 학술적 논증 형식을 갖춘 논문이라기보다 보고서 형식의 기사 형태를 취하고 있다. 물론 독도의 역사적 권원이 일본에 있음을 제목(「에도시대부터 쇼와시대에 걸쳐 다케시마와 관련된 오키인들의 발자취」)에서 이미 함의하고 있듯이, '스기하라 보고서'의 주장은 명약관화한 것이다. 따라서 이 글에서도 엄밀한 학술적 논증 형식에 구애되지 않고, '스기하라 보고서'의 내용을 순서에 따라 정리 · 소개하면서 필요한 부분은 간략히 평가할 것이다.

---

311 윤유숙, 「시마네현 '죽도문제연구회' 제2기 최종보고서 검토」, 『영토해양연구』 Vol. 4, 동북아역사재단, 2012 겨울, 216쪽.

2. 17세기 오키섬 어민들의 울릉도 · 독도 표착 및 어업 이야기

제목에서도 이미 잘 알 수 있듯이 '스기하라 보고서'는 에도시대부터 쇼와시대(1603년~1989년)에 걸쳐 독도(죽도)와 관련된 오키섬 사람들의 발자취를 통시적 · 연대기적으로 회고해보는 방식으로 기술되어 있다. 에도시대 이전에는 오키섬 사람들이 독도 인근 해상에 진출하지 않았는지, 아니면 관련 역사적 기록들이 존재하지 않아서인지, 스기하라는 주로 1600년대 이후의 기록물에만 근거해서 독도와 관련한 오키섬 사람들의 발자취(足跡)를 회상하고 있다.

먼저 〈들어가는 말〉에서 그는 2010년 10월 23일, 1200명이 넘는 대규모 인원이 참석한 '독도(죽도) 영유권 확립 운동 오키 시마마치 집회'에서 받은 벅찬 감동을 전하면서 글을 시작하고 있다. 즉 오키도 정장(町長)의 독도와 주변 바다에 대한 구구절절한 이야기, 독도에서 어로활동을 했다는 지역의 어업관계자의 이야기, 독도를 주제로 한 '작문 콩쿠르'에서 수상한 6명의 중학생들의 '진지하고 당당했던 발표' 등을 소개하면서, 이날 집회에 참여한 **오키섬 주민들의 말과 행동이 과거 독도 문제에 관여했던 사람들과 지속적으로 연결되어 있다**는 생각이 들었다고 말하고 있다. 스기하라 보고서의 작성 동기는 오키섬 사람들을 비롯한 일본인들이 오랜 과거부터 독도 문제에 지속적으로 연결되어 있음을 제시하면서 그 '지속적 연결성'을 강조하려는 의도로 볼 수 있다.

이어서 스기하라는 오키섬 사람들과 독도의 연관성을 강조하기 위해 17세기 칸분(寬文)과 겐나(元和)시대에 당시 다케시마로 불리던 울릉도에 표착한 어민들의 이야기를 기술하고 있다. 또한 독도에 관해서도 이시이 무네요시가 쓴 편지에서 강치사냥을 했다는 기록이 있다거나, 혹은 작은 섬(독도)을 발견했다는 기록이 있다거나, 이 시기부터 현재의 독도를 마쓰시마로 부르기 시작했다고 말한다. 철저하게 기록에 의거하여 독도와 오키인들의 연관성을 기술하고자 하는 스기하라는 17세기 오키섬 사람들의 독도관련 활동기록을 제시하고 있다. 즉 『대곡씨 구기(大谷氏 旧記)』나 『죽도고(竹島考)』 등에 표착한 오키섬 사람들의 인적사항과 어업활동을 한 내용(강치잡이, 전복채취 등)이 기록되어 있다고 말한다.

비슷한 시기에 편찬된 『은주시청합기(隱州視聽合記)』도 독도와 관련된 내용을 기록하고 있는 것으로 소개하고 있다. 스기하라는 이 책의 「국대기(國代記)」 부분의 "술, 해(戌, 亥) 사이로 2일 하룻밤을 가면 송도가 있고, 또 하루 정도에 죽도가 있다. 이 두 섬은 사람이 살지 않는 땅인데, 고려를 보는 것이 운주(雲州)에서 은주(隱州)를 보는 것과 같다."와 「남방촌(南方村)」에 관한 "이소다케시마로 건너가는 자는 여기서 머물고 날씨를 헤아리거나 바람을 점친다." 등은 오키섬 사람들의 체험에서 나온 말로 생각된다고 말한다. 스기하라는 『은주시청합기』의 내용을 근거로 독도와의 연관성을 주장하고 있다. 그런데 이 연관성 주장은 오키섬 사람들의 체험담에 의존한 주장이기에 참고는 될 수 있을지언정 학술적 논증의 근거자료로 삼기에는 부족하다고 할 수 있다.

스기하라는 『은주시청합기』의 「국대기」에 있는 구절을 두고 해석상의 논란이 일고 있음을 인정한다. 이 문제와 관련해 그는 "고려를 보는 것이 운주에서 은주를 보는 것과 같다. 따라서 일본의 건지(乾地=북서쪽)는 이 주(州)로써 한계를 삼는다."라는 구절에 나오는 '차주(此州)'의 주(州)를 '국(國)'으로 읽는가, '도(島)'로 읽는가 하는 논쟁이 있지만, 사토 미야우치 가문의 필사본에는 주(州)라는 글자가 국(國)으로 되어 있다고 한다. 한편 호에이 6년(1709) 오키국으로 유배되었던 오제키 이센(尾關意仙)이 쓴 『은기국풍토기』에는 문제가 된 부분 앞에 '종죽도(從竹島)'가 삽입되어 있으며, '차주'는 '죽도'라는 것이 된다고 해석하고 있다. 또 "『은기고기집』에는 "또한 서방 70여리에 죽도가 있고, 예로부터 이곳을 기죽도로 불렀다고 전한다. 나무가 무성한 큰 섬이라고 하며, 이 섬에서 조선을 바라보면, 은주에서 운주를 보는 것보다 오히려 멀어서 지금은 조선인이 와서 산다고 한다"고 '죽도'를 중심으로 적고 있다." 라고 인용하면서 독도와 오키섬 사람들의 상호 연관성을 강조하고 있다. 스기하라도 자구(字句)에 대한 해석상의 논란이 있음을 인정하고 있지만, 이 문제는 관련 문헌에 대한 보다 면밀한 검토가 필요할 것으로 생각된다.[312] 또한 스기하라는 단순히 기록에 나타난 당시의 죽도(울릉도)에 표착한 오키섬 어민들 이야기나 이들의 강치잡이, 전복채취 등의 어로활동 기록을 통해 독도와 오키섬 사람들의 연관성을 주장하고 있다. 그런데 오키섬 사람들이 독도 인근 해역에서 어로활동을 한 사실이 있다는 것과 독도영유권 주장과 어떤 필연적 연관성이 있는지 의문이다.

3. 원록죽도일건(元祿 竹島一件)에 관련된 오키 사람들

스기하라 보고서에 따르면 "조선의 쇄출정책(일본은 공도정책)으로 70여 년 가량 울릉도(죽도)에서 조선인과 일본인이 마주치지 않았으나, 겐로쿠 5

---

312 일본은 비교적 빨리 구축한 학문의 능력으로 자국의 이익을 도모하며, 목적을 위해서는 타국의 가치를 폄훼하는 폭력도 마다하지 않는다. 19세기에는 『고사기』와 『일본서기』의 관념적인 사실을 근거로 제국주의 사상을 정당화한 일이 있었는데, 그 연장선상에 있는 것이 자료의 기묘한 조합과 해석을 통해 소유를 입증하려는 현재의 독도/죽도 문제. 독도/죽도가 일본의 영토라는 것을 증명한다는 『은주시청합기』, 『죽도고』, 『죽도도해유래기발서공』 등을 제대로 해석하면, 오히려 그것들이 일본에 소속되는 섬이 아니라는 것을 알 수 있다. (권오엽, 「『은주시청합기』와 독도」, 『한국일본어문학회 2007년 춘계학술발표대회논문집』, 2007.4, 178-181쪽 참조.) 이처럼 독도/죽도 관련 사료에 대해 전체적 맥락에서 해독하지 않고, 부분적 자구에만 매달려 축소·왜곡된 해석을 가함으로써 자국에 유리한 방향으로 끌어들이려는 일본 '죽도문제연구회' 측의 의도가 잘 드러난다.

년(1692) 무라카와 선박이 울릉도에 가보니 수십 명의 조선인이 일본인이 세운 창고를 사용하고, 섬에 둔 작은 배를 타고 돌아다니고 있었다. 무라카와 선박의 승조원이 상륙했지만, 화기를 소지하고 있었기 때문에 이들은 서둘러서 섬을 떠났다. 이듬해 오오야 선박이 건너가 보니 작년보다 더 많은 조선인이 있었다. 사정을 들어보려고 일본어를 할 줄 아는 안용복과 근처에 있던 박어둔을 오키를 거쳐 돗토리번으로 연행하였다. 이런 사정을 보고받은 막부는 대마번을 통해 죽도(당시의 울릉도)의 소속에 대하여 교섭하도록 했지만, 3년이 지나 마침내 겐로쿠 9년(1696) 일본인의 죽도 도해 금지를 결정하고 돗토리번에도 전달했다. 그 해에 안용복이 동료 10명과 함께 오키섬에 모습을 드러냈다. 겐로쿠시대 초기에 울릉도(죽도)를 둘러싼 이 움직임을 한국 측에서는「울릉도쟁계(鬱陵島爭界)」라고 부르고, 일본 측에서는「원록죽도일건」이라고 부르고 있다.”[313]고 당시의 정황을 설명하고 있다.

안용복 납치사건으로 야기된 '울릉도쟁계' 또는 '원록죽도일건'은 이미 잘 알려진 이야기이지만, 스기하라는 이 사건과 관련된 오키섬 사람들에 대하여 정리하고 있다. 그는 구술자료에 의거해서 작성된『장생죽도기』라는 사료에 당시 오키섬 사람들의 울릉도(죽도) 도해 체험담이 기록되어 있고, 일본으로 납치해간 안용복·박어둔에 대해 기록되어 있어 가치 있는 사료라고 말한다.

---

313 '울릉도쟁계(鬱陵島爭界)' 또는 '元錄 竹島一件'과 관련한 보다 상세한 연구는 다음 논문을 참조할 것. 송휘영,「울릉도쟁계(竹島一件)의 결착과 스야마 쇼에몽(陶山庄右衛門)」,『일본문화학보』Vol.49, 한국일본문화학회, 2011, 263-286쪽; 장승순,「17세기 조일관계와 '울릉도쟁계'」,『역사와 경계』Vol.84, 2012, 부산경남사학회, 37-71쪽; 김화경,「박어둔과 울릉도쟁계에 관한 연구: 한·일 양국 자료를 중심으로 한 고찰」,『인문연구』Vol.58, 영남대인문과학연구소, 2010, 1-42쪽; 송병기,「안용복의 활동과 울릉도쟁계」,『역사학보』Vol.192, 역사학회, 2006, 143-181쪽; 김호동,「울릉도, 독도 어로활동에 있어서 울산의 역할과 박어둔 — 조선 숙종조 안용복, 박어둔 납치사건의 재조명」,『인문연구』, Vol.58, 영남대 인문과학연구소, 2010, 83-126쪽; 손승철,「중·근세 조선인의 도서 경영과 경계인식 고찰」,『한일관계사연구』Vol.39, 한일관계사학회, 2011, 205-259쪽.

당시 납치 상황에 대해서 다음과 같이 기록되어 있다고 한다.

> 겐로쿠 6년(1693)에, '은기주에서 죽도로 도항 7회째 당인(唐人)이 주연(酒宴)에 능하다'는 내용 중에 "죽도 해변에 먼저 2~3명이 조용히 올라가서, 우두머리 당인[314]이라는 두 명에게 손짓 몸짓으로 문답하고, 우리는 일본에서 먼 이 섬에 여러 가지 고기를 잡으러 건너왔다. 여럿이서 생업으로 고기를 잡는가? 하고 틈을 보아 말을 걸었는데, 당인의 말은 거듭 알지 못했고 반복해서 끄덕였다. 참으로 안심하였다. 일본인이 말하기를, 그러면서 함박웃음을 보이며 죽도환 배 안에서 수주(水主)가 모두 모여 싣고 온 술을 각자 찻잔을 술잔삼아 서로 서로 주거니 받거니 하면서 왜국의 풍습으로 그 2명의 당인에게 술을 마시라고 손짓 발짓으로 보여주자 크게 웃으며 거듭 끄덕이며, 일본인 배에서 손짓하자 배에 타고", "안용복·박어둔도 이 계략에 넘어가 두 번 다시는 마시지 못할 이 술과 기운과 마음을 빼앗겨 배 안에서 술 취해 아무 생각 없이 엎드렸다", "계획한대로 증거로 2명의 어부 안용복과 박어둔을 배에 싣고, 다케시마의 해변을 밤 10시경, 닻줄을 자르고 뒤도 보지 않고 달아났다."

안용복과 박어둔을 일본선박으로 불러 술에 취했을 때 두 사람을 태운채 오키섬을 향해 출발했다는 것이다. 오키섬의 후쿠우라에 도착해서는 일본어를 아는 안용복을 심문하면서 거주지, 나이, 어로 작업 인원, 현황 등을 물었다고 한다. 연행된 안용복 일행은 그 후 요나고의 오오야가에 머물렀고, 다시 돗토리 성하(城下)로 옮겨져 심문을 받은 후 육로를 이용하여 나가사키로 이동하였고, 쓰시마를 경유하여 귀국하였다. 이때부터 막부는 쓰시마번에게 조선국과 울릉도(죽도) 문제를 교섭하도록 했지만, 해결을 보지 못하고 겐로쿠 9년(1696) 1월에 막부는 일본인의 독도 도해 금지를 결정하고 쓰시마번과 돗토리번에 전달했다.

같은 해 5월, 안용복 일행이 다시 오키섬에 나타났는데, 『원록9년조선선주

---

314 여기서 唐人은 조선인, 즉 안용복과 박어둔을 지칭한다.

착안일권지각서』에 이들의 행적에 대한 기록이 남아 있다고 한다. 당시 안용복은 울릉도와 자산도가 그려진 「조선팔도도」를 가지고 있었다고 한다. 이때 안용복 등 조선인 11명을 따라다니며 보살펴주었던 사람들이 다카나시 모쿠자에몬과 가와지마 마코토효에 같은 오키섬 사람들이다. 스기하라는 「고리가전기」라는 문서에 근거해서 이들의 인적사항을 상세히 밝히고 있다. 요컨대 이들 두 사람이 안용복 일행에게 친절하게 도움을 주었다는 것이다. 『장생죽도기』에는 오키섬 사람들과 안용복 일행의 작별모습이 기술되어 있는데, 스기하라의 표현으로는 "은혜를 입은 것을 생각해서, 그 예의를 보이고 손가락으로 하늘을 가리키며 9배를 하고, 다음으로 운집해 있는 많은 사람들을 향하여 다시 3배"하였고, 해변에 모인 사람들도 "모두 예의를 갖추어 무릎을 꿇고 합장하며 감루(感淚)를 흘리며 끄덕였다"고 한다. 또 "포구의 남녀노소가 해변으로 나와 말이 통하지 않은 것을 애석해 하며 홍루(紅淚)가 옷소매를 적셨다. 당인도 눈물을 뚝뚝 흘리며 손을 들어 조선을 가리키고 돌아갔다"고 이별의 정경을 적고 있다고 말한다.

안용복 납치사건으로 인한 울릉도쟁계를 둘러싸고 벌어진 17세기 한·일간의 영유권분쟁은 외교적으로는 막부로부터 일본인의 독도 도해 금지 결정을 이끌어냄으로써 울릉도·독도가 조선의 고유 영토임을 확약 받은 중요한 사건이었다. 또한 안용복 일행의 귀국과정에서 스기하라가 묘사한 것처럼 양국민의 인적 교류라는 측면에서도 선린우호에 기반한 평화적 교류였음을 알 수 있다.

4. 천보죽도일건(天保竹島一件)에 관련된 아마(海士)의 와타나베가

'천보죽도일건'(덴포다케시마잇켄)이란 겐로쿠기에 도해가 금지되었던 울릉도(죽도)에 하마다번 내의 마츠하라우라의 회선(回船)업자 아마즈야 하치에몬이 울릉도로 건너갔다 돌아왔던 일이 텐포 7년(1836)에 발각되어 하치에몬과 협력했던 하시모토 산베에는 사형에, 오카다 타노모와 마츠이 즈쇼는 자살했던 사건이다. 이 사건은 하치에몬이 심문을 받았을 때의 구술서 초록인『죽도도해일건기 전』에 기록되어 있다. 스기하라는 이 기록에 의거해 여러 명의 인물을 등장시키고 그들의 가족 관계와 당시의 울릉도 도해 상황을 상세히 설명하고 있다. 또한 가에이 2년(1849) 마츠에번의 난학(蘭學) 교수 카나모리 켄사쿠가 번주 마츠다이라 나리타케에게 「죽도도」와 그 설명서인 「죽도도설」을 제출했다고 한다.

스기하라는 위의 사료와 그림에 의거해 오키섬 사람들이 19세기 전반까지 울릉도(죽도)를 내왕했다는 증거로 삼고 있다. 그러나 울릉도(죽도)로 건너갔다 온 오키섬 사람들이 불법행위자로 체포되어 심문을 받고 사형에 처해지거나 자살했다는 기록은 오히려 울릉도 · 독도가 한국의 고유영토였음을 반증해주는 자료라고 할 수 있다.

5. 메이지 초기 죽도문제와 관련된 오키 사람들

메이지 초기 외국 선박의 출몰이 잦아지면서 동해를 항해하던 중 울릉도를 발견한 외국인들이 자국어로 울릉도를 명명하게 된다. 스기하라는 텐메이 7년(1787) 프랑스 선박이 울릉도를 발견하고 '다쥬레섬'으로 명명한 후, 칸세이 원년(1789)에는 영국 선박이 울릉도를 발견하고 '아르고노트'섬으로 명명하게 되었다고 한다. 가에이 2년(1849)에는 프랑스의 포경선 리앙쿠르호가 유럽선박으로는 최초로 '불모의 암초 섬'을 발견하고 배의 이름을 따서 '리앙쿠르'섬으로 명명하였다.

1876년 조일수호조규(朝日修好條規, 또는 강화도조약)가 체결되어 조선의 개항이 이루어졌지만, 이는 불평등조약으로 일본의 제국주의 침략정책을 본격화시키는 시발점이 되었다. 이러한 일본 정부의 시책을 배경으로 일본 국민의 조선 진출이 왕성해졌는데, 이때 오키섬에 거주하던 야하타 쇼조가 죽도와 관련하여 견문한 내용을 『죽도일지』에 기록하였다. 이 책에는 양국 간을 오가며 무역업을 하는 일본인들이 전복채취와 강치사냥 등을 했다는 기록이 있으며, 하시오카타다시게(橋岡忠重)의 「교강충중각서」에서도 그의 부친·숙부와 함께 어로활동을 위해 매년 울릉도·죽도로 갔다는 이야기가 기록되어 있다고 한다.

메이지 16년(1883) 내무경 아마가타 아리토모의 서신에는 "조선국 울릉도, 우리 칭호 송도에 아국 인민이 함부로 도항하여 벌목하므로"라고 되어 있으며, 메이지 15년(1882) 조선 수신사 박영효는 일본 정부에 일본인의 울릉도 진출에 항의하였고, 이에 일본 정부도 울릉도에 거주하던 일본인 244명을 강제 귀국시켰다고 한다. 그러나 일본 정부의 노력에도 불구하고 일본인의 울릉도 입도는 계속 되었다고 한다. 또한 울릉도에 영주한 일본인 제1호인 와키다 쇼타로를 비롯해 여러 명의 울릉도 거주 일본인들의 명단과 조직, 인간관계 등을 나열하고 있다.

1905년(메이지38년), 리앙쿠르섬이 독도(죽도)로 명명되고 시마네현에 편입된 이듬해 45명의 관계자가 독도에 이어서 울릉도를 방문하게 되는데 그 중 한 명인 오쿠하라 헤키운은 「죽도도항일지」(『죽도와 울릉도』에 수록)에 이들의 행적을 기록하고 있으며, 다이쇼 3년에 시마네현 내무부가 『도근현어업기본조사보고서』의 「관외출자어업」이란 항목에 울릉도 출자어업 관련 선박 수와 어업인수를 명시하고 있는데 어업 대상은 공통적으로 오징어잡이라고 한다.

이상 메이지 초기 죽도(울릉도)문제와 관련된 오키섬 사람들의 행적에 대한 스기하라의 보고서를 정리해보았다. 당시의 죽도(울릉도)에 대한 일본정부의 인식은 스기하라가 제시한 사료에서도 한국영토라는 점을 분명히 하고 있음을 알 수 있다. 메이지 16년(1883) 아리토모의 서신에서도 일본인의 도항을 불법으로 인정하고 있고, 메이지 15년(1882) 일본인의 울릉도 진출에 대한 조선 수신사 박영효의 항의를 일본 정부가 받아들여 울릉도 거주 일본인 수백명을 강제 귀국시켰다는 점도 이러한 사실을 잘 보여주고 있는 것이다. 이를 통해 볼 때 오키섬 사람들을 포함한 일본인들의 불법적인 죽도(울릉도) 도항이 빈번했음에도 불구하고 일본 정부의 통제가 큰 효력을 미치지 못하고 있음을 알 수 있다.

또한 수 백년간 지속되어 온 이들의 불법적인 영토·영해 침탈행위가 1905년 이전의 죽도(울릉도)에서뿐만 아니라 1905년 이후의 죽도(독도)에 대해서도 동일하게 이루어졌기에, 이러한 불법적 영토·영해 침탈행위를 위한 「오키섬 사람들의 죽도와 관련된 발자취」는 오히려 그들의 불법행위의 사실들을 잘 보여주는 증거라고 하겠다. 물론 1877년(고종 14) 독도가 일본의 영토가 아니니 지적에 넣지 말라고 한 메이지 정부 최고 권력 기관인 태정관 및 내무성의 명령을 굳이 거론하지 않아도 될 것이다.

6. 나카이 요자부로와 함께 독도(죽도) 문제에 관련된 오키 사람들

나카이 요자부로는 독도(죽도)를 시마네현 부속 도서로 편입하는데 결정적인 역할을 한 사람이다. 스기하라는 나카이 요자부로가 잠수어업을 전문으로 하는 사업가로서 십여명의 오키섬 사람들을 대동하고 독도에서 어로활동을 한 인물로 소개한다. 그리고 나카이 요자부로가 독도에서 어로활동을 한 행적은 소원암장(小原岩藏)이 쓴 『죽도출렵기』라는 책자에 쓰여있다고 한다. 이이서 스기하라는 나카이 요자부로의 독도 편입과 관련된 청원 사실을 서술하고 있다. 즉 나카이가 "해도에 따르면 이 섬(독도)은 조선의 판도에 속하며" 따라서 "이 섬의 대하를 조선 정부에 청원하는 문제" 등을 고려하여 정부에 청원할 필요가 있다고 보고, 「리양코섬 영토편입 및 대하원」을 일본 정부에 제출함으로써, 각의의 결정에 따라 시마네현에 편입되는 경위와 과정을 상세히 기술하고 있다. 나카이 요자부로의 청원과 독도무단편입과정과 관련해 스기하라는 다음과 같이 진술하고 있다.

수로부장 기모츠키 카네유키가 리앙쿠르(리양코)섬은 일본·한국에서는 일본에 가깝고, 조선인이 이 섬을 경영했던 흔적도 없다. 작년과 올해, 일본인이 섬을 경영한 이상 당연히 일본영토에 편입되어야 한다. 나카이가 리양코섬이 조선령일지도 모른다고 생각했던 이유가 오랫동안 불확실했지만, 『죽도경영자중정양삼랑입지전(竹島經營者中井養三郎立志傳)』에 「해도」가 원인이라고 기록되어 있다. 해도는 선박의 향해 안전에 도움을 주기 위하여 수심과 도서의 위치 등을 정확하게 기록하고 일반적으로 국경은 기입하지 않는다. 나카이가 본 것은 당시 이용되고 있던 메이지 29년 4월 해군수로부가 제작한 「조선전안(朝鮮全岸)」이라는 해도로 추정된다. 조선이라는 표시가 있는 해도에 나카이는 당황했을 것이라고 생각되지만, 「조선전안」에는 일본 야마구치현의 견도(見島), 시마네현의 고도(古島)등도 기재되어 있고, 조선과 일본의 국경은 기입되어 있지 않았다.

기모츠키 수로부장의 말에서 용기를 얻은 나카이는 같은 해 9월 29일자 '리양코섬 영토편입 및 대하원'을 방천현정(芳川顯正) 내무대신, 소촌수태랑(小村壽太郎) 외무대신, 청포규오(淸浦奎吾) 농상무대신에게 제출하였다. 메이지 정부는 일단 시마네현청에 의견을 구하기로 했는데, 그것을 접수한 시마네현은 같은 해 11월 15일자 내무부장 명의로 오키도사에게 의견을 구하고, 섬의 이름에 대해서도 어떻게 생각하는지 조회하였다. 당시 오키도사 히가시 분스케는 울릉도가 마쓰시마(松嶋)라는 이름으로 호칭되고 있는 현상이 있기는 하지만, 사용하지 않게 된 다케시마라는 호칭을 리양코섬을 대신해서 명명해야 한다는 등을 같은 해 11월 30일 회답하였다. 그러한 의견들을 시마네현의 上申 형태로 받은 정부는 내무대신의 청의(請議)에 따라 각의를 열고 메이지 38년 1월 28일 최종 결정을 내렸다. "… 심사하건대, 메이지 36년 이래 나카이 요자부로라는 자가 해당 섬에 이주하여 어업에 종사한 것은 관계서류에 의하여 명백한 바이며, 국제법상 점령의 사실이 있다고 인정하여 이를 本邦 소속으로 하고, 시마네현 소속 오키 도사의 소관으로 함에 지장이 없다고 사료된다. 따라서 청의와 같이 각의결정이 성립되었음을 인정한다"고 하고, "…도서를 다케시마로 부르며, 지금부터 시마네현 소속 오키도사의 소관으로 한다. 이 취지를 관내에 알리기 바란다"라고 같은 해 2월 15일자로 방천현정(芳川顯正) 내무대신이 송영무길(松永武吉) 시마네 지사에게 훈령하였다. 송영 지사는 같은 해 2월 22일 시마네현고시 제40호로 현내의 관공청과 정촌(町村) 전체에 "북위 37도 9분 30초, 동경 131도 55분 오키 섬에서 서북으로 85리 떨어진 곳에 있는 도서를 다케시마(죽도)로 부르며, 지금부터 본 현 소속 오키도사의 소관으로 정한다"고 통지하였다.

이때의 훈령·고시 원서는 두 번의 시마네현청 화재로 소실되었지만, 고시는 현재 마츠에시가 된 추록촌 사무소를 포함해 모두 5곳에서 보관하고 있다고 한다. 시마네현은 이어서 메이지 39년(1906) 이후 독도 전체를 관유지로 하여 강치 수렵자에게 대여하여 사용료를 받기로 하고 희망자를 모집하였다. 여러 명의 희망자가 신청자가 있었지만, 시마네현은 "이 섬은 면적이 협소하므로 자칫하면 어장의 황폐화를 초래할 우려가 있으므로, 경쟁남획을 방지하고 이 어업을 영속시키려는 취지에 따라 허가할 방침이며, 도저히 많은 수를 허가하는 것은 불가능"하다라고 하며, 이 중에서 나카이 요자부로, 하시오카 토모지로, 이구치 류타, 가토 시게쿠라 등 4명에게 허가서를 주었다고 한다.

스기하라는 나카이 요자부로와 깊은 교류가 있던 인물로 나카와다세 진스케라는 인물을 들고 있다. 나카다와세는 나카이 등이 죽도(독도)어렵합자회사를 설립했을 당시, 죽도(독도)의 밀어자가 끊이지 않아 밀어자의 이름을 사이고 경찰서에 신고했는데, 그 중 한명이 그였다. 그는 이후 죽도어렵회사의 사원이 되고, 포항의 여성과 결혼하여 30여년에 걸쳐 죽도로 건너가서 어렵에 참가했으며, 특히 총의 명사수로 평판이 높았다고 한다. 또한 메이지 38년 5월 27일, 28일의 러일전쟁 때 죽도(독도)에서 사냥을 하고 있었으며, 러시아 발틱함대의 전함과 이를 쫓는 일본해군을 목격했던 일을 이야기한 회고담을 귀중한 구술자료로 받아들이고 있다.

나카이 요자부로는 일본이 독도를 시마네현의 부속 도서로 무단편입할 수 있도록 한 계기를 마련해 준 인물이다. 스기하라는 나카이 요자부로를 중심으로 당시의 '독도무단편입' 관련 기록을 일방적으로 기술하고 있다. 그러나 이 문제와 관련해서 지금까지 한 · 일간에 많은 논란이 있어 왔다.[315] '독도 무단편입과 관련된 청원'을 둘러싸고 나카이 요자부로라는 인물의 성격 자체와 그가 수행한 역할 관련 기록들에 대한 면밀한 검토가 필요하다. 또한 이 청원 건과 관련해서 당시의 일본 정부와 소관부처 각료들의 국제법적 지식을 활용한 국가적 대응 전략과 태도 등에 대해서도 심도 있는 검토가 필요할 것이다.

그리고 '독도 무단편입 청원'을 전후로 발간된 관련 자료들을 엄밀히 검토해봄으로써, 스기하라가 '독도 무단편입'을 정당화하기 위해 일본 측에 유리하도록 자료를 '편집'하고 있지 않는지도 확인해보아야 할 것이다. 물론 불리하다고 판단하여 의도적으로 누락시킨 자료가 있다면, 이 또한 발굴하여 문제의 왜곡을 바로잡도록 해야 할 것이다. 나아가 나카이 요자부로의 독도어렵활동과 관련하여 스기하라가 귀중하게 여기고 있는 나카다와세의 구술자료처럼, 한국 측 연구자들도 문헌기록들에만 의존하지 말고 구술증언자료들

---

315 나카이 요자부로의 '독도 편입 청원'을 둘러싼 보다 상세한 논의는 다음 자료를 참조할 것. 김수희, 「나카이 요사부로(中井養三郞)와 독도어업」, 『인문연구』 Vol.58, 영남대인문과학연구소, 2010, 127-156쪽; 윤소영, 「1900년대 초 일본 측 조선어업 조사자료에 보이는 독도」, 『한국독립운동사연구』 Vol.41, 독립기념관 한국독립운동연구소, 2012, 5-43쪽; 강민아, 「20세기 초 일본의 독도 침탈 과정: 『죽도경영자 중정양삼랑씨입지전』을 중심으로」, 한국교원대학교 대학원 석사논문, 2010. 2.

을 수집 · 정리하여야 한다. 즉 1905년 전후로 독도와 인근해역에서 강치잡이나 전복채취 등의 어로활동을 한 고령(80~90代)의 1세대 어민들이나 그 후손들의 직 · 간접적인 구술증언을 채록하여 자료로 활용할 수 있도록 하는 작업이 시급히 요청된다.

7. 다이쇼, 쇼와 초기 다케시마 문제와 관련된 고카촌 쿠미 지역 사람들

스기하라에 따르면 울릉도 · 독도로 출항하고 다시 귀범(歸帆)했던 후쿠우라(福浦)는 오키섬의 고카촌 쿠미지역에 인접한 항구이었기에, 쿠미 지역 사람으로서 독도와 관련된 자가 많았다고 한다. 앞에서와 마찬가지로 스기하라는 독도와 관련된 쿠미지역 사람들을 최대한 등장시켜 독도와의 관련성을 연관지우고자 한다. 쿠미지역에 거주하는 몇몇 특정 인물을 중심으로 가계와 혈통, 사업적 관계, 어업권의 양도와 관련한 계약, 은행 융자와 담보 등 독도와 조금이라도 관련을 지울 수 있는, 또는 관련지울 수 있겠다고 생각되는 사실들은 빠짐없이 모두 거론하고 있다.

다이쇼, 쇼와 초기(1900년대 초) 쿠미 지역 사람들을 독도와 관련지우기 위해 스기하라가 제시하고 있는 자료들로는 「중정랑일각서(中井養一覺書)」, 「죽도어로보고서」, 「어업감찰」이 있다. 또 하나의 기록물인 『오개촌지(五箇村誌)』에 의하면 1935년(쇼와 10년)경 야하타 나가시로와 하시오카 타다시게는 직접 독도로 건너가서 그물을 이용하여 강치를 생포하도록 지휘했다고 기록되어 있다고 한다.[316] 하시오카 타다시게의 「죽도어로권보고서」에는 「소

---

[316] 이 시기(1935년) 일본인의 독도 어로활동은 식민지 시기였기에 전혀 이상한 일이 아

화10년 춘(5월 20일~7월 10일)수지결산서」가 기재되어 있는데, 강치 29마리 생포와 말린 전복으로 4,860엔의 수입이 있고, 인건비, 여러 잡비 등의 지출을 빼고 1230엔의 이익을 올렸다고 기록되어 있으며, 게다가 인건비 중 일본인 남성 인부 13명에게는 일인당 100엔씩이었는데, 조선에서 고용했던 해녀 4명에게는 150엔씩 지불하고 있다고 한다. 시마네현교육위원회나 소·중학교의 현장 선생님들이 중학생용으로 작성한 「죽도(독도)학습리플릿」에는 그 당시의 1엔은 현재의 7000엔 정도에 해당한다고 적혀 있다고 한다.

대다수 일본 학자들의 연구태도나 일본의 학문 연구풍토도 그렇지만, '스기하라 보고서'도 지나치게 집요할 정도로 기록물, 문헌자료에 전적으로 의존하고 있다. 물론 학문연구의 기본적인 태도는 주어진 기록 또는 자료에 충실하게 근거해서 사실을 밝혀내어야 하며, 이것은 너무나 당연한 이야기다. 이것을 부정하지는 않는다. 그러나 이런 실증적 태도, 사실기술적 태도에 의거해서만이 전적으로 올바른 연구결과나 진실을 도출할 수 있다고 한다면, 비록 진실이더라도 이를 뒷받침할 자료가 없으면 거짓이 되고, 거짓이라도 이를 진실로 호도할 수 있고, (자료를 왜곡해서라도) 진실인 것처럼 보이게 할 수 있다면 과연 진실이 되는 것일까? 의도적으로 조작한 자료로써 거짓을 진실로 만든 예를 우리는 수많은 역사적 사례를 통해서 알고 있다. 실증주의를 가장한 유사(類似)과학주의, 사이비과학주의에 빠져 진실을 왜곡하게 된다면 종국에는 서로에게 불행을 초래할 뿐이다.[317] 한시바삐 자료지상주의의 덫에서 벗어나길 바랄 뿐이다.

니라고 할 수 있다. 따라서 오히려 이 시기 한국인 어부의 울릉도·독도 어로활동 사실을 발굴하고 부각시키는 연구가 필요할 것이다.

317 김수희, 「독도연구의 실증적연구방법과 그 문제점」, 『영토해양연구』5, 동북아역사재단, 2013.6, 264-276쪽 참조.

8. 태평양전쟁 전후의 독도(죽도) 문제와 관련된 오키 사람들

스기하라에 의하면 태평양전쟁 전후 독도와 관련된 오키섬 사람들은 주로 강치 어업이나 조개, 해초류 등의 채집에 종사한 사람들이었다. 그는 「오촌량각서(奧村亮覺書)」에 의거하여, 쇼와 13년부터 20년 무렵의 독도(죽도) 어로는 울릉도에서 90톤, 20톤 짜리 모선 2척과 운반선을 파견하여 잠수기선 2척, 작은 배 5척으로 고기를 잡았다고 한다. 승조원은 총 40명인데, 그 중 감시자 2~3명이 일본인이며 나머지는 울릉도의 조선인이었다. 태평양전쟁이 발발하는 1941년(쇼와昭和 16년)에는 제주도 해녀 16명이 고용되어 독도에서 성게잡이를 시도했지만 현저한 성과는 올리지 못했으며, 쇼와 16년 12월 태평양전쟁이 발발하자 어로는 정지되었다고 한다. 쇼와 20년 일본이 패전하자 오촌가의 사용인으로서 한국인 이상십(伊相辻), 김무생, 김기수가 사업을 계승하여 출어를 계속했다고 한다. 여기서 일본 패전 후 한국인 어부들이 어로를 계속했다는 진술은 어떤 의미인가? 이것은 독도가 한국 땅이라는 사실을 일본(스기하라) 스스로가 자인하는 진술이라고 할 수 있다.

태평양전쟁 직후 또 다시 독도 문제로 부상했던 것이 바닷새의 배설물이 축척되어 만들어진 인광석 채굴 문제 때문이었다고 한다. 인광석은 비료용으로 많이 사용되었다. 스기하라는 인광석 채굴권과 관련한 민관의 인허가 관계를 둘러싼 이야기와 실습선을 타고 독도에 인광석 조사를 갔던 학생이 인광석 조사보다 틈틈이 잠수하거나 물고기를 잡았던 독도에 대한 회상을 전하고 있다. 또 태평양전쟁에서 일본이 패배함으로써 조선 본토, 울릉도 등지로부터 일본인이 귀향하였으며, 특히 울릉도에 거주하고 있던 오키 사람들도 많은 자산과 섬에 장사지낸 선조들의 무덤을 남기고 귀국하지 않을 수 없었음을 안타깝게 술회하고 있다.

이 시기에 독도의 효용가치는 단순히 강치사냥이나 전복채취 등에만 국한되지 않고 바닷새 배설물이 축적되어 형성된 인광석을 채굴하여 비료로 사용하는데까지 그 효용가치가 확대되었음을 알 수 있다. 즉 동원 체제 속에서 식민지 조선의 자원을 수탈하는 정책이 독도에까지 미쳤음을 알 수 있다.

9. 이승만 평화선 설정 전후의 독도(죽도) 문제와 관련된 오키 사람들

샌프란시스코 평화조약 발효 직전인 1952년 1월 18일 이승만 대통령은 해양주권선언으로서 「대한민국 인접해양의 주권에 대한 대통령의 선언」(약칭 이승만 평화선)을 한반도 주변 공해상에 설정하였다.[318] 그리고 독도를 이승만 평화선에 포함시켰다. 스기하라는 마지막 장에서 이승만 평화선 설정 전후부터 1954년까지 독도와 관련된 오키섬 사람들의 활동을 기술하면서 이승만 평화선 설정으로 인한 충격을 묘사하고 있다.

오키에서는 쇼와 26년(1951) 4월 고카촌 구미(久美)의 제3이세마루 선장 하마

---

318 스튜어트 케이(Stuart Kaye)에 따르면 이승만 평화선의 선포에는 두 가지 동기가 작용했다고 한다. 첫째, 당시 한국에서는 한반도 인접 해역에서 조업 활동을 하는 일본 어민 수가 증가해 한국 어민들이 피해를 볼 수 있다는 우려가 확대되고 있었다. 1945년 맥아더라인의 선포로 한국어민의 피해 방지 노력이 이루어졌으나, 1952년 샌프란시스코 강화조약이 발효되면 그 효력이 끝나게 되어있었기 때문에 일본의 어업활동을 가로막고 있던 유일한 제동장치가 사라지게 될 상황이었다. 둘째, 한국은 리앙쿠리 또는 리앙쿠르 암초에 대한 영유권을 둘러싸고 일본과 분쟁을 겪고 있었다. 한국은 리앙쿠르 암초를 지배하고 있었지만 계속해서 국제사회에 한국의 권리를 주장할 필요가 있었고 평화선은 이 두 가지를 모두 도모할 수 있는 기회를 제공했다는 것이다 (스튜어트 케이, 김하양 역, 「해양법의 발전에서 평화선이 지니는 의의」, 『영토해양연구』 Vol.4, 동북아역사재단, 2012 겨울, 37쪽).

다쇼타로가 어로 중 다케시마(독도)에 표착하자 한국인이 다케시마에서 어업을 하고 있는 것을 목격하였고, 그 보고를 받자마자 시마네현은 같은 해 8월 외무대신에게 "다케시마 소속 문제에 대한 의심스러운 풍문을 구명"해 달라고 진정(陳情)하였다. 쇼와 26년 평화조약에서 다케시마의 귀속이 결정되자 고카촌에서는 그 마을의 산전지역에 소나무와 삼나무 기념식수를 각각 100정보씩 하고 축하한지 얼마 지나지 않았기 때문에 이승만 평화선 설정은 충격이었다.

그 후 1953년 초기 무렵에 일본정부와 한국정부 사이에서 종종 독도의 소속에 관한 항의, 응답의 응수가 계속되었다. 이어서 1953년 5월 시마네현 수산시험장 실습선 '도근환(島根丸)'이 독도해역을 항해했고, 다시 6월 25일에 오키고교 실습선 '오토리마루'가 독도를 조사하러 갔다가 그곳에서 텐트를 치고 생활하며 어로활동을 하던 한국인 6명을 만나게 된다. 7월에도 해상보안부 선박 2척이 독도 지역을 순시하다 한국어선의 조업현장을 발견하여 양측이 선내에서 독도 영유를 두고 회담을 했지만 결렬되었고, 그 직후 한국 측이 일본 선박에 총격을 가했다고 한다. 1954년 5월 3일 시마네현과 오키섬 어민들이 비밀리에 독도에 도착해 어로활동을 결행한다. 이들의 어업행동은 한국 측에도 전해져 6월부터는 경비대가 섬에 배치되었고, 독도 근해에서 일본인의 어로는 두 번 다시 실행되지 못하고 현재에 이르게 된다.

이처럼 이승만 평화선을 둘러싼 일본·한국의 격한 대립이 발생했던 쇼와 28년(1953) 1월 25일, 오키도어업협동조합연합회가 결성되었으며, 이 연합회는 그 후 독도반환운동의 중심이 되어 활약함과 동시에, 현재 2013년 8월 31일까지인 독도공동어업면허를 가지고 장래에 대비하고 있다고 한다. 1954년 마지막 어로작업을 끝으로 오키섬 사람들은 더 이상 독도에 가지 못하고 독도(죽도)에 갈 수 있는 그날만을 학수고대하고 있다고 한다. 그러나 아무리 오키섬 사람들이 독도 어장에서 어로작업을 하고 싶더라도, 샌프란시스코 강화조약과 이승만 평화선의 설정에 의해 독도의 영토주권은 이미 한국에 있다.

10. '스기하라 보고서'의 문제점 검토

전반적으로 볼 때,『제2기 '죽도문제에 관한 조사연구' 최종보고서』의 특징은 고유영토론과 독도선점논리, 양자를 여전히 유지하면서 서로를 융합시켜서 모순을 제거하려는 시도가 현저하게 나타난다는 점이다. '죽도문제연구회'의 이러한 기조에 따라 '스기하라 보고서'도 역사적으로 오랜 세월동안 오키섬 주민들이 독도와 울릉도를 실질적으로 이용해왔다는 점을 강조하고 있다. 그리고 17세기 일본인의 울릉도 · 독도 어업활동, 근대의 강치어업 등의 경제활동에 시효적 점유 · 국가 관할이라는 국제법적인 해석을 부여함으로써 독도는 일본이 역사적인 권원(權原)을 소유한 영토라는 측면을 오히려 강화하고 있음을 알 수 있다.[319]

"에도시대부터 쇼와시대에 걸쳐 다케시마와 관련된 오키인들의 발자취(杉原隆)"에 관한 '스기하라 보고서'도 역시 이러한 '제2기 죽도문제연구회'의 기조에 충실히 따른 것이라고 볼 수 있다. 지금까지 '스기하라 보고서'의 내용을 목차에 따라 요약 · 소개하면서 각 장의 말미에는 필자의 간략한 코멘트를 덧붙였다. 결론적으로 지금까지 정리 · 검토한 '스기하라 보고서'에 대한 코멘트를 요약하면 다음과 같이 제시할 수 있다.

1) 스기하라가 인용하고 있는 문헌들은 스기하라 본인도 자구(字句)에 대한 해석상의 논란이 있음을 인정하고 있기에, 일본이 아전인수격으로 독도영유권 주장의 근거로 삼는 관련 문헌에 대한 보다 면밀한 검토가 필요하다.

2) 3장의 '天保竹島一件'의 예에서 보듯이 죽도(울릉도)로 건너갔다 온 오키섬 사람들이 불법행위자로 체포되어 심문을 받고 사형에 처해지거나 자살했다는 기록은 오히려 울릉도 · 독도가 한국의 고유영토였음을 반증해주는

---

319 윤유숙, 「시마네현 '죽도문제연구회' 제2기 최종보고서 검토」, 『영토해양연구』 Vol. 4, 동북아역사재단, 2012 겨울, 217쪽.

자료라고 할 수 있다.

3) 4장 '메이지 초기 죽도(울릉도)문제와 관련된 오키섬 사람들의 행적'에 대한 스기하라의 보고서를 보면, 당시의 죽도(울릉도)에 대한 일본정부의 인식은 스기하라가 제시한 사료에서도 한국영토라는 점을 분명히 하고 있음을 알 수 있다. 메이지 16년(1883) 아리토모의 서신에서도 일본인의 도항을 불법으로 인정하고 있고, 메이지 15년(1882) 일본인의 울릉도 진출에 대한 조선 수신사 박영효의 항의를 일본 정부가 받아들여 울릉도 거주 일본인 수 백명을 강제 귀국시켰다는 점에서도 이러한 사실을 잘 확인할 수 있다.

4) 5장 '나카이 요자부로와 함께 죽도(독도) 문제에 관련된 오키사람들'에서도 '독도 무단편입 청원'을 전후로 발간된 관련 자료들을 엄밀히 재검토해볼 필요가 있다. 스기하라가 '독도 무단편입'을 정당화하기 위해 일본 측에 유리하도록 자료를 '편집'하고 있지는 않는지? 의구심을 가질 필요가 있다. 물론 일본 측에서 불리하다고 판단하여 의도적으로 누락시킨 자료가 있다면, 이 또한 발굴하여 문제의 왜곡을 바로잡도록 해야 할 것이다.

5) 대다수 일본 학자들의 연구태도나 일본의 학문 연구풍토도 그렇지만, 스기하라 보고서'도 지나치게 집요할 정도로 기록물, 문헌자료에만 의존하고 있다. 그러나 이런 실증적 태도, 사실기술적 태도에 의거해서만이 전적으로 올바른 연구결과나 진실을 도출할 수 있다고 한다면, 비록 진실이더라도 이를 뒷받침할 자료가 없으면 거짓이 되고, 거짓이라도 이를 진실로 호도할 수 있고, (자료를 왜곡해서라도) 진실인 것처럼 보이게 할 수 있다면 과연 진실이 되는 것일까? 실증주의를 가장한 類似과학주의, 似而非과학주의에 빠져 진실을 왜곡하게 된다면 종국에는 서로에게 불행을 초래할 뿐이다.

6) '스기하라 보고서'(를 포함하여 전체적으로 일본 측의 독도영유권) 주장은 몇 가지 논리적 오류를 범하고 있기에 주장의 설득력이 떨어진다.

6-1) 스기하라는 독도와 관련된 오키인들의 발자취를 이야기하고 있으나

사실은 울릉도와 관련된 표착이나 어로활동 이야기를 주로 하고 있을 뿐이다. 왜냐하면 1905년 '독도무단편입' 이전까지 당시 일본이 사용하던 다케시마(죽도)는 현재의 독도가 아니라 울릉도이기 때문이다. 이는 '이중의미 사용'에 의한 논리적 오류를 범하고 있는 것이다.

6-2) 스기하라는 단순히 기록에 나타난 당시의 죽도(울릉도)에 표착한 오키섬 어민들 이야기나 이들의 강치잡이, 전복채취 등의 어로활동 기록을 통해 독도와 오키섬 사람들의 연관성을 주장하고 있다. 그런데 오키섬 사람들이 독도 인근 해역에서 어로활동을 한 사실이 있다는 것과 독도영유권 주장과 어떤 필연적 연관성이 있는지 의문이다. 그렇다면 울릉도 사람들이 오키섬 인근 해역에서 어로활동을 한 사실이 있다는 문헌기록이 있으면 오키섬에 대해 동일한 영유권 주장을 할 수 있다는 말인가? '독도와 관련된 오키인들의 발자취'를 통해 독도의 영유권을 주장하려는 스기하라의 의도는 논리적으로 볼 때, '결정적 증거 누락의 오류'를 범하고 있다고 볼 수 있다.

6-3) '스기하라 보고서'는 또한 '무지논증의 오류'를 범하고 있다. 무지논증의 오류는 어떤 주장이 거짓이라는 증거나 증명이 없다는 이유로 그것을 참이라고 주장하거나, 어떤 주장이 참이라는 증거나 증명이 없다는 이유로 그것을 거짓이라고 주장할 때 발생하는 오류 논증이다. 즉 논증의 결론을 정당화하기 위한 근거로 무지를 사용한다면 결론을 정당화하기에 충분하지 않다는 것이다. 예컨대 나카이 요자부로가 일본 정부에 '독도편입'을 청원할 당시 독도는 국가의 주권이 미치지 않는 '무주지(無主地)'였기 때문에 국제법상 독도를 '선점'한 일본이 '독도 영유권'을 소유한다고 주장하면(무주지 선점론), 무지논증의 오류를 범하는 것이라고 할 수 있다. 즉 나카이 요자부로의 '독도편입 청원' 이전까지 한국인이 독도에서 어로활동을 해왔다는 증거가 없기 때문에 일본 측의 '무주지 선점론'은 참이며, 따라서 한국 측의 독도영유권 주장은 참이 아니라고 주장하는 것은 '무지논증의 오류'를 범하고 있는 것이라고 지

적할 수 있다.

　이상과 같이 우리는 '스기하라 보고서'가 안고 있는 문제점을 검토해 보았다. 스기하라가 '어떻게든' 다케시마와 관련된 오키인들의 발자취를 찾고 싶듯이, 마찬가지로 '어떻게든' 오키나 대마도와 관련된 한국인들의 발자취를 찾고 싶어 하는 마음들도 많이 존재할 것이다. 더 이상 지나간 시대의 망령인 제국주의적 야욕에 사로잡혀 양국 간의 더 큰 이익을 놓치는 어리석음을 범하지 말아야 할 것이다.

방법 · 사료 · 언론기사로 확인하는
독도영토주권의 재인식

부록

발굴 자료 해제 및 원문 소개

Ⅰ. 독도연해어선조난사건 전말보고의 건(1952년, 내무부)

1. 해제

1948년 독도폭격사건의 발생배경과 경과, 피해상황, 과도정부의 대응, 독도폭격사건과 독도영토주권의 수호에 관한 상세한 논의는 앞의 제7장에서 검토한 바 있다. 「독도연해 어선 조난사건 전말보고의 건」이란 제목으로 작성된 이 문서는 1948년 독도폭격사건이 발생한 경위를 경상북도지사가 외무부장관에게 보고한 것으로 당시 사건의 전말을 잘 보여주고 있다. 또한 이 사건에 대한 지방과 중앙정부의 대응 및 독도의 영토주권에 대한 적극적 의지를 확인할 수 있는 중요한 문서이기도 하다.

이 문서는 1952년 내무부 보존 기록물로, 1948년 미군 비행기의 독도 폭격사건 당시 어민들의 피해상황 및 대책관련 보고서이다. 그러나 내무부 기록물로 보존되어 있지만 울릉도·독도를 관할하는 경상북도가 작성한 1948년 1차 독도폭격사건의 전말을 외무부 장관에게 보고한 것으로 되어 있다. 표지를 보면 경상북도에서 이 문서를 기안하여 보고한 날짜가 1952년 9월 20일로 되어 있음을 알 수 있다. 이 날짜는 1952년 9월 15일 미군에 의한 제2차 독도폭격사건이 일어난 지 5일 후이다. 즉 1차 폭격사건에 이어서 2차 폭격사건이 발생하자 중앙행정부처인 외무부와 내무부가 이에 대응하기 위하여 독도를 관할하고 있는 경상북도에 1차 독도폭격사건의 전말을 보고하도록 지시하였고, 이에 대해 경상북도가 「독도연해 어선 조난사건 전말보고의 건」을 보고한 것으로 보인다.

이 보고서에는 독도영유권 문제, 독도 폭격사건 발생경위와 전개과정 등의 내용이 포함되어 있다. 보고서 제목이 「독도연해 어선 조난사건 전말보고의 건」으로 되어 있어 「1948년 독도폭격사건」과 다른 사건으로 생각할 수도 있으나, 내용을 보면 독도폭격사건에 관한 보고서임을 알 수 있다. 경위보고에 기술한 내용에는 1. 독도의 위치와 형태 2. 독도 영유문제 3. 독도(폭격)사건 발생 개황 4. 구호 개황 5. 배상 및 유족 원호 개황 6. 위령제 거행 7. 위령비 건립 취의 등의 순서로 되어 있다. 특히 이 보고서는 그동안 언론기사 자료를 통해서만 접했던 당시의 피해상황을 정부의 공식 문서를 통해서 그 피해규모나 구호상황, 위령비 건립 등 독도영토주권 수호를 위한 정부의 대응과정을 확인할 수 있다는 점에서 중요한 의미가 있다고 할 수 있다.

2. 원문소개

1) 현대 한국어 윤문

경북 제 273 호		결재 1952년 9월 23일	시행 1923년 9월 24일
년 월 일 접수	정서	교합	발송	발송상의 주의
1952년 9월 20일 기안	주■■		㉞	
	지사(知事) ㉞ 산업국장(産業局長) ㉞ 수산과장(水産課長) ㉞ 과원(課員) ㉞ 기안자(起案者) ㉞			
건명(件名)	독도연해어선조난사건 전말보고의 건(外情 제1318호 1952.9.5. 일자)			
외무부 장관		지사		名
위와 같은 사건의 내용과 진행에 관한 총괄적 자료(사본)를 별지(別紙)와 같이 제출합니다.				
				【경상북도】

경위보고

(1) 독도의 위치와 형태

독도는 울릉도(鬱陵島) 남동(SE) 약 61리(浬) 지점에 있는 크고 작은 두 섬과 약간의 암초로 형성된 절벽이 깎아 세운 듯이 우뚝 솟은 무인도입니다. 이 섬은 나무숲이 없고 다만 잡초가 무성 할 따름이며, 음용수가 전혀 없는 까닭으로 사람이 살아가기에는 부적당합니다. 그러나 그 주위와 암초에는 어족(魚族)의 회유(廻遊)[320]와 물개의 서식과 미역의 번식이 풍부함으로 이러한

---

320 물고기 등이 한 서식지에서 다른 장소로 떼를 지어서 일정한 경로로 이동하는 일을 말한다.

해산물을 잡거나 채취할 목적으로 여름철에는 어선의 왕래가 빈번하고, 평소에는 난파선의 피난처로 이용됩니다.

(2) 독도 영유문제

독도는 지리적으로 토질 및 식물이 울릉도와 서로 같으며, 역사적으로 한일병탄(韓日倂呑) 전까지 한국의 영토로서 어획(漁獲)을 독점(獨点)하였음을 한국수산지(韓國水産誌)에 명확한 증명이 있고, 울릉도에 거주하는 90세의 노인인 홍재현(洪在現)씨의 진술한 바에 의하면 70년간 울릉도에서의 생활을 통하여 빈번한 미역 채취의 사실과 광무10년(1906)에 일본의 오키도사(隱岐島司) 일행 10여 명이 울릉도 항구에 들어와서 독도가 일본의 영토임을 주장함으로 당시 고을의 장(長)인 전재항(田在恒) 외 다수의 노인이 잘못됨을 지적하고 즉시 정부에 보고한 사실 등 옛날부터 양국의 사이에 사소한 시비가 있었으나 한일병탄 후에는 독도의 소속 문제는 논의의 필요가 없이 되어 있었든 것입니다.

그러나 해방 후에 독도에서 일본어민들의 불법 어업행위 때문에 울릉도민은 독도의 수산물을 채취함에 있어 어려움을 겪고 있었습니다. 이에 당시 울릉군수는 독도의 영유 확인을 정부에 신청하여 1946년 6월 22일자로 연합국 최고사령관 1033호 각서(覺書), 일본제국 정부(日本帝國政府) 경유, 과도정부(過渡政府) 도쿄(東京) 중앙연락청(中央連絡廳)에 송달된『일본인의 고기잡이 및 포경어업조업(捕鯨漁業操業)에 관한 승인된 구역』나 항에 기재된 "일본인의 선박 및 인원은 이후 독도까지 12해리이상 접근하지 못하며 또는 독도에는 어떠한 접촉도 못한다."[321]라는 정확하고 분명한 글로써 공표(公表)

---

321 원문에는 【1946년 6월 21일자로 연합국 최고지휘관 800, 217각서(覺書), 일본제국 정부(日本帝國政府) 경유, 과도정부(過渡政府) 도쿄(東京) 중앙연락청(中央連絡廳)에 송달된『일본인의 고기잡이 및 포경어업조업(捕鯨漁業操業)에 관한 승인된 구역』나

되어 한국영토임을 명확하게 밝혀 놓았으나, 근래까지 일본의 오키도(隱岐島)에 거주하는 어떤 사람이 자기 소유라고 주장한다는 말이 있음으로 이 기회에 다시 밝혀서 우리나라의 어부가 안심하고 고기잡이를 할 수 있게 할 필요가 있는 것입니다.

(3) 독도(폭격)사건 발생 개황

1948년 6월 8일(단기 4281년 6월 8일)

울릉도 사람 윤영도(尹永道) 이하 22명

강원도 묵호 사람 옥만룡(玉萬龍) 이하 12명

강원도 죽변 사람 이도순(李道順) 이하 18명

강원도 평해 후포리 사람 김동술(金東述) 이하 7명

합계 59명은 태영호 이하 기선(機船) 7척과 범선(帆船) 11척에 나누어 타고 근거지 울릉도를 출범하여 풍어기(豊漁期)의 미역을 채취하고자 독도에 고기잡이를 나갔습니다. 그날은 서남풍이 강하게 불었음으로, 대개가 북쪽편의 섬 그늘에서 해안에 선박을 대고 300m 이내에 정박하고 어부 일부는 섬에 상륙하여 채취한 미역의 건조작업에 종사하고 혹은 채취에 종사하고 있던 중, 오전 11시 40분경 남동(南東) 방면으로부터 비행기의 폭음이 들려왔다고 합니다. 하지만 섬의 그늘이 드리워 있고 파도소리가 심한 탓으로 폭음을 모르

항에 기재된 "일본인의 선박 및 인원은 이후 독도까지 12미터(米)이상 접근하지 못하며 또는 독도에는 어떠한 접촉도 못한다."】로 기술되어 있지만, <u>1946년 6월 22일 연합국 최고사령관 지령 1033호</u>의 오기로 보이기에 바로 잡는다.

* 연합국최고사령관 지령, 즉 스캐핀(SCAPIN) 1033호는 1946년 6월 22일 연합국 총사령부 최고사령관이 선포한 '일본의 어업 및 포경업 허가 구역'에 관한 지령을 가리킨다. 동 지령은 일본의 어업, 포경업 및 유사 활동들을 일정 경계선 내부의 구역으로 제한하면서, 그 제3항(나)에서는 특히 독도와 관련하여 "일본의 선박 및 승무원은 차후 북위 37° 15', 동경 131° 53'에 위치한 독도에 대하여 12해리 이내로 진입하지 못하며, 또한 이 섬과 여하한 접촉도 못한다."고 명시하였다.

고 있던 사람도 많았으며 또 폭음을 들은 사람은 우리를 돕는 미군의 비행기라고 여겨 경계하기보다 도리어 기쁜 마음으로 작업을 계속하고 있었다고 합니다. 생존자의 말에 의하면 비행기 14기가 주로 선박이 많은 북쪽 편에 폭탄을 투하하기 시작하고 약 2~30분간에 걸쳐 기관총을 발사한 후 애초에 나타났던 방면으로 돌아갔다고 합니다. 극도의 위험과 공포에 휩쓸려서 어민들은 우왕좌왕하며 대피할 장소를 찾다가, 독도에서 멀리 떨어져 있는 선박 외에는 거의 다 사격 대상이 되어 침몰하고 크게 파손되었고, 두 섬 일대는 피비린내 나는 생지옥을 이루었다고 합니다. 폭격이 끝난 후 생존자들은 사건 후의 수습에 온 힘을 다하였다고 하나 행방불명 14명, 크게 파손된 선박 4척을 확인하고 크게 중경상자 6명만을 구조하여 간신히 울릉도까지 회항(回航)하였던 것입니다. 생환자는 울릉도 사람 윤영도(尹永道) 이하 45명이고, 행방불명자는 묵호 사람 김중선(金仲善), 울릉도 사람 최덕식(崔德植), 김태현(金泰鉉), 고원호(高元鎬), 김해도(金海道), 김해술(金海述), 채일수(蔡一洙), 후포리 사람 김동술(金東述), 죽변 사람 권천이(權千伊), 김경화(金慶化), 이천식(李千植) 외에 성명미상 3명 등 합계 14명이며, 이후 3차례의 구호선(救護船)을 파견하여 그때에 발견된 시체는 김중선(金仲善), 최덕식(崔德植), 성명미상 1명 등 합계 3명뿐이며, 중상자(重傷者)는 울릉도 사람 장학상(張鶴祥), 이상주(李相周), 죽변 사람 권진문(權進文) 등 3명이고, 그 외 3명의 경상자가 있었으며, 침몰한 선박은 기선(機船) 태영호(泰榮丸), 도하호(稻荷丸), 경양호(慶洋丸), 제오행정호(第五幸正丸) 등 4척으로서 손해금액이 약 94만원(萬圓)에 이르렀다고 합니다.

(4) 구호 개황
① 제1차 구호
6월 9일, 기선 2척에 경찰관 2명, 선원 19명이 나누어 타고 출범(出帆)하여 탐색하였으나 시신 2구를 발견하였을 뿐이었다고 합니다.

② 제2차 구호

6월 10일, 다시 기선 2척을 동원하여 짙은 안개를 무릅쓰고, 종일 탐색하였으나 아무 소득없이 빈 배로 돌아왔다고 합니다.

③ 제3차 구호

6월 14일, 이 사건이 도(경상북도)[322]에 보고되자 그 진상을 조사하고자 본도 수산과(水産課)의 기사(技士) 문영국(文英國)과 미국인 CIC, 해안경비원 6명이 본도 소유 경비선 계림호로 울릉도에 출장하여 다음날인 16일 울릉도 수중구조 대원 11명과 묵호에 사는 어부 7명, 후포리 어부 2명, 합계 28명이 많은 수의 기선을 동원하여 독도 일대를 대수색하는 한편 그 현장 조사를 하였으나 시신 1구를 발견하였을 뿐이었고, 반쯤 부서진 선박은 그 후 재차의 폭격연습이 있었는지 생환자의 눈에는 사건 당시보다도 더욱 심한 파괴를 당했더라고 합니다.

이상, 3차의 구호 작업에도 남은 11명의 행방을 찾을 길 없이 50여만원의 비용만 허비하는 결과를 내어 울릉도민 전체의 눈물겨운 노력도 헛수고가 되었고[323] 짙은 슬픔이 동해바다에 먼지처럼 떠다녔던 것입니다.

(5) 배상 및 유족 수호(授護)개황
① 미군의 사과

6월16일, 미군 장교 여러명이 울릉도에 출장하여 행정관 및 유지(有志), 조난자 유가족, 중상자 가족 등을 찾아 마음 깊은 사과의 뜻을 표시하고 배상금

---

322 경상북도.
323 원문에는 "도로(徒勞)에 귀(皈)하고" 로 되어 있음. 귀(皈)는 歸(귀)와 같은 글자임.

으로 2,125,520원(円)을 지급하고 돌아갔다 합니다.

② 구호금 모집

서울 수산경제신문사(水産經濟新聞社), 부산 산업신문사(産業新聞社), 대구 남선경제신문사(南鮮經濟新聞社)에서는 서로 호응하여 국내 동포에게 사건의 진상을 알리고, 유가족의 억울함을 달래는 기금을 모집하는 한편 도내 수산단체, 공무원 등이 궐기하여 총액 649,269원 80전을 모집하여 나누어 주었던 것입니다.

(6) 위령제 거행

[1950년][324] 7월 27일 경북 어업조합 연합회 주최로 조난 어민 위령제를 독도에서 거행하고자 하였으나 마침 날씨가 나빠서 출범하지 못하고, 울릉도 어업조합에서 관원과 주민이 다수 참석한 가운데에 성대히 거행하였다고 합니다.

(7) 위령비 건립

독도조난 어민의 억울한 처지를 돌이켜 생각 할 때에 뜻밖에 당한 재난에 훌륭한 산업일꾼을 잃고 그 영령(英靈)을 현지에서 위로하여 수중 깊이 잠겨 있는 원혼을 건져주는[325] 한편 독도가 우리나라 영토임을 정당하게 다시 밝혀서 어업상 및 군사상 기초를 탄탄하게 하여 두고, 또 이를 공보처 및 미국 공보원의 영사기로 촬영하여 영유(領有) 문제를 국제적, 국내적으로 널리 소개하기 위하여 사건 발생 2주년을 기(期)하여 중앙과 지방의 중요인사 및 귀빈과 유가족, 기타 관계가 있는 관원과 주민을 모시고 경상북도 조재천(曺在千)

---

324 원문에는 연도가 없으나 '사건 발생 2주년'이라는 내용을 볼 때 1950년으로 추정함.
325 원문에는 "수부(水府)의 원굴(冤屈)을 파여주는"으로 되어 있음.

지사가 정성껏 친필로 쓴 독도조난어민 위령비를 건립하고 제막식과 위령제 (1950년 6월 8일 독도에서)를 거행하였습니다.

3. 원문 전사본(傳寫本)

경북지 제 273 호 (慶北地 第 二七三 號)	결재 4285년 9월 23일 (決裁 四二八五年九月二三日)				시행 85년 9월 24일 (施行 八五年 九月 二十四日)
년 월 일 접수 (年 月 日 接受)	정서 (淨書)	교합 (校合)	발송 (發送)		발송상(發送上)의 주의(注意)
4285년9월20일 기안 (4285年9月20日 起案)	主■■		㊞		
지사(知事) ㊞ 산업국장(産業局長) ㊞ 수산과장(水産課長) ㊞ 과원(課員) ㊞ 기안자(起案者) ㊞					
건명(件名)	독도연해어선조난사건 전말보고의 건(외정 제1318호 4285.9.5. 일자) (獨島沿海漁船遭難事件顛末報告의 件)(外情 第1318號 四二八五年九月五日字)				
외무부 장관(外務部 長官)			지사(知事)		
수제(首題)의 사건(事件) 전말(顛末)에 간(干)한 총괄적(總括的) 자료(資料) 사본(寫本)을 별지(別紙)와 여(如)히 제출(提出)하나이다.					
					【慶 尙 北 道】

경위보고

一. 독도(獨島)의 위치(位置)와 형태(形態)

독도(獨島)는 울릉도(盃陵島) 남동(南東,(SE)) 약(約) 61리(浬) 지점(地點)에 있는 대소(大小) 두섬과 약간(若干)의 암초(岩礁)로 형성(形成)된 단애절벽(斷崖絶壁)이 흘립(屹立)한 무인도(無人島)입니다. 이섬은 수림(樹林)이 없고 다만 잡초(雜草)가 번무(繁茂)할다름이며 음료수(飮料水)가 전무(全無)한 까닭으로 인류(人類)의 주거(住居)에는 부적당(不適當)합니다. 그러나 그 주위(周圍)와 암초(岩礁)에는 어족(魚族)의 회유(廻遊)와 해구(海狗)의 서식(棲息)과 화포(和布) 번식(繁殖)이 풍부(豊富)함으로 이것을 어로(漁撈) 채취(採取)할 목적(目的)으로 하계(夏季)에는 어선(漁船)의 내왕(來往)이 빈번(頻繁)하고, 평소(平素)에는 난파선(難破船)의 표기처(漂寄處)로 됩니다.

二. 독도 영유문제(獨島 領有問題)

독도(獨島)는 지리적(地理的)으로 토질(土質) 및(及) 식물(植物)이 울릉도(菀陵島)와 합치(合致)하며 역사적(歷史的)으로 한일합병(韓日合倂) 전(前)까지 한국(韓國) 영토(領土)로서 어획(漁獲)을 독점(獨占)하였옴는 한국수산지(韓國水産誌)에 명확(明確)한 증명(證明)이 있고, 울릉도(鬱陵島)에 거주(居住)하는 90세(歲) 노옹(老翁) 홍재현(洪在現) 씨(氏)의 진술(陳述)한바에 의(依)하면 70년간(年間) 울릉도(菀陵島) 생활(生活)를 통(通)하여 빈번(頻繁)한 화포(和布) 채취(採取)의 사실(事實)과 광무10년(年)에 일본(日本) 은 기도사(隱岐島司) 일행(一行) 10여 명(余名)이 鬱陵島(菀陵島)에 내항(來航)하여 독도(獨島)가 자국(自國) 영토(領土)임을 주장(主張)함으로 당시(當時) 향장(鄕長) 전재항(田在恒) 외(外) 다수(多數) 부로(父老)가 그 비(非)를 지적(指摘)하고 즉시(卽時) 정부(政府)에 보고(報告)한 사실(事實) 등(等) 고래(古來)로부터 양국(兩國)의 사이에 사소(些少)한 시비(是非)가 있었으나 한일합병(韓日合倂) 후(後)에는 독도(獨島) 소속(所屬) 문제(問題)는 논의(論議)의 필요(必要)가 없이 되어있었든것입니다. 그러나 해방(解放) 후(後) 鬱陵島민(菀陵島民)은 본도(本島)의 소속(所屬)이 불분명(不分明)함으로서 어획상(漁獲上) 주저(躊躇)함이었음으로 당시(當時) 도사(島司)는 본도(本島)

영유(領有) 확인(確認)을 정부(政府)에 신청(申請)하여 1946년(年) 6월(月) 21일자(日字)로 연합국 최고지휘관(聯合國 最高指揮官) 800,217 각서(覺書), 일본 제국정부(日本帝國政府) 경유(經由), 과도정부(過渡政府) 동경(東京)중앙연락청(中央連絡廳)에 송달(送達)된 『일본인(日本人)의 포어(捕魚) 및(及) 포경어업조업(捕鯨漁業操業)에 관(關)한 승인(承認)된 구역(區域) 나 항(項)에 기재(記載)된 일본인(日本人)의 선박(船舶) 및(及) 인원(人員)은 금후(今後) 죽도(독도)(竹島(獨島))까지 12미(米) 이상(以上) 접근(接近)하지 못하며 우(又)는 동도(同島)에는 여하(如何)한 접촉(接觸)도 못한다.』라는 적확(的確)한 명문(明文)이 공표(公表)되어 아국영토(我國領土)임이 천명(闡明)되었으나 근년(近年)까지 일본(日本) 은기도(隱岐島) 모(某) 개인(個人)이 자기(自己) 소유(所有)라고 주장(主張)한다는 말이 있음으로 차제(此際) 재천명(再闡明)하여 아국(我國) 어부(漁夫)가 안심(安心)하고 출어(出漁)하도록 할 필요(必要)가 있는 것입니다.

三. 독도사건 발생개황(獨島事件 發生槪況)

단기 4281년6월8일(檀紀四二八一年六月八日)

울릉도인 윤영도 이하 22명(盍陵島人 尹永道 以下 二二名)

강원도 묵호인 옥만룡 이하 12명(江原道 墨湖人 玉萬龍 以下 一二名)

강원도 죽변인 이도순 이하 18명(江原道 竹辺人 李道順 以下 一八名)

강원도 평해 후포리인 김동술 이하 7명(江原道 平海 厚浦里人 金東述 以下 七名)

합계 59명(合計 五九名)은

태영환(泰榮丸) 이하(以下) 기선(機船) 7척(隻)과 범선(帆船) 11척(隻)에 분승(分乘)하고 근거지(根據地) 울릉도를 출범(出帆)하여 풍어기(豊漁期)의 화포(和布)를 채취(採取)코저 독도(獨島)에 출어(出漁)하였읍니다. 동일(同

日)은 서남풍(西南風)이 강(强)하게 불었음으로, 대개(大概)가 북측(北側)의 섬 그늘에서 선박(船舶)을 거안(距岸) 300미내(米內)에 정박(碇泊)하고 어부(漁夫) 일부(一部)는 상륙(上陸)하여 채취(採取)한 화포(和布)의 건조(乾燥) 작업(作業)에 종사(從事)하고 혹(或)은 채취(採取)에 종사(從事)하고 있든 중(中) 오전(午前) 11시(時) 40분경(分頃) 남동(南東) 방면(方面)으로부터 비행기(飛行機)의 폭음(爆音)이 들니여왔으나 섬의 그늘이 되여 있고 파도(波濤) 노래가 심(甚)한 탓으로 폭음(爆音)을 몰으고 있든 자(者)도 많았으며 또 폭음(爆音)을 들은 자(者)는 우리를 도우는 미군(美軍)의 비행기(飛行機)거니하야 경계(警戒) 보담 도로혀 기쁜마음으로 작업(作業)을 계속(繼續)하고 있었다고 합니다. 생존자(生存者)의 말에 의(依)하면 비행기(飛行機) 14기(機)가 주(主)로 선박(船舶)이 많은 북측(北側)에 투탄(投彈)을 시작(始作)하고 약(約) 2~30분간(分間)에 긍(亘)하여 기관총(機關銃) 소사(掃射)를 가(加)한 후(後) 당초(當初) 출현(出現) 방면(方面)으로 퇴거(退去)하였다고 합니다. 극도(極度)의 위험(危險)과 공포(恐怖)에 휩쓸녀서 어민(漁民)들은 우왕좌왕(右往左往) 대피(待避)할 장소(場所)를 찾다가, 독도(獨島)에서 원거리(遠距離)에 있는 선박외(船舶外)에는 거이다 사격(射擊) 대상(對象)이 되어 침몰대파(沈沒大破)하고 두섬 일대(一帶)는 피비린내나는 생지옥(生地獄)을 일우웠다고 합니다. 폭격(爆擊)이 끝난 후(後) 생존자(生存者)들은 사후(事後) 수습(收拾)에 전력(全力)을 다하였다고 하나 행방불명(行方不明) 14명(名) 선박대파(船舶大破) 4척(隻)을 확인(確認)하고 중경상자(重輕傷者) 6명(名)만을 구조(救助)하여 간신(艱辛)히 울릉도(莬陵島)까지 회항(回航)하였든것입니다. 생환자(生還者)는 울릉도민(莬陵島民) 윤영도(尹永道) 이하(以下) 45명(名)이고, 행방불명자(行方不明者)는 묵호(墨湖) 김중선(金仲善), 울릉도(莬陵島) 최덕식(崔德植), 김태현(金泰鉉), 고원호(高元鎬), 김해도(金海道), 김해술(金海述), 채일수(蔡一洙), 후포리(厚浦里) 김동술(金東述), 죽변(竹

辺) 권천이(權千伊), 김경화(金慶化), 이천식(李千植) 외(外)에 성명미상(姓名未詳) 3명(名) 합계(合計) 14명(名)이며 기후(其後) 3차(次)의 구호선(救護船) 파송(派送) 시(時)에 발견(發見)된 시체(屍體)는 김중선(金仲善), 최덕식(崔德植), 성명미상(姓名未詳) 1명(名) 합계(合計) 3명(名)뿐이며 중상자(重傷者)는 울릉도(鬱陵島) 장학상(張鶴祥), 이상주(李相周), 죽변(竹辺) 권진문(權進文) 등(等) 3명(名)이고, 기외(其外) 3명(名)의 경상자(輕傷者)가 있었으며 침몰(沈沒) 선박(船舶)은 기선(機船) 태영환(泰榮丸), 도하환(稻荷丸), 경양환(慶洋丸), 제오행정환(第五幸正丸) 등(等) 4척(隻)으로서 손해액(損害額) 약(約) 94만환(萬圜)에 달(達)했다고합니다.

四. 구호개황(救護槪況)

1. 제1차 구호(第一次 救護), 6월 9일(六月 九日) 기선(機船) 2척(隻)에 경찰관(警察官) 2명(名) 선원(船員) 19명(名)이 분승(分乘)하고, 출범(出帆) 탐색(探索)하였으나 시신(屍身) 2체(体)를 발견(發見)할 뿐이고

2. 제2차 구호(第二次 救護), 6월 10일(六月 十日) 다시 기선(機船) 2척(隻)을 동원(動員)하여 농무(濃霧)를 무릅쓰고, 종일탐색(終日探索)하였으나 아무 소득(所得)없이 공환(空還)하였다고 합니다.

3. 제3차 구호(第三次 救護), 6월 14일(六月 十四日) 본(本) 사건(事件)이 도(道)에 보고(報告)되자 그 진상(眞狀)을 조사(調査)코자 본도(本島) 수산과(水産課) 기사(技士) 문영국(文英國) 미인(美人) C-C 해안(海岸) 경비원(警備員) 6명(名)이 본도(本道) 소유(所有) 경비선(警備船) 계림환(鷄林丸)으로 울릉도(鬱陵島)에 출장(出張)하여 익(翌) 16일(日) 울릉도(鬱陵島) 구조수부(構造水夫) 11명(名)과 묵호(墨湖) 어부(漁夫) 7명(名), 후포리(厚浦里) 어부(漁夫) 2명(名), 합계(合計) 28명(名)이 수척(數隻)의 기선(機船)을 동원(動員)하여 독도(獨島) 일대(一帶)를 대탐색(大探索)하는 일방(一方) 실지(實地) 조사

(調査)를 하였으나 시신(屍身) 1체(体)를 발견(發見)하였을뿐이였고, 반침(半沈) 선박(船舶)은 기후(其後) 재차(再次)의 폭격(爆擊)연습(演習)이 있었는지 생환자(生還者)의 안목(眼目)에는 사건(事件) 당시(當時) 보담 더욱 심(甚)한 파괴(破壞)를 당(當)했드라고 합니다.

이상(以上) 3차(次)의 구호(救護) 공작(工作)도 남은 11명(名)의 행방(行方)을 찾을 길 없이 50여만환(余萬圜)의 비용(費用)만 허비(虛費)하는 결과(結果)를 내여 울릉도민(鬱陵島民) 전체(全體)의 눈물겨운 노력(努力)도 도로(徒勞)에 귀(歸)하고 무거운 애수(哀愁)가 동해(東海)에 표불(漂拂)했든 것입니다.

五. 배상 및 유족수호개황(賠償 及 遺族援護槪況)

1. 미군(美軍)의 진사(陳謝) 6월16일(六月十六日) 미군 장교(美軍將校) 수명(數名)이 울릉도(鬱陵島)에 출장(出張)하여 행정관(行政官) 및(及) 유지(有志) 조난자(遭難者) 유가족(遺家族), 중상자(重傷者) 가족(家族) 등(等)을 차어 심심(深心)한 사과(謝過)의 뜻을 표(表)하고 배상금(賠償金)으로 2,125,520엔(円)을 지급(支給)하고 도라갓다합니다.

2. 구호금(救護金) 모집(募集) 서울 수산경제신문사(水産經濟新聞社), 부산(釜山) 산업신문사(産業新聞社), 대구 남선경제신문사(南鮮水産經濟新聞社)에서는 상호(相互) 호응(呼應)하여 국내(國內) 동포(同胞)에게 진상(眞狀)을 알니고 유가족(遺家族) 원호(援護) 기금(基金)을 모집(募集)하는 일방(一方) 도내(道內) 수산단체(水産團體), 공무원(公務員) 등(等)이 궐기(蹶起)하여 총액(總額) 64만[326]9천 269환(圜) 80전(錢)을 모집(募集) 반급(頒給)하였든 것입니다.

---

326 원문에는 64로 되어 있어 '만'자가 빠진 것으로 보임.

六. 위령제 거행(慰靈祭 擧行)

금년(今年) 7월(月) 27일(日) 경북(慶北) 어업조합(漁業組合) 연합회(聯合會) 주최(主催)로 조난(遭難) 어민(漁民) 위령제(慰靈祭)를 독도(獨島)에서 거행(擧行)코저 하였으나 마츰 일기(日氣)가 불순(不順)하여 출범(出帆)치 못하고, 울릉도(菀陵島) 어업조합(漁業組合)에서 관민(官民) 다수(多數) 참석하(參席下)에 성대(盛大)히 거행(擧行)하였다고 합니다.

七. 위령비 건립(慰靈碑 建立)

독도(獨島) 조난(遭難) 어민(漁民)의 억울(抑鬱)한 처지(處地)를 회상(回想)할때에 횡액(橫厄)에 홀용한 산업(産業) 투사(鬪士)를 일코 그 영령(英靈)을 현지(現地)에서 위로(慰勞)하여 수부(水府)의 원굴(寃屈)을 파여주는 일방(一方) 독도(獨島)가 아국(我國) 영토(領土)임을 정당(正當)히 재(在) 천명(闡明)하여 어업상(漁業上) 및 군사상(軍事上) 기초(基礎)를 공고(鞏固)히 하여두고, 또 차(此)를 공보처(公報處) 및 미국(美國) 공보원(公報院)의 영사기(映寫機)로 촬영(撮影)하여 영유(領有) 문제(問題)를 국제적(國際的), 국내적(國內的)으로 광범(廣汎)히 소개(紹介)하기 위(爲)하여 사건(事件) 발생(發生) 2주년(周年)을 기(期)하여 중앙지방(中央地方) 요로귀빈(要路貴賓)과 유가족(遺家族) 기타(其他) 관계관민(關係官民)을 메시고 본도(本道) 조재천(曺在千) 지사(知事)님에 정사(精謝)껏 친필(親筆)로 쓴 독도(獨島) 조난(遭難) 어민(漁民) 위령비(慰靈碑) 건립(建立)하고 위령제(慰靈祭) (4283년 6월8일(四二八三年六月八日) 독도(獨島)에서)를 거행(擧行)하였읍니다.

4. 원문

慶北 第二七三號 裁決

年
月
日接受　淨書　校合　發送　發送上의注意

知事 ⊙

庶務局長 ⊙

水産課長 ⊙

起案者
課員

名件

獨島近海漁船遭難事件顛末報告의件（外情第三二一號）

外務部長官 앞　知事

首題의事件顛末에구호措置的資料（寫本）을別紙

와如히提出하나이다.

000060

29

經緯報告

一. 獨島의 位置와 形態

獨島는 盂陵島南東(SE) 約六十一浬地點에있는 大小두

섬과 若干의 岩礁로 形成된 斷崖絶壁이屹立한 無人島

임니다 이섬은 樹林이 없고 다만 雜草가 繁茂할까리[?]며

飮料水가 全無하다싶히[?]으로 人類의 住居에 不適宜하나

그러나 그 周圍와 岩礁에는 魚族의 洞遊와 海狗의 棲息과

海布 와 鰒 이 豐富함으로 이것을 漁撈採取할目的으로

夏秋에는 漁船의 來往이 頻繁하고 平素에는 難破船

의 漂着場으로됨니다

二. 獨島領有關問題

獨島는 地理的으로 土質及植物이 盂陵島와 合致하며

30

000061

歷史的으로 韓日合併前까지 韓國領土로서 漁獲을 獨

占하였음은 韓國水產誌에 明確한 證明이 있고, 鬱陵

島에居住하는 九十歲老翁현在現民의陳述한바에依하며

七十年間 査陵島生活을通하여 頻繁히和布採取

의事實과 光武十年에 日本隱岐島司一行十餘名이

査陵島에來航하여 獨島가自國領土임을 主張함으로

當時鄕長田家恒가 多數文書가그非를 指摘하고

郎時政府郡告文事實等 古來로부터 兩國의사이에

此는 非가 있었으나 — 韓日合併後에는 獨島所屬

問題는 論議의 必要가 없이되어 있었든것이다.

그러나 解放後 査陵島民은 本島의 所屬이 不分明

함으로서 — 漁獲上障礙가 있었음으로 當時島司는 本島

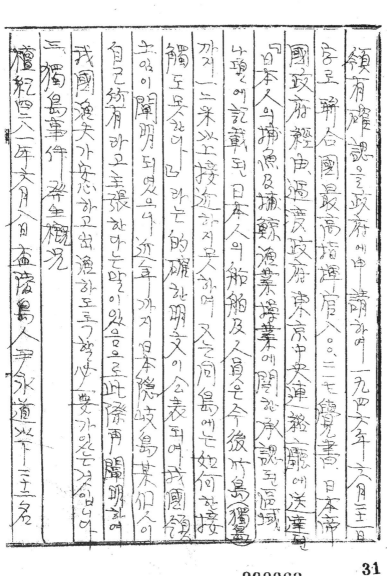

領有確認으로 政府에 申請하여 一九四六年 六月二十日

으로 聯合國最高指揮官에게 ○○三七 覺書, 日本帝

國政府經由 連駐政府 東京中央連絡廳에 送達된

「日本人의 捕漁 及 捕鯨漁業에 關한 承認된 區域

나의에 記載된 日本人의 船舶 及 人員은 今後 竹島(獨島)

까지 二米必接近하지못하며 又는 同島에는 如何한接

觸도못한다」고 하는 的確한 明文이 公表되여 我國領

土임이 闡明되었으나 近年까지 日本隱岐島 某個人이

自己所有라고 主張한다는 말이 있으므로 此際 再闡明하여

我國漁夫가 安心하고 出漁하도록 하는少要가 있는것이다

三. 獨島事件 發生概況

檀紀四二八一年 六月八日 蔚陵島人 全永道外 十三名

000062

31

江原道蔚山人王萬□次下十三名 江原道竹邊人李

一道帽次下十八名江原道平海厚浦里人金東洙平

七名合하여二十九名은各各漁船二隻과機船□

一隻에分乘하고機據地盆陵島를由物하여豊漁期

의海流를採取코저獨島에出漁하였음니다同日은

西南風이强하게불어옴으로天幕가坭側의섬그늘에서

舩舶을距岸三〇〇米內에碇泊하고漁夫一部는上陸

하여採取한□의乾燥作業에從事하고或은採取에

從事하고있는中午前十時四〇分(南東方面으로부터)

飛行機의爆音이들니여와있으나□의그들이되여있고波

濤소래가甚한탓으로爆音을듣고있는者도□었으며또爆

音을들으는者는우리들을도우는美軍의飛行機거니□□□

보담도 도적기뿐만금으로, 作業을 繼續하고 있었다고함니다

生存者의 말에 依하면 飛行機十四機가 主로 船舶이 많은

北側에 投彈을 始作하고 約二三分間에 또한 機關銃

掃射를 加한 後 當初 出現方面으로 退去하였다고 함니다

極度의 危險과 恐怖에 휩쓸니며서 漁民들은 右往左往

待避할 場所를 찾다가, 獨島에서 遠距離에 있는 船

舶와에는 거이야 射擊對象이되며 流沒大破하고두서 一帶이

는 月피비린내나는 生地獄을 열우쳤다 고 爆擊이

틀닌 後生存者들은 事後收拾에 全力을다하였다

고한가 行方不明十四名 船舶大破四隻으로 確認하고

重輕傷者大名만을 救助하여難卒히査彦島까지回

航하였는것임니다 生還者는 盃陵島民尹永道外下

四十五名이고、行方不明者는 蔚湖 金仲善 菱蔭島

崔德植 金泰銑 高允鎬、金海道 金海述 蔡一洙

蔚湖 金東述 이며 辺権千伊 金慶化 李千植 外에 姓

名未詳 三名 合計 西名이며 其後 三次의 救護船 派送

特히 發見 된 屍体는 金伊善 崔德植 姓名未詳 名合

計三名뿐이며 重傷者는 盃蔭島 張鶴洋 李相周 竹

辺權進文等 三名이고、其外 三名의 輕傷者가 있었으며 況

没船舶은 機船 泰榮丸 稻荷丸 慶洋丸 等 五隻 正九

等四隻 文으로서 損傷が 頻船 九十四쪽의 轉州運達 했다고함니다

四、救護概況

八、第一次 救護、六月九日 機船 二隻 文에 警察官 等

船員十九名이 分乘하고 出帆捜索하였으나 屍身一

体를 發見하였으므로

又第二次救護、有月九日다시 機船二隻으로 動員하여

濃霧를 무릅쓰고 翌日 探索하였으나 아무 所得이없이

空還하였다고 한다

3, 第三次救護 有十月四日 本軍件이 道에 報告되자고

眞狀을 調査코자 道水産課技士 文英國 美人

CIC海岸警備員 大名이 本道所有警備船

鷄林丸으로 盞陷島에 出發하여 翌十六日 盞陷島救助

水夫十名과 墨湖漁夫七名 厚浦里漁夫三名 合計二十

名이 救急의 機船을 動員하여 獨島一帶를 大搜索

한즉 一方陸人地調査를 하였으나 屍身一体를 發見오나

였으므로이었고 半現船舶은 其後再次의 爆擊演습

000064

習이 있었는지 遺者의 服目에는 事件을 勝見 또 말하우

甚한 破損을 當했느라고 합니다

此三次의 救護工作도 날로 十一名의 行方을 알 없이

五十余名의 弟의 甚人用 虚費하는 結果를 내여 盧膠島民

全体의 눈물로 저운 勞力도 徒勞에 없하고 부끄운 亮想가

東海에 漂拂 했두 것이니

五, 膠償及 遺族 援護槪况

八 美軍의 陳謝 六月廿三日 美軍 陸救敎名이 盧膠島

여 出港하여 行政官吏 有志 連盟者 遺家族 重傷者

家族等을 차어 深心한 謝過의 뜻으로 表하고 膠償金을

三五. 五. 一〇月로 支給하오도라 가다 합니다

救護金募集 서울시某經濟新聞社, 釜山廳

業新聞社 大邱南鮮 經濟 新聞社에서는 相互呼應하여

團員同胞에게 呼求를않으니 遺族 家族救護基金으로 募

集하는 三方道內水産團體 公務員及擧이 蹶起하여 總額

六萬四〇〇所刊百名萬人〇鐵으로 募集 領給하였는것이다

六, 慰靈壺祭擧行

今年 七月二十七日 慶丑漁業組合 聯合會主催로 連難

漁民慰靈祭를 獨島에서 擧行코저하였으나 波高日

昌가不順新出帆치못하고 盡慶島漁業組合에서 慰民을

敎參席에게 盛大히 擧行하였다고한다.

七, 慰靈碑 建立,

獨島遭難漁民의 神趣한 慶地로 回想하대에 廣

尼에 〇〇한번 本業鬪士를알고 二英靈을 現地에서 慰

Ⅱ. 논울도사(論鬱島事) [327]
― 울릉도에서 일어난 사건들에 대해서 논하다 ―

1. 해제

1) 저자 손정현에 대하여

이 글의 저자 손정현(孫貞鉉, 1847~1905)은 경남 밀양 사람으로 자는 문구(文九), 호는 문산(聞山)이다. 밀양 손씨 교동파 손영제 선생의 12대 손으로 1899년 중추원의관(中樞院議官) [328]을 지냈다. 손정현은 교육을 통해 국권을 회복하고 자주독립을 꾀한 교육사상가로 1897년 밀양지역 최초의 근대교육 기관인 사립개창학교(현 밀양초등학교의 전신)를 설립하였다. 밀양의 성리학자 성헌(省軒) 이병희, 심제 조긍섭과 함께 단연회(斷烟會) 지부를 만들어 국채보상운동을 벌였으며, 임시정부 대통령을 지낸 백암 박은식 등 애국지사들과 교류하였다. 특히 나라가 부강하기 위해 교육의 중요성을 강조한 문산 손정현의 시국관에 대해 박은식은 그에게 편지를 보내 칭송하였는데, 박은식은 그의 『겸곡문고(謙谷文稿)』에 실려 있는 「손정현에게 보내는 글(與孫聞

---

327 자료 해제: 이태우/ 탈초 및 번역: 곽해영/ 자료제공: (사)나라얼연구소 조원경 이사장
328 조선 말기에 등장한 중추원은 왕권 강화를 위한 국왕의 자문기관적 성격을 가지고 출발하였고, 왕조체제하의 추밀원(樞密院)과 유사한 성격을 지닌 기관이었다. 1894년 6월 28일의 중앙관제 대개혁을 위해 마련된 의정부의 신관제안(新官制案) 속에 중추원에 관한 규정이 포함되어 있으며, 1895년 3월 1일 중추원 관제가 개정되었다. 이 법안을 보면, 중추원은 자체적으로 정치나 행정에 따르는 문제를 논의하거나 결의할 수 있는 권리가 없었으며, 오직 내각에서 문의하는 사항에 대해서만 그 의견을 말할 수 있는 것으로 되어 있었다. 1907년 그 기능이 종식되었으나, 1910년 국권상실 이후 일제는 식민통치에 이용하고자 조선총독부 관제에 의거하여 1910년 10월 1일 중추원을 설치하였다. 한국민족문화대백과사전(http://encykorea.aks.ac.kr/Contents/Index?contents_id=E0053945)참조(2021.12.6 검색).

山貞鉉書)」[329]에서 '자주'와 '자강'만이 나라를 살리는 길임을 강조하면서 교육의 중요성을 역설하는 손정현과 견해를 함께 하고 있다. 때문에 박은식이 손정현에게 보낸 이 글 속에서 손정현이라는 인물과 사상을 간접적으로 읽을 수 있다.

이 편지는 손정현과 교분이 두터웠던 박은식이 교육을 통해 자주와 자강의 길로 들어서자는 취지의 비장한 다짐을 밝힌 글로 손정현에게 보낸 세 통의 편지 가운데 세 번째 것이다. 박은식이 손정현의 「논울도사」를 읽은 후 그에 대한 답서로 이 편지를 썼는지 정확히 파악이 되지 않지만, 평소 손정현과 교분을 나누며 국가의 안위에 대한 인식을 함께하고 있었기에, 손정현에 대한 자신의 생각을 이 편지글을 통해 밝힌 것으로 보인다.

제가 보기에, 선생(손정현)께서 천하 대사에 근심이 가득하고 말씀이 간절하지만 특히 '정신이 죽었고 기백이 쇠약해졌다'는 한마디 말씀은 오늘날의 병중에 절실하게 부합하는 말씀입니다. 대체로 나라가 나라를 유지하는 것은 자주(自主)의 마음이 있기 때문이요, 자강(自强)의 기운이 있기 때문입니다. 따라서 자주하고 자강해서 남에게 의지하지 않는다면, 나라가 작아도 남에게 굴복하지 않을 것이니 벨기에와 스위스 같은 나라가 여기에 해당합니다. 자주하고 자강하지 못해서 남에게 의지하려 든다면 나라가 크더라도 끝내 남에게 예속될 것이니 인도와 베트남 같은 나라가 여기에 해당합니다.

그러므로 병력이 많지 않다고 근심할 것이 아니고, 재정이 넉넉하지 않다고 근심할 것이 아니고, 제조업이 왕성하지 않다고 근심할 것이 아닙니다. 오로지 인민의 마음이 가라앉고, 국민의 기운이 시드는 것이 가장 근심할 일입니다. (중략)

아아! 의리가 어두워지고 막힌 지는 오래되었고, 사욕을 제멋대로 부리는 행태는 극에 달했습니다. 심지어 임금을 잊고 나라를 등지는 짓도 돌아보지 않고

---

329 박은식, 「與孫聞山貞鉉書여손문산정현서」, 안대회·이현일 편역, 『한국산문선9』, 민음사, 2017, 335-338쪽; 원문은 『박은식 전서(中)』, 단국대학교부설 동양학연구소 편, 단국대학교 출판부, 1975, 374-382쪽에 수록되어 있음.

있습니다. 그 원인을 캐 보면 정신이 죽었고 기백이 쇠약해진 것이 빌미가 되었습니다. 정녕코 사기(士氣)를 진작시키고 인민의 지혜를 이끌어 내어 사람마다 자주와 자강의 의리를 배 속에 착 달라붙게 하고 오늘 한 걸음 진보하고 내일 한 걸음 진보하여 인습대로 구차하게 시간만 때우려는 생각을 버리고 두려워하고 망설이는 태도를 없이 한다면 자강의 길이 이로 말미암아 생길 것입니다.

　　그러나 이것을 이룩하고자 한다면 또한 오로지 교육을 부흥시키는데 달려 있을 뿐이니 어찌 다른 데서 구하겠습니까? 아아! 천하가 함께 가진 것이 정신이니 한번 불어 일깨운다면 따라서 깨닫는 사람이 어찌 없겠습니까? 이것이 제가 선생의 고심에 찬 말씀에 찬탄하여 마지않는 까닭입니다.

백암 박은식은 문산 손정현에게 보내는 이 편지글에서 나라에 중증의 병통이 생긴 것은 "정신이 죽었고 기백이 쇠약해졌"기 때문이라는 손정현의 생각에 깊이 공감하며, 한 나라가 유지되기 위해서는 자주와 자강의 정신과 기백이 살아있어야 함을 역설하고 있다. 그리고 이를 위해서는 "오로지 교육을 부흥시키는데 달려있"으며, 이러한 선구적 안목을 가진 손정현의 교육사상에 찬탄하여 마지않는다고 말한다.

박은식이 「손정현에게 보내는 글(與孫聞山貞鉉書)」을 써서 보낸 이유는 손정현의 「논울도사」를 읽었거나 평소 손정현의 지론을 잘 알고 있었기 때문인 것으로 보인다. 왜냐하면 「논울도사」에서 손정현은 "천하의 근심은 정신이 죽는 것보다 참담한 것이 없으며, 천하의 병은 기백이 약하고 정신이 죽는 것보다 심한 것이 없습니다."라는 주장을 펼치고 있기 때문이다.

이러한 맥락에서 볼 때 손정현이 「논울도사」에서 울릉도 사건에서 시작해 한반도 전체로 확대되어 가는 일본의 침략 야욕에 직면한 위기를 해결하기 위한 해법으로 제시하고 있는 것은 아래로 백성에서부터 위로 임금에 이르기까지 '나약해진 정신을 굳건히 하고 기백을 강하게 하는 것'임을 확인할 수 있다. 손정현은 이것이 외세의 침략에 강력히 대응하고 위기에 처한 나라를 구하기 위한 출발점이 될 수 있다고 보았다.

2) 「논울도사(論鬱島事)」의 시대적 배경

저자 손정현이 이 글(상소문)을 쓴 연도를 밝혀두고 있지 않아서 「논울도사」를 쓴 연도를 정확히 알 수 없지만 이 글의 작성 연도는 1901년~1904년 사이일 것으로 추정된다. 고종황제가 '칙령41호'를 반포하여 울릉도를 '울도'로 개칭한 것이 1900년 10월 25일이고 저자인 손정현이 사망한 일시가 1905년 2월 3일 이므로 이 글은 1901년~1904년 사이에 쓴 것으로 보인다. 손정현의 사망을 1905년으로 확인할 수 있는 것은 창강(滄江) 김택영(金澤榮, 1850~1927)이 손정현의 죽음을 애도하며 쓴 시 「도손문산정현(悼孫聞山貞鉉)」이 그의 문집 『소호당집(韶濩堂集)』의 「을사고(乙巳稿)」(1905년)에 수록되어 있기 때문이다. [330]

호걸스러운 선비 문산은 어디로 갔는가	聞山豪士去何之
낙수는 동으로 흘러가서 만사가 서글프네	洛水東流萬事悲
백도의 아들 없음 하늘에 물을 만하고	伯道無兒天可問
원인의 나라 걱정 세상이 다 안다오	袁安憂國世皆知
눈물 적시며 열 번의 상소를 등불 앞에서 쓰고	十封淚漬燈前策
바람 일 듯 천수의 시를 술 마신 뒤에 지었지	千首風生酒後詩
한성의 옛 벗들을 기억하시는지	記否漢城諸舊伴
봄날 꽃과 가을날 달에 걸핏하면 눈물 흘리던 일을	春花秋月動沾頤

매천 황현, 영재 이건창과 함께 한말 3대 시인으로 알려져 있는 창강 김택영은 시 「도손문산정현(悼孫聞山貞鉉)」에서 손정현의 성품을 '호걸스러운

---

330 김택영 저, 정석태 등 역, 「도손문산정현(悼孫聞山貞鉉)」, 『소호당집5』, 한국고전번역원 한국문집번역총서, 부산대학교 점필재연구소, 2019, 290-291 참조.

선비'로 묘사하고 있다. 또한 국운이 쇠퇴하고 일제의 노골적 침탈이 갈수록 거세지는 시국상황을 보고 '눈물을 적시며 열 번의 상소를 쓴' 우국충정의 인물로 그리고 있다. 따라서 「논울도사」는 '호걸스러운 선비' 손정현이 일본인에 의해 울릉도가 침탈당하는 현실을 보고 우국충정의 심정으로 '눈물을 적시며 쓴 상소문'이라고 할 수 있다.

손정현이 「논울도사(論鬱島事)」를 쓴 시기는 이미 제국주의 일본에 의해 국권이 실질적으로 상실되어가던 때였다. 저자는 1900년을 전후로 일본인들이 울릉도의 자원을 수탈하고, 울릉도민들의 생명을 위협하며, 울릉도를 무법천지로 유린하던 일본인들의 횡포를 고발하면서 무기력한 정부의 무대책을 답답해하며 이를 비판하고 있다.

「논울도사」의 내용을 이해하기 위해서는 손정현이 논하고자 하는 '울릉도에서 일어난 사건'이 어떤 사건인지를 먼저 알 필요가 있다. 앞에서 언급했듯이 「논울도사」가 씌여진 시기가 1901년~1904년 사이라면 그 이전에 발생한 사건임을 알 수 있다. 그렇다면 1901년 이전 울릉도에서 일본인에 의해 발생한 사건들이 무엇이었는지 확인해볼 필요가 있다.

1882년 검찰사 이규원은 『울릉도 검찰일기』에서 울릉도에 들어와 있는 일본인의 숫자가 78명으로, 이들이 불법으로 벌목을 하여 반출하고 있다고 기록하였다. 그 후 해마다 일본인들의 불법적 울릉도 입도가 증가하면서 무단으로 집을 짓고, 임야를 벌목하고 반출하는 사건들도 점점 심해져갔다. 더불어 일본인들이 울릉도 주민들에게 폭력을 행사하고 울릉도의 주인 행세를 하며 행패를 부려도 도감이나 군수[331]가 손을 쓸 수 없을 정도였다.

대한제국 정부에서도 이 문제를 심각하게 여겨 1899년 6월 도감 배계주와

---

331 「대한제국 칙령 제41호」 반포 이후 울도군수를 역임한 인물은 제1대 배계주, 제2대 강영우, 제3대 배계주, 제4대 구연수, 제5대 심흥택, 제6대 심능익, 제7대 전태흥이다 (김호동, 「개항기 울도군수의 행적」, 『독도연구』 19호, 2015.12, pp.7-50 참조).

부산 세관 해무사 라포르트(E. Laporte)에게 「울릉도 사황(事況)」(황성신문, 1899년 9월 23일)을 조사하게 하고[332], 그 보고서 결과를 바탕으로 일본 공사에게 울릉도 거주 일본인을 본국으로 쇄환할 것을 통보하였다. 그럼에도 불구하고 울릉도에서 일본인들의 불법 거주, 무단 벌목과 반출, 폭력행위 등은 끊이지 않았고, 주민들의 원성은 높아만 갔다.

1899년 9월 13일자 『독립신문』의 「울릉도 소요」 기사를 보면 "울릉도 도감 배계주씨가 내부에 보고하기를, 일본 사람들이 본도(本島)에 들어와서 본도 산림을 무난히 작벌하기에 규목 몇백 그루를 집류(執留)하고 그 일본인과 성언하여 약조하기를, 이 사건을 우리나라 내부에 보고하여 그 지령을 기다려 조처하자 하고 15개일(個日)로 기한을 정하였는데"라고 하면서 일본인들의 무단 산림 벌목 횡포를 보도하고 있다.[333] 그 후 1899년 9월 16일자 『황성신문』의 「울도일인(鬱島日人)」, 1899년 9월 23일자 『황성신문』의 「일인철귀(日人撤歸)」, 또 같은 날짜(1899년 9월 23일자) 『황성신문』의 「울릉도사황(鬱陵島事況)」, 1899년 9월 27일 『독립신문』에 실린 「울릉도 사건」, 1899년 10월 25일 『독립신문』의 「울릉도 보고」 등 일인들의 불법 입도와 산림 벌목, 폭력행위 등의 악행을 고발하고 있다.

결국 정부는 다시 내부시찰관 우용정을 파견(1900.6)하여 울릉도에서 일어나는 일을 조사토록 하고, 이를 근거로 여러 차례 일본인 퇴거를 요구하는 등 외교적 조치를 취하는 동시에 「대한제국 칙령 제41호」(1900.10.25)를 반포하고 행정제도를 개편하여 독도와 울릉도 관리를 강화했다. 그러나 계속된 일본인의 울릉도 불법 입도와 벌목, 경제 침탈을 막기에는 대한제국의 영향력

---

332 홍성근, 「라포르트의 울릉도 조사보고서와 1899년 울릉도 현황」, 『영토해양연구』 제6호, 2013.12, 100-137쪽 참조.

333 「울릉도 소요」, 『독립신문』, 1899년 9월 13일, 동북아역사재단 편, 『일제의 독도·울릉도 침탈 자료집(4) - 신문기사(1897~1910)』, 동북아역사재단, 2020, 53쪽.

이 미칠 수 없을 정도로 국력이 너무나 쇠약했다. 1901년 8월 20일 부산 해관 양원(洋員) 스미스가 작성한 「울릉도 시찰 보고서」가 『황성신문』 1902년 4월 29일자에 실렸으며, 이 보고서에 대한 「논설(論說) – 울도보고사건(鬱島報告事件)」이 1902년 5월 1일자 『황성신문』에 보도되고 있는데[334], 이때 보도된 기사내용이 손정현의 「논울도사(論鬱島事)」에서 언급되고 있는 것으로 보아 이 글을 쓴 시기도 이 즈음인 것으로 보인다.

논설 – 논울도보고사건(論鬱島報告事件)/ 『황성신문』(1902년 5월 1일)
작년 8월에 부산 해관파원(海關派員) 사미수씨(士彌須, F. J. Smith)가 울릉도를 시찰한 후의 보고서는 전에 이미 번역하여 본보에 실었는데, 대저 울릉도는 우리나라 사람, 한국의 세력이 미치는 강토이다. 일본인이 처음에 우리나라 조정의 인준을 받지 않고 제멋대로 도항하여 나무를 베고 집을 짓고 가게를 열어서 영원히 거주하기를 바라는 것은 이미 법외(法外)의 기만하고 업신여기는 습관으로, 이는 여러 말을 할 것이 못된다. 그래서 보고 중에 전달한 바를 논하건데, 섬에 사는 일본인이 이르기를 온 섬의 남북을 분할하여 그 삼림을 스스로 영유하고 오히려 한국인의 벌목을 금지한다고 스스로 고시하고, 한국인에게 벌금을 배당하여 징수하였다고 하니, 이는 객지인이 오히려 토착민이 되어 일본인이 울릉도를 자국의 토지로 간주하는 것이며, 한국의 도감이 자임(自任)하였는데, 저들은 도감이 눈에 보이지 않는다는 까닭으로 거주하는 객민(客民)이 마치 관리인 양 고시를 발부하기에 이르니, 이는 적반하장이다. 갑자기 한국인이 한국 나무를 베는 것을 금지한 것이다. 저들은 우리 한국을 보고 정부가 있다고 말하면서, 어찌 터럭만큼도 거리끼거나 뒤를 생각하지 않고 제멋대로 점령하여 이 지경에 이르게 하는가. 아! 그 모멸과 억측이 참으로 통한과 분탄(憤嘆)을 견디지 못하겠다. 이른바 섬에 있는 한국인의 남녀 인구는 3,00여명이고 일본인 인구는 거의 550여명인데, 일본인의 수는 겨우 한국인의 숫자 5분의 1에 불과하다. 그런데 불쌍한 이 한국인은 오히려 5분의 1인 객인 아래에서 제재를 받으며, 온 섬의 이권

---

334 「논설–논울도보고사건」, 『황성신문』, 1902년 5월 1일; 동북아역사재단 편, 『일제의 독도·울릉도 침탈 자료집(4) – 신문기사(1897~1910)』, 동북아역사재단, 2020, 165-166쪽.

을 양여하고 굽히고 속수무책으로 배상하니 어찌 슬프지 아니하겠는가. 그러나 제재를 받는 권원을 헤아려 보면, 어찌 우리 정부가 개도하지 못한 책임과 자강 하지 못한 허물이 아니겠는가. **저들의 탐욕은 반드시 동해상의 작은 한 섬에 그 치지 않을 뿐이고, 전국 내의 비옥한 땅과 광림(鑛林)의 숲은 침흘리지 않는 곳 이 없으니, 또한 어찌 울도의 사례가 되지 않는다고 알 수 있겠는가.**(강조 필자)

위 〈논설〉의 마지막 문장에서도 보듯이 일제의 한반도 침탈은 "동해상의 작은 한 섬" 울릉도(와 독도)를 시발점으로 한반도 전체로 확대될 것을 이미 예견하고 있음을 알 수 있다. 즉 울릉도(와 독도)는 일제의 "한반도 침탈의 첫 번째 희생물"이었음을 이 기사를 통해서도 확인할 수 있다.

3) 「논울도사(論鬱島事)」의 내용과 역사적 의미

이 자료는 19세기말 일본의 한반도 침탈을 고발하고 이에 대한 대한제국 정부의 적극적인 대처를 요구하고 있는 상소문 형식의 글이다. 특히 한반도 본토에 대한 본격적인 침탈에 앞서 울릉도를 무법천지로 유린하며, 울릉도의 자원을 수탈해가는 일본인들의 횡포를 고발하면서 정부의 적극적인 대처를 촉구하고 있다. 이는 울릉도라는 섬에서 일어나고 있는 지역적 사건으로 보 이지만, 조만간 한반도 전체에 대한 일본의 침략야욕의 시발점임을 인지하고 이를 경계해야 함을 역설하고 있는 글이다. 즉 저자는 당시 일본인들이 울릉 도민들에게 막대한 피해를 입히고 있는 상황을 명확히 지적하고 있으며, 이 를 나라의 안위와 직결된 중대한 문제로 인식하고 있다.

(1) 「논울도사」 내용 개요

손정현이 제시하고 있는 「울릉도 사건에 대한 논의」의 개략적 내용을 살펴 보면 다음과 같다.

천하에 함께 할 수 없는 것은 권리이며, 위배할 수 없는 것은 공법(국제법)이기에 그 나라가 비록 약하더라도 권리를 확고하게 지키고 공법을 준수한다면 내치, 외교에 문제가 없을 것이다. 하지만 대한(제국)으로 홀로 선지 여러 해가 되었지만 나라의 권리는 줄어들고 법은 날로 바꾸어 좋은 광산을 허가하고 훌륭한 어장을 일본에게 양보하는 상황에 처했다. 또한 외국인에게 항구와 철도 사용 구역을 확대해주는 등 막대한 피해를 입고 있다.

심지어 최근 울릉도에서 있었던 일, 즉 일본인들이 불법으로 도항하여 나무를 베고 집을 짓고 부두를 건설하는 것이 해마다 달마다 증가하고, 상인, 공인, 어부, 경작자, 수렵하는 자들이 각종 이익을 차지하고 있다. 울릉도 백성이 규목을 베면 반드시 배상하게 하고 죄를 묻고, 일본인들의 허가가 없으면 함부로 벨 수 없게 하였다.

울릉도는 이미 일본에 속하여 우리 대한의 판도 속의 강토가 아닌 것 같다. 주의해야 할 것은 한 섬을 삼키게 되면 한 나라 전체에 미치고, 삼천 인에 재갈 물리면 장차 백만 인에 미치게 될 것이니, 겉으로는 화평한 것 같으나 사실은 소리 요란한 전쟁보다 위험한 상황이다.

천하의 근심은 정신이 죽는 것보다 참담한 것이 없으며, 천하의 병은 기백이 약하고 정신이 죽는 것보다 심한 것이 없다. 약자의 위기일발의 순간이 이러한 경우다. 이러한 다급한 시기에 크게 정신을 회복시키고 크게 기백을 보강하지 않으면 앞으로는 어쩔 수 없는 상황에 처하게 될 것이다.

문서로써 정부에 알리니 위의 울릉도 일을 빨리 알리고 신속히 외부에서 살피게 하여 일본 공관이 공식적 입장과 약속을 분명하게 제시하도록 해야 한다. 그 약속 외에도 울릉도 군수로 하여금 충의롭고 도의에 밝은 자를 신속히 가려 뽑아 그에게 제재하고 막게 한다면 한 섬의 다행일 뿐 아니라 실로 일국의 다행일 것이다.

(2) 「논울도사」의 역사적 의미

이 자료는 중앙정부의 관료가 아닌 지방에 거주하는 민간인 신분의 선비 손정현의 눈을 통해 울릉도라는 영토의 영유권 문제와 관련한 당시의 상황을 살펴볼 수 있는 중요한 자료라는 점에서 역사적 의미를 찾아볼 수 있다.

구체적으로 첫째, 1900년 전후 일본이 울릉도·독도를 침탈하는 과정에서 이 문제를 조사·보고하고 이에 대응한 기록물들은 당시 신문보도기사 자료를 제외하고는 모두 정부 차원에서 파견한 관리들이나 정부가 임명한 울릉도 군수가 작성해서 보고한 관찬 자료들이다. 그에 비해 손정현이 쓴 「논울도사」는 밀양이라는 향촌 지역에 낙향해 살고 있던 한 선비가 개인의 목소리로 울릉도사건에 대해 중앙정부에 처음으로 문제를 제기하고 나름 대로 그 해결책을 제시하였다는 점에서 자료적 가치와 역사적 의미를 찾을 수 있다.

둘째, 이 자료는 울릉도에서 한국인에 대한 일본인의 횡포, 산림 벌목과 무단 반출 등 자원의 수탈, 울도 군수와 관리들 뿐 아니라 정부 당국의 무기력한 대처 등 울릉도 사건을 둘러싼 당시 상황을 개인적 입장에서 객관적으로 잘 지적하고 있다.

셋째, 울릉도를 시작으로 한반도 전체가 외세의 침략으로 인한 위기에 처해 있었기에 이를 극복하기 위해서는 무엇보다 '국민의 정신을 회복시키고 기백을 보강'해야 한다고 강조한 점이다. 정부에 의한 직접적, 외교적 해법뿐만 아니라, 지방의 재야 선비의 입장에서 장기적인 정신계몽과 의지함양의 필요성을 제안하고 있다는 점이다. 이를 위해서 근대식 교육의 필요성을 잘 인식하고 있었던 저자는 자신의 고향에서 사립학교를 설립하기도 했다. 문산 손정현은 인재를 양성하는데 전력을 기울인 실천적 교육자이기도 했다.

2. 「논울도사(論鬱島事)」 한글번역문

삼가 아룁니다. 천하에 함께 할 수 없는 것은 권리이며, 위배할 수 없는 것은 공법[335]입니다. 권리라는 것은 일국에는 원래 있는 것이지만 약소국에서는 지켜야만 하는 것입니다. 공법이라는 것은 모든 나라가 함께 하는 것이지만 약소국에게는 베풀어야만 하는 것입니다. 그 나라가 비록 약하더라도 권리를 확고하게 지키고 공법을 준수한다면 내치, 외교에 무슨 문제가 있겠습니까.

우리 대한은 홀로 선지 여러 해에 권리는 날로 깎이고 법은 날로 변하여 금년에는 좋은 광산을 허가하고 내년에는 어기(漁磯)[336]를 양보합니다. 해항(海港)[337]의 조계(租界)[338]는 어찌 그렇게 넓히고, 철로의 구역은 어찌 그렇게 넓게 하며, 영업하는 점포는 어찌 세가 없게 하고, 재물을 모으는 이권은 어찌 그렇게 확장하십니까? 심지어 근일에 울도의 일을 말씀드리자면, 일인들이 도항하여 나무를 베고 집을 짓고 부두를 건설하는 것이 해마다 달마다 증가하고, 상인, 공인, 어부, 경작자, 수렵하는 자들이 각종 이익을 차지할 뿐만 아니라 또 조직의 당수와 분령이 이 섬의 남북에 있습니다.

관리가 고시를 발표하여 본도의 백성이 규목[339]을 베면 반드시 배상하게 하고 죄를 묻고, 저들의 허가가 아니면 함부로 벨 수 없게 하였습니다. 이는 토

---

335 국제법에 대한 구한말의 명칭 표기. 국가 간의 협의에 따라 국가 간의 권리·의무에 대하여 규정한 국제 사회의 법을 말한다. 전통적 의미로는 국가 간의 법. 주로 준거법, 국제재판관할 등의 문제를 다루는 국제사법과 대비하여 국제공법(public international law), 만국법(萬國法) 등으로도 불린다. 구한말에는 만국공법(萬國公法)이라고 표현하기도 했다. https://namu.wiki/w/국제법 참조(2021.12.13. 검색).

336 어장.

337 항구.

338 개항지의 외국인 거류 지역.

339 느티나무.

착 삼천 인구의 손을 묶어 제재를 받게 하는 깃입니다. 이른바 여기 도감과 여기 군수의 승인이니, 응당 이같이 해야 하지만 간혹 간사하고 교활한 유민[340]이 저들에게 몰래 붙어 우리 백성을 속이고 위협하고 갖가지 구실로 핍박하고 있습니다. 저는 여기 섬이 이미 일본에 속하여 우리 대한의 판도 속의 강토가 아닌지 모르겠습니다. 이미 사검관이 상벌에 근거하여 다 밝히고 있는데 우리 정부에서는 어찌 모른다고 하시는지요. 저들은 진일보하고 우리는 일보를 양보한다면 앞에서 말한 권리라는 것은 지키는 바가 없고 공법이라는 것은 베푸는 바가 없을 것입니다.

주의해야 할 것은, 한 섬을 삼키면 두루 한 나라에 미치고 삼천 인에 재갈 물리면 장차 백만 인에 미치게 될 것이니, 체맹[341]이니 협회라고 하는 자들을 모멸하지 않음이 없을 것입니다. 겉으로는 화평한 것 같으나 사실은 소리 요란한 전쟁보다 위험한 것입니다.

또한 근래에 일관에서 돌아온 자의 조사에 의하면 갑오(1894년) 이래로 저들은 상해를 입으면 징벌하고자 하는데, 한인이 저들보다 열 배로 상해를 입으면 배관[342]을 말하지 않을 수 있겠습니까? 저들의 의도는 이거(移居)에 주목하여 이를 핑계로 만도(灣島)[343]를 차지하는 데 있습니다. 어찌 독일과 프랑스가 지나(중국)에서 선교사의 피해를 핑계로 마음대로 숨기고 정박할 수 있는 좋은 항만을 가지려고 한 것과 다르겠습니까? 지금 이 일인들의 핑계는 그 뜻이 울도에 있지 않다는 것을 어찌 장담하겠습니까? 『서경』 「중훼지고」에 겸약공매[344]라고 하였으니 자강하고 자명할 수 없다면 남에게 병합되고 공격받을 일이 많을 것입니다.

---

340 선량한 백성을 해롭게 하는 사람.
341 동맹 체결.
342 배관(賠款) 손해(損害)를 배상(賠償)한다고 약속(約束)한 조목(條目).
343 배를 정박시킬 섬.
344 약하면 병합하고 어리석으면 공격한다.

아! 천하의 근심은 정신이 죽는 것보다 참담한 것이 없으며, 천하의 병은 기백이 약하고 정신이 죽는 것보다 심한 것이 없습니다. 마른 나무와 식은 재가 이런 경우이며, 기약자의 위기일발의 순간이 이러한 경우입니다. 이러한 다급한 시기에 크게 정신을 회복시키고 크게 기를 보하는 것에 적용되는 좋은 처방으로 하지 않으면 앞으로는 어쩔 수 없을 것입니다. 가령 제삼자의 공평한 눈으로 이를 본다면, 남의 나라에 들어오고 남의 땅을 차지하게 하는 것은 어떤 나라이든 그 백성을 보호하고 그 영토를 지킬 수 없는 것이며, 어떤 나라이든 '대한의 정부는 정신이 죽었고 기약하다. 여기 관찰사 군수는 정신이 죽었고 기약하다. 이 섬의 백성은 정신이 죽었고 기약하다.'라고 어찌 말하지 않겠습니까? 이것이 진실로 지사가 통곡하고 지방 관원이 피눈물을 흘릴 때입니다.

저 우매무지한 백성들은 눈이 어두워 깨어나지 못하니 진실로 책망할 수 없습니다. 관의 요직에 있는 모든 공들은 마땅히 분려하여 하루라도 구차해서는 안 됩니다. 만약 오늘날 국사에 어떠한 계책이 없어 무익한 곳에 신경 쓰기보다는 차라리 입을 봉하여 차일피일하는 미루는 것이 현명한 일이라고 하신다면 충군애국(忠君愛國)의 마음을 펼치는 것이 아닐 뿐 아니라 원대하고 지혜로운 처사도 아닙니다. 백성의 평안은 나라의 안녕에 의지해서 유지되는 것입니다. 또한 삼가 원월[345]에 내리신 조칙을 보니, 무릇 천하와 국가를 다스리는 데에는 정부에 달렸다고 하셨사온데 선포가 간절하고 책려가 가득하니 이는 진실로 안녕을 이룰 기회였던 것입니다.

가을 달에 귀를 기울여도 여전히 폐단을 바로잡고 올바른 정사(政事)를 베풀어 성지를 받들고 칭양(稱揚)했다는 소리가 들리지 않습니다. 저는 의(義)를 행함이 익숙한 조정에서 이미 발휘되어 목소리와 얼굴빛을 바꾸지 않고 나

---

345 정월.

라를 태산같이 안정되게 하였는지 모르겠습니다. 소인의 배로는 헤아릴 수 있는 것이 아닙니다. 고정림(顧炎武)은 '백성을 구제하는데 국사로서 하고 이 것을 달성하는 것은 윗자리에 있는 자의 책임이요, 백성을 구제하는데 정령(政令)으로써 하고 이것을 다하는 것은 아랫자리에 있는 자의 책임이다.'라고 하였습니다. 그렇다면 오늘날의 사류(士流)들은 책임을 면하기 어려울 것입니다. 평일에 담론하는 것은 무슨 책이며 배우는 것은 어떠한 일이어서 천하를 생각하고 그 기운을 격려하지 않습니까? 살아서 입이 마르고 혀가 닳도록 말씀드리는 것은 단지 두 글자 충적(衷赤)[346] 한 조각일 뿐입니다.

삼가 정부에 통첩하오니 성상께 위의 울도의 일을 전주하시어 신속히 외부에서 살피게 하여 일본 공관의 성명(聲明)[347]을 분명하게 하시길 바랍니다. 그 조약 외에 여기 군수에게 충의롭고 도의에 밝은 자를 신속히 가려 뽑아 그에게 제재하고 막게 한다면 한 섬의 다행일 뿐 아니라 실로 일국의 다행일 것입니다.

3. 「논울도사(論鬱島事)」 탈초문

伏以天下之不可共者權利也 不可渝者公法也 權利者一國
(之)自有而在弱國所守也 公法者萬國之所同而爲弱國
所設也 其國雖弱確守權利動遵公法 則於內治
外交何有 我韓獨立有年權日削而法日渝 今年
許一良礦明年讓一漁磯海港之租界 何其廣拓鐵路之地
段何其濶坪營業之舖店何其無稅生財之利網何

---

346 붉은 충정.
347 공식적 입장이나 태도.

其擴張甚至於近日鬱島事言之日人之渡航斫木築屋建
埠者歲增月加不惟商者工者漁者耕者狩獵者自擅其各
種利益又有黨首分領該島之南北有矣 官吏至發告示
本島之民斫一槻木必有賠罰非彼人許可毋得擅伐矣此土
着三千人口束手受制所謂該島監該郡守認若應然間
有奸猾莠民陰附於彼誘脅我民百端侵討 愚未知
該島已屬日本而非我韓版圖中壇土乎 旣有查檢官據
賞盡明則我 政府豈曰不知乎 彼進一步我讓一步嚮所
謂權利無所守矣 公法無所施矣 究其注意嘗之一島遍
及一國箝之三千人將及百萬人其曰締盟其曰協會云者無
非侮蔑也 外若和平而其實險於有聲之干戈且近日日舘
照回者調查甲午以來彼人之被傷欲徵罰款韓人之被傷
十倍於彼人之可不言賠款乎 其意圖在於藉端之注目
移殖擅占灣島也 何異於德法之於支那以其教師之
被害執專擋膠涇之良灣 今此日人之藉端其意安知
不在於鬱島耶 仲虺之誥曰兼弱攻昧不能自强自明則
鮮不爲人所兼攻矣 嗚乎天下之患莫憯於心死天下之病莫甚
於氣弱心死者槁木冷灰是已氣弱者一髮一線是已不以
此時適用大回心大補氣之良劑將無及矣使局外公眼者觀
之入人之圖占人之土者何國不能保其民守其土者何國豈不曰
韓之政府心死氣弱矣 該觀察郡守心死氣弱矣 該島
民心死氣弱矣 此誠志士痛哭土臣瀝血之時也 彼蠢蚩
黎庶之瞆出不寤 固不足責也 其在當軸諸公所宜奮勵不
可一日因苟也 如曰今日國事沒奈獻爲與其觸忤無益 寧

縅嘿仳泄爲智云爾 則非宣心忠愛也 非遠大智處也 民安
所依賴國安得維持且伏覩 元月 詔勅下者有曰凡爲天下國家
在乎 政府誕宣惻怛責勵滿至是誠爲安之機會也 側聽秋
月尚未聞有矯一弊施一事以答揚 聖旨愚未知證義熟處
已運於廊廟之上而不動聲色 措一國於泰山之安耶 非小人之腹所
能料也 顧亭林曰救民以事達而在上者之責也 救民以言窮而
在下者之責也 然則今之爲士流者難免者責平日所談何書所學
何事而不以天下爲念而激勵其氣乎 生之所以焦唇弊舌者
只是庶幾二字衷赤一片耳 伏顧通牒政府轉奏
天陛上項鬱島事亟令外部府展照日公館聲明其約外該
郡守極擇忠義兼明者使之制防則非一島之幸實一國之幸也

4. 「논울도사(論鬱島事)」 원문(이미지)

맺는 말

『독도 영토주권의 재인식』을 주제로 이 책에서는 한 · 일 양국의 울릉도 · 독도 관련 자료를 통해 독도가 한국영토일 수밖에 없는 이유를 제시해보았다. 특히 역사적 맥락에서 일본의 왜곡된 독도영유권 주장을 검토하고 그 부당성을 논증해 보았다. 지금까지 각각의 장에서 논의한 내용들을 정리하면 다음과 같다.

먼저 제1장에서는 「1696년 안용복 · 뇌헌 일행의 도일과 의승수군의 역할」을 규명해보았다. 지금까지 알려진 것처럼 안용복의 개인적 목적에 의해 도일한 것이 아니라, 조선정부의 밀명을 받고 도일하여 '울릉도 · 독도영토주권'을 일본정부에 확약받으려 하였음을 밝히고자 시도하였다. 기존의 학계의 정설과 다른 주장이기는 하지만 당시 조선정부의 적극적 영토관리 의지를 확인할 수 있다는 관점에서 새로운 가능성을 제시해보았다.

지금까지 대부분의 연구는 1696년 안용복의 2차 도일 당시 안용복과 동행했던 순천승(여수 흥국사) 뇌헌 일행은 전라좌수영 소속 의승수군이었으므로 이는 조선 정부로부터 모종의 지령을 받아 공동의 목적을 달성하기 위해서 도일을 도모하고 실행에 옮긴 것이 아닐까라는 합리적 추론을 할 수 있다. 조선 정부가 정규군인 관군이나 전라좌수영 수군이 아닌 승려 신분인 의승수군을 파견한 이유는 첫째, 정규군을 파견함으로써 야기될 수 있는 일본과의 군

사 · 외교적인 분쟁을 피하기 위해서라고 할 수 있다. 둘째, 뇌헌 등 5인의 흥
국사 소속 의승수군들은 안용복, 이인성 등 민간인 소송단들을 안전하게 보
호하고 호송하는데 적임자들이었다. 셋째, 이들 일행은 일본 에도막부로부
터 울릉도 · 자산도(독도)가 조선의 영유임을 확인받기 위한 소송 목적도 있
었지만, 일본 국내 상황에 대한 정찰 또는 정탐 목적도 있었다.

1696년 안용복과 함께 도일한 금오승장 뇌헌을 포함한 5명의 승려들은 '떠
돌이 장사승'이 아닌 전라좌수영 산하 정규군인 의승장과 의승수군이었다.
결론적으로, 안용복과 뇌헌 일행은《울릉도 · 독도 영유권 확립을 위한 민 ·
관 합동 TF팀》을 구성하여 조선정부의 특별한 임무에 따른 목적을 수행하기
위해 함께 도일한 것이라고 볼 수 있다.

제2장은 '독도영토주권의 재인식'을 「거문도 · 초도 사람들의 울릉도 · 독
도 도항과 영속적 경영」이란 주제하에 해당 지역민들의 구술증언을 중심으
로 재확인해본 것이다.

이 장에서는 거문도 · 초도 사람들의 울릉도 · 독도 도항과 활동 관련 지역
민들의 구술증언을 토대로 이들이 울릉도 · 독도로 건너간 이유와 도항 방법,
생업활동 등을 밝힘으로써, 결과적으로 독도의 실효적 지배를 가능하게 하였
음을 제시하고자 하였다. 19세기 말 이전 울릉도 · 독도를 왕래하며 어렵이나
미역채취, 선박건조 활동을 해 온 거문도 · 초도 사람들은 이미 수백 년 동안
그 곳 울릉도 · 독도를 기반으로 생업활동을 해오고 있었다.

거문도 · 초도를 비롯한 전라도 남해 연안민들의 울릉도 · 독도 관련 도항
과 생활상은 비록 문자로 기록되지 않았지만, 「거문도 뱃노래」와 같은 노동
요나 구전자료로, 가옥이나 건축물 등 유형 · 무형의 생활자료로 전승되어 왔
다. 이것은 이들이 수백 년 동안 울릉도 · 독도 어장을 경영해온 살아 있는 증
거이며, 나아가 독도의 실질적 지배를 입증할 수 있는 가장 확실한 증거자료

로 활용 될 수 있을 것이다.

이처럼 19세기말 이전에 이미 동남해 연안민들, 특히 거문도 · 초도 사람들이 울릉도 · 독도 어장을 관리하며 수백 년간 영속적 · 실질적으로 경영해 왔음을 알 수 있다. 이들의 이러한 활동이 있었기에 1882년 울릉도개척령과 1900년 대한제국칙령 41호로 이어지는 조선정부의 울릉도 · 독도에 대한 실효적 지배가 가능할 수 있었으며, 결과적으로 국제법적으로도 그 효력을 가질 수 있게 된 것이다. 따라서 거문도 · 초도 사람들이 수백 년간 울릉도 · 독도를 도항하고 영속적으로 경영해옴으로써 독도영토주권을 굳건히 지켜올 수 있었다.

제3장에서는 '독도 영토주권의 재인식'이라는 관점에서 「일본근세사료에 나타난 울릉도 독도의 지리적 인식」을 논구해 보았다. 구체적으로 일본근세사료에 나타난 울릉도 · 독도에 대한 지리적 인식을 중심으로 그들이 말하는 다케시마(울릉도)와 마쓰시마(독도, 우산도, 자산도)가 한국의 영유임을 재확인 해보았다.

일본이 17세기 고유영토론의 근거 사료로 삼고 있는 『죽도기사』의 곳곳에서 이미 울릉도와 우산도가 조선의 역사지리서에 기술되고 있음을 인정하고 있음을 볼 때, 일본은 이미 17세기 이전부터 울릉도와 독도를 조선이 영유하고 있었음을 인식하고 있었다.

근세 울릉도 · 독도 관련 일본사료에 나타난 지리적 인식의 특징을 보면, 조선에서 울릉도 · 독도까지 거리를 실제보다 훨씬 더 가까운 것으로 인식하고 있음을 알 수 있다. 이는 『원록각서』와 『죽도기사』에서 안용복의 진술을 통해 확인할 수 있다. 『죽도고』를 편찬한 오카지마는 오히려 조선에서 울릉도 · 독도까지의 거리가 더 가까운 것으로 인식하고 있었음을 확인할 수 있다. 이러한 사실은 울릉도 · 독도가 조선영토라는 사실을 이미 알고 있었기에 공간적 거리보다 인식적 거리가 훨씬 가까웠음을 보여주고 있는 것이다.

제4장에서는 '독도 영토주권의 재인식'이라는 관점에서 「근대일본 관찬사료에 나타난 울릉도·독도 인식」을 주제로 다루어 보았다. 구체적으로 이 연구에서는 근대 일본의 대표적 관찬사료인 『조선국 교제 시말 내탐서』, 『죽도고증』, 『태정관지령』에 나타난 울릉도·독도에 관한 인식이 어떻게 나타나고 있는지 살펴보았다.

먼저 『조선국 교제 시말 내탐서』13항 '죽도와 송도가 조선의 부속이 된 경위'에 대한 검토를 통해 일본 외무성이 "울릉도(죽도)는 물론이고 독도(송도)에 관해서도 기록된 서류가 없다"고 인정함으로써, 울릉도와 독도가 하나의 세트로 인식되었으며, 역사적·지리적으로도 조선의 영토였음을 확인할 수 있었다.

다음으로 『죽도고증』에서 기타자와 마사나리는 울릉도에 대해서는 한국의 영유권을 인정하면서 독도에 대해서는 일본의 영유라고 주장하고 있다. 그렇지만 1860년대 이후로 당시 일본이 울릉도와 독도의 명칭과 지리적 인식에 대해 매우 혼란스러웠음을 보여주고 있다. 이것은 울릉도와 독도에 대한 일본의 역사적·지리적 인식이 매우 미약했음을 보여주는 것이다.

마지막으로 『태정관지령』에 대한 검토에서는 "죽도 외일도는 본방과 관계 없음"을 확언한 태정관지령과 첨부지도 '기죽도약도'를 통해 독도가 역사적·지리적으로 한국의 고유한 영토임을 확인할 수 있다.

결국 근대 일본의 대표적 관찬사료인 『조선국 교제 시말 내탐서』, 『죽도고증』, 『태정관지령』을 검토해 봐도 울릉도·독도가 역사적·지리적으로 한국 영토임을 확인할 수 있으며, 17세기 중반 이래 독도에 대해 실효적 지배를 해왔다는 일본의 '고유영토론'은 조작된, 허구적 주장이라는 사실이 한층 더 명백해졌으며, 이로써 독도영토주권이 역사적으로 한국에 있음을 재확인 할 수 있었다.

제5장에서는 '독도 영토주권의 재인식'이라는 관점에서 「1905년 '독도편입' 전후 일본 사료에 나타난 울릉도 · 독도의 지리적 인식」이 어떻게 나타나고 있는지 고찰해보았다. 이 장에서는 제국주의 일본이 불법적으로 독도편입을 시도한 1905년 전후 일본 사료에 나타난 울릉도 · 독도에 대한 지리적 인식을 검토하고, 이를 통하여 일본의 왜곡된 독도영유권 주장의 실태를 재확인하고자 하였다. 1905년 일본의 불법적 독도편입 조치와 함께 지금까지 이어져 온 일본의 독도영유권 주장의 본질은 그 출발점이 일본제국주의의 침략과 침탈 야욕에서 발생하였다는 점이다.

즉 1904년 발발한 제국주의 국가인 러일 양국 간의 전쟁 수행과정에서 일본이 독도를 불법적으로 편입하였다는 점을 간과해서는 안된다. 그것은 일본이 러일전쟁에 승리하기 위해 전략적 필요성에 의해 독도를 불법 편입해야 하는 상황이 만들어졌기 때문이다. 결국 독도는 제국주의 일본의 영토팽창 정책 속에 '죽도(다케시마)'라는 원치 않는 이름으로 불법적으로 편입된 구한말 일제침략기의 첫 번째 희생물이 되었음을 재확인할 수 있었다.

제6장에서는 광복후 한국정부가 수립되기 전인 '1947년 조선산악회 울릉도 · 독도학술조사단의 활동'이 독도영토주권 확립에 기여한 부분을 집중적으로 부각시켜 보았다.

1947년 조선산악회와 과도정부가 함께 실시한 울릉도 · 독도 학술조사는 해방 후 한국(과도)정부의 영토주권 수호를 위한 확고한 의지 표명이었다. 또한 1947년 학술조사는 한국(과도)정부의 행정적, 실질적 독도 관리 시작을 알리는 첫 출발점이었다는 점에서 이어지는 1953년~1956년 독도의용수비대 활동과 함께 현대 독도수호사의 상징적 의미를 가지고 있다고 하겠다. 광복 후 독도에 대한 실효적 지배의 시발점이 된 1947년 조선산악회의 울릉도 · 독도 학술조사 활동의 의의를 정리해 보면,

첫째, 1947년 울릉도·독도학술조사는 이후 대한민국 국민과 정부의 독도 인식·정책과 관련해 중요한 이정표가 되었다. 과도정부와 조선산악회 독도 조사의 결과는 1948년 한국정부 수립이후 한국의 독도인식과 여론형성, 독도 정책수립의 시금석이 되었다. 둘째, 1947년 학술조사단의 독도 표목설치는 한국의 독도영유를 확고히 하는 동시에 독도에 대한 실효적 지배의 근거를 확고히 세운 것이라고 볼 수 있다. 셋째, 1947년 울릉도·독도 학술조사는 해방 후 과도정부와 한국민이 독도영토주권수호의 중요성을 인식하고 그에 대한 국민적 자각과 의지를 형성하였고, 또한 독도수호를 위한 적극적 준비와 대처를 보여준 획기적 조사였다는 점에서 중요한 의의가 있다. 넷째, 1947년 울릉도·독도 학술조사대의 조사활동은 과도기적 시기에 펼쳐진 민관 합동 관할권 행사의 "사실"이며, 이는 대한민국 영토를 지키는 국제법적·국내법적 해석과 적용의 사례라고 할 수 있다.

이와 같이 해방 후 1947년 울릉도·독도 학술조사는 독도현대사의 시작과 함께 독도에 대한 한국의 실효적 지배의 서막을 연 획기적 학술조사활동이었다고 그 의의를 평가할 수 있다.

제7장에서는 해방 직후 발생한 독도폭격사건이 결과적으로 '독도영토주권'을 재인식하고 재확인하도록 해주었다는 논지로 「1948년 독도폭격사건의 진실」을 규명해보고자 하였다.

1948년 미군에 의한 독도폭격사건은 많은 인명과 재산손실을 초래한 사건으로 전 국민의 슬픔과 공분을 자아낸 사건이었다. 이 연구는 기존의 독도폭격사건 관련 연구의 연장선상에서 1948년 독도폭격사건의 경과를 재구성해보고, 1948년 독도폭격사건이 발생한 배경에 대한 의혹을 밝혀보고자 하였다. 특히 1948년 1차 폭격사건은 많은 사상자가 발생하였기에 범국민적 아픔과 공분을 일으킨 사건이었다. 그렇지만 이 사건으로 인해 정부와 국민이 독도가 한국의 영토임을 재확인하게 된 계기가 되었다.

한국전쟁 기간에 또다시 독도가 미국 공군의 연습기지로 선정되었다는 정보가 한국에 입수되었을 때, 대한민국 정부는 이를 미국 공군에 항의하였다. 미국 공군사령부는 1953년 2월 27일자로 '독도'는 미국 공군을 위한 연습기지에서 제외되었다는 공식 회답을 대한민국 정부에 보내어 왔다. 이것은 독도가 당연히 한국의 영토임을 전제로 보낸 회답인 것이다.

이러한 사실들로 볼 때 대한민국 정부가 수립된 1948년 8월 15일 이후 '독도'에 대하여 주권을 행사해서 미국 공군사령부와 항의 문서를 교환했으며, 미국 공군사령부도 '독도'를 한국영토로 인정하여 이에 회답하고 승복했음을 잘 나타내주는 것이라고 할 수 있다. 1948년 독도폭격사건은 동해안 지역의 많은 인명이 희생된 안타까운 사건이었지만, 결과적으로 '독도의 영토주권을 재확인'하는 계기가 된 사건이었음을 알 수 있다.

제8장에서는 1950년대 독도의용수비대 활동을 제주해녀와의 협력관계를 중심으로 주민생활사적 측면에서 재조명해보고자 하였다. 지금까지는 일본의 독도침입에 맞서 민간인으로서 독도를 경비하고 수호했다는 독도경비사적 범주에서만 독도의용수비대의 존재가 평가받아왔지만, 수년간 독도를 삶의 터전으로 일구고 그 터전 위에서 제주해녀들과 함께 생활해오면서 독도를 지키고 관리해온 점도 새롭게 평가받아야 할 부분이다. 주민생활사적 측면에서도 독도의용수비대의 독도수호활동은 광복 후 지금까지 독도영토주권을 지켜낼 수 있었던 초석이 되었다.

즉 독도의용수비대는 전쟁으로 인해 국가의 공권력이 미치지 못하는 시기에 독도를 실질적으로 지배할 수 있도록 독도를 지켰을 뿐만 아니라, 그곳에서 생활하며 울릉도 어민들과 제주해녀들이 함께 어로활동을 할 수 있는 생활공간으로 독도를 가꾸고 관리하는 데에도 큰 기여를 했다고 평가할 수 있다.

다시 말하면 독도의 실질적 지배·관리가 독도주민생활을 통해 뿌리내릴 수 있도록 한 역할도 동시에 인정받아야 할 것이다.

이는 궁극적으로 독도의용수비대의 독도 주둔생활과 제주해녀의 어로생활이 독도를 실질적으로 지배·관리할 수 있게 하였음을 재확인하는 동시에 그 업적에 대한 평가를 새롭게 하는 것이기도 하다. 특히 독도에서 제주해녀들의 활약은 새롭게 우리의 주목을 끄는 것이었다. 그동안 제주해녀는 독도의용수비대의 독도수호활동과는 무관한 별개의 존재로 생각되어 왔지만, 이들의 도움이 있었기에 독도의용수비대의 활동과 공적도 가능할 수 있었음을 확인하였다.

마지막 9장에서는 「독도문제와 관련한'스기하라 보고서」를 검토하여 〈시마네현 죽도문제연구회〉의 왜곡된 독도논리를 비판하고 반박함으로써 '독도의 영도주권'이 대한민국에 있음을 재확인하고자 하였다.

구체적으로 이 장에서는 《시마네현 죽도문제연구회》가 발간한 『제2기 〈죽도문제에 관한 조사연구〉 최종보고서』(2012.3)에 수록된 스기하라 다카시(杉原隆)의 보고서 「에도시대부터 쇼와시대에 걸쳐 다케시마와 관련된 오키인들의 발자취」를 비판적으로 검토해 보았다. 스기하라는 이 보고서에서 울릉도·독도 문제에 관련된 오키섬 주민 개개인의 역할, 집안 내력, 심지어 그들 후손의 현재 상황까지 구체적으로 소개하고 있다.

이것은 울릉도·독도가 역사적으로 오랜 세월 동안 오키섬 주민들의 삶과 밀착된 지역이었다는 점, 즉 전근대에 일본(오키섬 주민)이 독도를 실질적으로 이용하고 있었음을 우회적으로 부각시킴으로써 독도의 역사적 권원이 일본에 있음을 강조하려는 의도를 보여주었다.

'스기하라 보고서'는 울릉도·독도가 오키섬 주민들의 삶과 관련이 있었다는 '기억'과 '기록'만을 가지고 독도영유권 주장을 합리화하고 있다. 이는 드러난 경험적 사실만을 절대화함으로써, 드러나지 않은 진실을 은폐하고 왜곡하는 실증주의적 사고방식의 전형으로 볼 수 있다.

이상과 같이 이 책에서는 『독도 영토주권의 재인식』이란 대주제 하에 9개의 세부주제를 통해 관련 내용들을 상세히 검토하고 논구해보았다. 전체 연구를 통해서 일관되게 일본의 왜곡된 독도영유권 주장을 검토하고 그 부당성을 논증해 보고자 하였으며, 나아가 독도의 영토주권이 대한민국에 있음을 재인식하고 재확인하고자 하였다.

독도연구는 그 특성상 어느 특정 학문 분야에만 국한되어 수행될 수 없는 종합학문의 성격을 지닌 연구이다. 왜냐하면 '독도문제'를 둘러싼 한·일간의 관계는 정치·외교·안보·국방·해양·교육·역사·지리·국제법 등 수많은 현안 문제들과 얽혀있기 때문이다.

따라서 독도 연구는 학문상호 간의 영역을 넘나드는 학제간 연구나 인문·사회·자연과학이 협업적으로 연구를 수행하는 융·복합 연구가 되어야 한다. 이러한 문제의식을 가지고 이 책 『독도영토주권의 재인식』의 연구에도 역사학과 지리학, 국제법을 중심으로 한 학제간 연구를 시도하였다. 그렇지만 연구를 진행해가면서 필자 스스로 '학제간 연구'를 수행할 만큼의 역량이 부족하고 공부도 미진하다는 것을 많이 깨달았다. 부족함이 많다는 것을 알았기에 앞으로 채워나가야 할 부분도 많다는 것도 절감하게 되었다. 이 점은 필자에게 주어진 과제로 받아들이고, 향후 더 내실 있는 독도연구를 위한 노력을 경주하고자 한다.

'독도학'은 그 어떤 학문보다 '이론과 실제가 결합된 학문'이어야 한다. 급변하는 국제정세의 흐름 속에서 독도가 처한 현실에 대한 냉철한 판단이 요구될 뿐만 아니라, 이론적으로도 세계 속에 용인되는 학리를 정립함으로써, 독도 영토주권 수호를 위한 이론과 실제가 결합된 대응이 필요하기 때문이다.

방법 · 사료 · 언론기사로 확인하는
독도영토주권의 재인식

참고문헌

1차자료

『숙종실록』
『승정원일기』
『일성록』
『이충무공전서』
『증보문헌비고』
『죽도고』, 정영미 역, 경상북도 독도사료연구회, 2010.
『죽도기사Ⅰ·Ⅱ』, 경상북도 독도사료연구회 편, 지성인, 2013.
『원록각서』, 권오엽·오니시 토시테루 역주, 제이앤씨, 2009.
「元祿九丙子年朝鮮舟着岸一卷之覺書」, 『독도연구』 창간호, 영남대학교 독도연구소 역, 2005.
『조선국교제시말내탐서』(1870), 송휘영 역, 『독도연구』 23, 2017.12
『죽도고증』(1881), 독도자료집Ⅱ, 바른역사정립기획단, 2006.
『죽도관계자료집 제2집: 시마네현 소장 행정문서1』, 시마네현 총무부 총무과, 2011.
『태정관지령』(1877), 이성환, 송휘영, 오카다 다카시 역, 지성인, 2017.
『竹島及鬱陵島(독도와 울릉도)』, 오쿠하라 헤키운, 유미림 역해, 한국해양수산개발원, 2009.
『隱岐島誌』, 隱岐島誌編纂 編, 島根縣隱岐支廳, 1933.
『朝鮮水路誌』
『日本水路誌』

2차자료

강만길, 『조선시대상공업사연구』, 한길사, 1984.

강민아, 「20세기 초 일본의 獨島 침탈 과정: 「竹島經營者 中井養三郎氏立志傳」을 중심으로」, 한국교원대학교 대학원 석사논문, 2010.2.

강신엽, 「남구만의 국방사상」, 『민족문화』 14, 한국고전번역원, 1991.

강준식, 『독도의 진실: 독도는 우리 땅인가』, 태일소담, 2012.

경상북도, 『독도를 지켜온 사람들』, 2009.

_____, 『독도주민생활사(History of Dokdo Residents)』, 2010.

_____, 『대한민국의 아름다운 섬, 독도』, 2019.

경상북도 · 문화재청, 『2007년 독도 천연보호구역 식생복원을 위한 타당성 조사연구』, 2008.

고영섭, 「조선 후기 승군제도의 불교사적 의미」, 『한국사상과 문화』 72, 2014.

구선희, 「해방 이후 한 · 일 양국의 독도연구 쟁점과 향후 전망, 한국해양수산개발원, 2006.

국사편찬위원회 편, 『독도자료: 미국편 I ~III』, 국사편찬위원회, 2008.

국회도서관 편, 『1952~1953년 독도 측량 - 한국산악회 울릉도 독도 학술조사단 관련 박병주 교수 기증자료 - 』, 국회도서관, 2008.

권오엽, 「『隱州視聽合紀』와 獨島」, 『한국일본어문학회 2007년 춘계학술발표대회논문집』, 2007.4.

_____, 「안용복의 호패」, 『일본문화학보』 64, 한국일본문화학회, 2015.

_____, 「남구만의 밀사 안용복」, 『일본어문학』 65, 한국일본어문학회, 2015.

권 정, 「독도에 관한 일본 고문서 연구 - 『竹島渡海由來記拔書控』을 중심으로」, 『일본문화연구』 38, 동아시아일본학회, 2011.4.

_____, 「숙종실록 기록으로 본 안용복 - 안용복 진술의 타당성에 관해 - 」, 『일본언어문화』 19, 한국일본언어문화학회, 2011.

_____, 「안용복의 울릉도 도해의 배후 - 동래부사와 부산첨사 - 」, 『일본어문학』 55, 한국일본어문학회, 2011.

권혁성, 「순천승 뇌헌의 일본 도해: 호국승으로서의 뇌헌」, 『일어일문학』 55, 2012.

김교식, 『독도수비대』, 선문출판사, 1979.

_____, 『아, 독도수비대』(실화소설), 제이제이북스, 2005.

김기주, 「조선후기~대한제국기 울릉도 · 독도 개척과 전라도인의 활동」, 『대구사학』 109집, 대구사학회, 2012.

김덕수 편, 『임진왜란과 불교의승군』, 경서원, 1993.

김동조, 『냉전시대의 우리 외교』, 문화일보, 2000.

김명기, 『독도의 영유권과 대일 평화조약』, 우리영토, 2007.

_____, 『독도의 영유권과 실효적 지배』, 우리영토, 2007.

_____, 『독도의용수비대와 국제법』, 다울, 1998.

_____ 편저, 『독도특수연구』, 독도조사연구학회, 법서출판사, 2001.

_____, 「국제인도법상 독도의용수비대의 법적 지위에 관한 연구」, 『人道法論叢』 제31호, 대한적십자사 인도법연구소, 2011.

_____, 『한일합방조약 부존재론과 독도의 법적 지위』, 영남대독도연구총서24권, 도서출판 선인, 2020.

김범부, 「국민윤리 특강」, 『화랑외사』, 이문출판사, 1981.

김병렬 · 나이토 세이츄, 『한일 전문가가 본 독도』, 다다미디어, 2006.

_____, 『독도 연구 60년 평가와 향후 연구 방향』, 한국해양수산개발원, 2009.

_____, 「고유영토를 새삼스럽게 영토로 편입하는 나라가 어디에 있는가?」, 『『죽도문제 100문 100답』에 대한 비판』, 경상북도 독도사료연구회 편, 2014.

김병우, 「안용복 연구현황과 과제」, 『경주사학』 34, 2011.12.

김수희, 「나카이 요사부로(中井養三郎)와 독도어업」, 『인문연구』 Vol.58, 영남대 인문과학연구소, 2010.

_____, 「개척령기 울릉도와 독도로 건너간 거문도 사람들」, 『한일관계사연구』 38, 한일관계사학회, 2011.4.

_____, 「독도어장과 제주해녀」, 『대구사학회』 109호, 2012.

_____, 「독도연구의 실증적 연구방법과 그 문제점」, 『영토해양연구』 5, 동북아역사재단, 2013.6.

_____, 「독도로 간 해녀」, 『경북매일』(기획 · 특집) 포항의 해양문화 - 해녀③, 2021.6.30.

김용태, 『조선 후기 불교사 연구』, 신구문화사, 2010.

_____, 「조선 중기 의승군 전통에 대한 재고」, 『동국사학』, 2016.

김윤배 · 김점구 · 한성민, 「독도의용수비대의 활동시기에 대한 재검토」, 『내일을 여는 역사』 43, 2011.6.

김윤배, 「조선시대 전라지역민들의 울릉도 · 독도 항해와 경로」, 『일본의 독도침탈정책, 어떻게 극복할 것인가』(학술대회자료집), 독도학회, 2012.10.5.

김응학, 「증언을 통해 본 1948년 독도폭격사건」, 『독도논총』 제6권 제1호, 2012.6.

김정태, 「한국산악회30년사」 중 「1951년 9월 18일~26일: 제주도파랑도학술조사대 파견」, 『한국산악XI』(1975 · 1976년호), 1977.

김태우, 「1948년 미 공군에 의한 독도 폭격의 전개양상과 군사정책적 배경」, 『동북아역사논총』 32호, 동북아역사재단, 2011.6.

김택영 저, 정석태 등 역, 「도손문산정현(悼孫聞山貞鉉)」, 『소호당집5』, 한국고전번역원 한국문집번역총서, 부산대학교 점필재연구소, 2019.

김학준, 『독도연구: 한일간 논쟁의 분석을 통한 한국영유권의 재확인』, 동북아역사재단, 2010.

김호동, 「『죽도고증』의 사료 왜곡: '한국 측 인용서'를 중심으로」, 『일본문화학보』 40, 한국일본문화학회, 2009.

_____, 「울릉도, 독도 어로활동에 있어서 울산의 역할과 박어둔 - 조선 숙종조 안용복, 박어둔 납치사건의 재조명」, 『인문연구』, Vol.58, 영남대 인문과학연구소, 2010.

_____, 「독도의용수비대 정신 계승을 위한 제안」, 『독도연구』 9호, 영남대 독도연구소. 2010.12.

_____,「개항기 울도군수의 행적」,『독도연구』19호, 2015.12.

김화경,「〈겐로쿠(元祿) 9병자(丙子)년 조선 배 착안 한 권의 각서〉 해설」,『독도연구』창 간호, 2005.

_____,「박어둔과 鬱陵島爭界에 관한 연구: 한·일 양국 자료를 중심으로 한 고찰」,『인문 연구』Vol.58, 영남대인문과학연구소, 2010.

나홍주,『독도의용수비대의 독도 주둔 활약과 그 국제법적 고찰』, 책과사람들, 2007.

_____,「독도의용수비대의 국토수호정신 고찰」,『독도의용수비대의 역사적 의의와 국토 수호 정신 계승』, 독도의용수비대기념사업회 설립기념 학술회의 발표자료집, 2009.11.

뉴스메이커 편집부,「포커스: 독도폭격 미공군 93폭격대대가 했다」,『뉴스메이커』630호, 경향신문, 2005.

단국대학교부설 동양학연구소 편,『박은식 전서(中)』, 단국대학교 출판부, 1975,

독도박물관,『독도의 한토막』, 울릉군 독도박물관, 2019.

독도의용수비대 기념사업회,『독도의용수비대의 역사적 의의와 국토수호 정신 계승』, 독 도의용수비대 기념사업회, 2009.

_____,『독도영유권 수호를 위한 애국심 함양 방안』, 독도의용수비 대 기념사업회, 2010.

동북아역사재단,『독도와 한일관계: 법·역사적 접근』, 동북아역사재단, 2010.

_____ 편,『일제의 독도·울릉도 침탈 자료집(4) - 신문기사(1897~1910)』, 동북 아역사재단, 2020.

문정민·정명섭,「전라남도 홍양 도서(島) 민가와 근대기 울릉도 민가의 상관성」,『건축사 연구』제27권1호, 통권116호, 2018.2.

박은식,「여손문산정현서(與孫聞山貞鉉書)」, 안대회·이현일 편역,『한국산문선9』, 민음 사, 2017.

박인수,「국내법 적용에 의한 독도의 수비와 관리」,『울릉도 독도의 종합적 연구』, 민족문 화연구자료총서 제21집, 영남대출판부, 2005.

박지영,「돗토리번 사료를 통해 본 울를도 쟁계 - 몇 가지 쟁점에 대한 검토를 중심으로-」, 『독도연구』25호, 영남대 독도연구소, 2018.12.

_____ 편,『울릉도·독도 관련 거문도 자료 해제』, 영남대 독도연구소 자료총서10, 도서 출판 선인, 2019.

박현진,「독도 실효지배의 증거로서 민관합동 학술과학조사 - 1947년 및 1952~53년 (과도) 정부·한국산악회의 울릉도·독도조사를 중심으로-」,『국제법학회논총』60권 3호, 2015.

백성현·이한우,『파란 눈에 비친 하얀 조선』, 새날, 2006.

백인기,「울릉도와 독도에 관한 지리학적 연구」, 성신여대 대학원 박사학위논문, 2009.

배진수,『독도문제의 학제적 연구』, 동북아연사재단, 2009.

박진희,「독도 영유권과 한국·일본·미국」,『독도자료: 미국편 I ~III』, 국사편찬위원회,

2008.

삼산면지발간추진위원회, 『삼산면지』, 2000.

성당제, 「약천 남구만의 고토 회복의지」, 『한문학보』 10, 우리한문학회, 2004.

손승철, 「중 · 근세 조선인의 島嶼 경영과 경계인식 고찰」, 『한일관계사연구』 Vol.39, 한일 관계사학회, 2011.

_____, 「17세기말 안용복 사건을 통해 본 조일간의 해륙경계분쟁」, 『한일관계사연구』 42, 2012.8.

송병기, 『독도영유권자료선』, 한림대학교 아시아문화연구소, 2004.

_____, 「안용복의 활동과 鬱陵島爭界」, 『역사학보』 Vol.192, 역사학회, 2006.

송은일, 「『호좌수영지』를 통해 본 전라좌수영의 편제와 시설」, 『충무공 이순신과 한국해양』 3, 해군사관학교 해양연구소, 2016.

송호열, 「1947년 독도 학술조사에 대한 지리적 고찰」, 『한국사진지리학회지』 25권 제3호, 2015.

송휘영, 「일본의 독도에 대한 "17세기 영유권 확립설"의 허구성 – 일본 외무성의 죽도 홍보 팸플릿의 포인트 3, 4 비판」, 『민족문화논총』 44, 2010.4.

_____, 「『오키도지(隱岐島誌)』의 「제3편 죽도(竹島)」, 『독도연구』 제13호, 시마네현 오키 지청 편, 2012.12.

_____, 「울릉도쟁계(竹島一件)의 결착과 스야마 쇼에몽」, 『일본문화학보』 49집, 2011.5

_____, 「일본 고문서에 나타난 일본의 독도 인식」, 『일본근대학연구』 50호, 한국일본근대 학회, 2015.

신석호, 「독도소속에 대하여」, 『사해(史海)』 1권 1호, 1948.12.

신석호, 「독도의 내력」, 『독도』, 대한공론사, 1965.

신용하 편역, 「竹島考證」, 『독도영유권자료의 탐구』 4, 독도연구보전협회, 1999.

_____, 『독도영유권에 대한 일본주장 비판』, 서울대학교 출판문화원, 2011.

_____, 『독도영유의 진실 이해: 16포인트와 150문답』, 서울대학교 출판문화원, 2012.

_____, 「일제의 독도 해군망루 설치와 독도부근 러 · 일 대해전(1)」, 『독도연구』 25호, 영 남대 독도연구소. 2018.12.

_____, 『독도 영토주권의 실증적 연구(상 · 중 · 하)』, 동북아역사재단, 2020.

신윤호, 「『호좌수영지』를 통해 본 전라좌수군의 운영과 충무공 현창」, 『충무공 이순신과 한국해양』 3, 해군사관학교 해양연구소, 2016.

양은용, 「임진왜란과 호남의 불교의승군」, 『한국불교』 19집, 원광대학교 종교문제연구소, 1994.

_____, 「임진왜란 이후 불교의승군의 동향 – 전주 송광사의 개창비 및 신출 복장기를 중 심으로–」, 『열린정신 인문학연구』 4, 원광대학교 인문학연구소, 2003.

영남대 독도연구소 편, 『독도영유권 확립을 위한 연구』, 영남대 독도연구총서3, 경인문화 사, 2009.

_____, 『울릉도 · 독도 관련 거문도 자료 I』, 영남대 독도연구소 자료총서

5, 도서출판 선인, 2018.

_____, 『울릉도 · 독도 관련 거문도 자료 II』, 영남대 독도연구소 자료총서 6, 도서출판 선인, 2018.

외무부정무국, 『독도문제개론』, 외무부정무국, 1955.

원연희, 「일본 사료해석을 통한 울릉도,독도 연구 – 기봉행소(崎奉行所), 대마번(對馬藩)에서의 안용복의 진술을 중심으로」, 『온지논총』37호, 온지학회, 2013.

유미림, 「18~19세기 일본의 '마쓰시마' 인식의 추이」, 『한국정치외교사논총』40집 1호, 한국정치외교사학회, 2018.

_____, 「'안용복 밀사설'에 관한 비판적 고찰」, 『독도연구』27호, 영남대 독도연구소, 2019.12.

유미림 · 최은석, 『근대 일본의 지리지에 나타난 울릉도 · 독도 인식』, 한국해양수산개발원, 2010.

유하영, 「독도의용수비대의 실효적 지배와 국가 관할권」, 『독도의용수비대의 역사적 의의와 국토수호 정신 계승』, 독도의용수비대기념사업회 설립기념 학술회의 발표자료집, 2009.11.

_____, 「조선산악회 울릉도 독도 학술조사의 국제법상 의미와 증거가치」, 『동북아연구』35권 2호, 조선대학교 동북아연구소, 2020.

윤미경, 「아 제주해녀여」(제주해녀 구술증언수기자료집), 미공개자료. 2010.

윤소영, 「1900년대 초 일본 측 조선어업 조사 자료에 보이는 독도」, 『한국독립운동사연구』Vol.41, 독립기념관 한국독립운동연구소, 2012.

_____, 「메이지 후기 지리지 · 향토지에 나타난 독도 기술」, 『독도연구』17, 영남대 독도연구소, 2014.12.

윤유숙, 「시마네현 '죽도문제연구회' 제2기 최종보고서 검토」, 『영토해양연구』4, 동북아역사재단, 2012 겨울.

윤재환, 「약천 남구만이 바라본 안용복의 의미」, 『동방한문학』69집, 동방한문학회. 2016.

윤한곤, 「미군의 독도폭격과 독도영유권」, 『독도특수연구』, 법서출판사, 2001.

이규석, 「독도의용수비대」, 『동아일보』, 1983.7.9.

이규철, 「약천 남구만의 북변 상소와 폐사군 · 후주진 설치 논의」, 『한국인물사연구』26, 한국인물사연구회, 2016.

이기봉, 『우산도는 왜 독도인가?』, 소수출판사, 2020.

이기석, 「한국산악회의 1952년 '울릉도 · 독도 학술조사단 파견계획서」, 『영토해양연구』14, 동북아역사재단, 2017.

이상균, 『19세기 일본 지도에 독도는 없다』, 북스타, 2016.

이상태, 『(사료가 증명하는) 우리땅 독도』, 경세원, 2007.

이성환, 「태정관과 '태정관지령'은 무엇인가?」, 『독도연구』20, 영남대 독도연구소, 2016.6.

_____, 「일본의 태정관지령과 독도편입에 대한 법제사적 검토」, 『국제법학회논총』, 제62권제3호, 2017.9.

이예균 · 김성호, 『일본은 죽어도 모르는 독도 이야기 88』, 예나루, 2005.

_____, 「독도의용수비대의 활동사항과 의의」, 『독도의용수비대의 역사적 의의와 국토수호 정신 계승』, 독도의용수비대기념사업회 설립기념 학술회의 발표자료집, 2009.11.

이용원, 『독도의용수비대: 독도를 지켜낸 영웅 33명의 활동상』, 범우, 2015.

이 익 · 최석기 옮김, 『성호사설』, 한길사, 1999.

이진명, 『독도, 지리상의 재발견』, 삼인, 2005.

이진호, 『독도 영유권 분쟁: 과거 현재 그리고 미래』, 한국학술정보, 2011.

이종학, 「독도박물관 보도자료」, 2001.12.20.

이태우, 「독도문제와 관련한 '스기하라(杉原隆) 보고서' 재검토」, 『독도연구』13, 영남대 독도연구소, 2013.6.

_____, 「1948년 독도폭격사건의 경과와 발생배경」, 『독도연구』20, 영남대 독도연구소, 2016.6.

_____, 「근세 일본의 사료에 나타난 울릉도 · 독도의 지리적 인식」, 『독도연구』22, 영남대 독도연구소, 2017.6.

_____ 외 3인 편역, 『해방이후 울릉도 · 독도 조사 및 사건 관련 자료해제 I 』, 학진출판사, 2017.

_____ 외 2인 편역, 『해방 후 울릉도 · 독도 조사 및 사건관련 자료해제 II』, 선인, 2022.

_____, 「근대 일본 관찬사료에 나타난 울릉도 · 독도 인식 검토」 - 『조선국 교제 시말 내탐서』, 『죽도고증』, 『태정관지령』을 중심으로 - 」, 『독도연구』24, 영남대 독도연구소, 2018.6,

_____, 1905 '독도편입' 전후 일본 사료에 나타난 울릉도 · 독도의 지리적 인식, 『독도연구』26, 영남대 독도연구소,, 2019.6.

_____ 외 3인 편, 『울릉도 · 독도로 건너간 거문도 · 초도 사람들: 거문도 · 초도 사람들의 울릉도 · 독도 관련 구술증언 자료집』, 영남대 독도연구소 자료총서9, 선인, 2019.

_____, 「1696년 안용복 · 뇌헌 일행의 도일과 의승수군에 관한 해석학적 연구」, 『독도연구』28, 영남대 독도연구소, 2020.6.

_____ · 최재목 · 김도은, 「독도 관련 고지도의 현황과 특징 분석 - 영남대 소장 고지도를 중심으로 - 」, 『독도연구』29, 영남대 독도연구소, 2020.12.

_____, 「거문도 · 초도 사람들의 울릉도 · 독도 도항과 영속적 경영: 지역민들의 구술증언을 중심으로」, 『독도연구』30, 영남대 독도연구소, 2021.6.

_____, 「독도의용수비대 활동의 주민생활사적 의미: 제주해녀의 '구술증언'을 중심으로」, 『독도연구』32, 영남대 독도연구소, 2022.6.

_____, 「신문 · 잡지 · 문서를 통해 본 1947년 조선산악회 울릉도 · 독도 학술조사단의 활동과 의의」, 『영남학』82, 경북대 영남문화연구원, 2022.9.30.

장석주, 「홍순칠」, 『이 사람을 보라』, 해냄출판사, 2000.

장순순, 「1696년 안용복의 도일과 「元祿九丙子年朝鮮舟着岸一卷之覺書」」, 『한일관계사연구』49, 2014. 12.

_____, 「17세기 조일관계와 '鬱陵島爭界'」,『역사와 경계』Vol. 84, 부산경남사학회. 2012.

정병준,『독도 1947: 전후 독도문제와 한·미·일 관계』, 돌베개, 2010.

정약용,『다산시문집』제4권, 시(詩), 민족문화추진회 편, 1982.

정영미,「『죽도고증』의 「마쓰시마 개척원」과 아마기함의 울릉도 조사」,『한일관계사연구』43, 2012.

_____, 「독도영유권 관련 자료로서의 「죽도고증(竹島考證)」의 역할과 한계」,『독도연구』17, 영남대독도연구소, 2014. 12.

정태만,「태정관지령 이전 일본의 독도 인식」,『사학지』45, 단국사학회, 2012.

_____, 「조선국교제시말내탐서』 및 『태정관지령』과 독도,『독도연구』17, 영남대 독도연구소, 2014. 12.

정태상,「안용복 2차 도일 당시 순천승 뇌헌의 역할」,『세계역사와 문화연구』54집. 한국세계문화사학회, 2020. 4.

_____, 「거문도인의 독도 조업 - 김윤삼·박운학의 증언을 중심으로 - 」,『독도연구』27, 영남대 독도연구소, 2019. 12.

_____, 『독도문제의 진실』, 만권당, 2020.

조선산악회,「위원 피선 및 제22회 위원회 소집 통지의 건」, 1947. 5. 12.

_____, 「1947년 8월 울릉도학술조사」, 1947. 8.

조성훈,「1954년 밴 플리트 사절단보고서와 미국의 독도인식」,『동양학』제46집, 단국대교 동양학연구원, 2009. 8.

조춘정,「독도폭격사건의 진상」,『민성』제4권 제7-8호, 1948. 8.

주강현,「제3장 구술자료: 선주민의 구술」,『울릉도 개척사에 관한 연구 - 개척사 관련 기초자료 수집 - 』, 한국해양수산개발원, 2009.

진　옥 편,『호국의 성지 흥국사』, 우리출판사, 2003(개정판).

초도향토사편집위원회,『초도향토사』, 2020.

최규장,「독도수비대비사」,『독도』, 대한공론사, 1965.

최영성,『조선의 밀사 안용복』, 도서출판문사철, 2019.

최장근,『일본의 독도 영유권 조작의 계보: 독도영토 부정과 '죽도' 신영토론 조작』, 제이앤씨, 2011.

한국산악회 편,「울릉도 독도 학술조사대」,『한국산악회50년사』, 한국산악회, 1996.

_____, 「울릉도·독도 학술조사단 출발에 제(際)하여」,『박병주 교수 기증자료』, 국회도서관, 2008.

한규호,「참극의 독도(현지레포-트)」,『신천지』7월호(통권27호), 1948.

한석근,「아버지의 독도지키기」,『울산매일』, 2013. 3. 5.

_____, 「독도와 울산의 해녀사」,『향토사보』, 27집, 울산향토사연구회, 2016.

한철호,「일본 수로부 간행의 수로지와 해도에 나타난 독도」,『독도연구』17, 영남대 독도연구소, 2014. 12.

허영란, 「1905년 '각의결정문 및' 시마네 현 고시 제40호'와 독도 편입」, 『독도연구』 17, 영남 대 독도연구소, 2014.12.

홍성근, 「다시 쓰는 독도폭격사건」, 『외대』 제46호, 2000.7.20.

_____, 「독도폭격사건의 국제법적 쟁점 분석」, 『독도 연구총서』 10, 독도연구보전협회, 2003.

_____, 「청소년 독도 교육과 독도의용수비대 기념사업회의 역할」, 『독도영유권 수호를 위한 애국심 함양 방안』, 독도의용수비대 기념사업회, 2010.

_____, 「라포르트의 울릉도 조사보고서와 1899년 울릉도 현황」, 『영토해양연구』 6, 2013.12.

_____, 「평화선 선언과 독도 폭격 연습지 지정에 대한 법·정책적 이해」, 『독도연구』 18, 영남대 독도연구소, 2015.6.

_____, 「1948년 독도폭격사건의 인명 및 선박 피해 현황」, 『영토해양연구』 19, 2020.

_____, 『광복 후 독도와 언론보도 I : 1948년 독도폭격사건』, 동북아역사재단, 2020.

_____, 『광복 후 독도와 언론보도 II : 1945~1954년의 독도』, 동북아역사재단, 2021.

_____, 「1947년 조선산악회의 울릉도학술조사대 파견 경위와 과도정부의 역할」, 『영토해 양연구』 23, 2022.6.

홍순칠, 「독도의용수비대」, 『무명용사의 훈장』, 신원문화사, 1985.

_____, 「전 재산과 온 몸 바쳐 독도 지켰다」, 『신동아』, 1994.4.

_____, 『이땅이 뉘 땅인데!: 독도의용수비대 홍순칠 대장수기』, 혜안, 1997.

홍종인, 「울릉도 학술조사대 보고기(1)」, 『한성일보』, 1947.9.21.

황용섭, 『야마자 엔지로와 일본의 독도침탈』, 경인문화사, 2020.

황정환·여세주·김호동·윤국진, 『독도 어로 및 생활에 대한 역사적 고찰』, 대구경북연 구원, 2012.

해녀박물관 편, 「김공자 해녀 증언」, 『제주해녀의 재조명4』, 해녀박물관, 2011.

제2기 시마네현 죽도문제연구회, 『제2기 「竹島문제에 관한 조사연구」 최종보고서』(번역 본), 2012년 3월.

스기하라 다카시, 「에도시대부터 쇼와시대에 걸쳐 다케시마와 관련된 오키인들의 발자취」, 『제2기 「竹島문제에 관한 조사연구」 최종보고서』(번역본), 제2기 시마네현 죽도 문제연구회, 2012년 3월.

나카쓰카 아키라, 성해준 역, 『근대일본의 조선인식』, 청어람미디어, 2005.

모리스 가즈오, 김수희 역, 『하치에몽과 죽도도해금지령』, 지성인, 2016.

스튜어트 케이, 김하양 역, 「해양법의 발전에서 평화선이 지니는 의의」, 『영토해양연구』 Vol.4, 동북아역사재단, 2012 겨울.

토마스 쿤, 김명자·홍성욱 옮김, 『과학혁명의 구조』, 까치, 2014(제4판 3쇄).

Lovmo, M. S., "Further Investigation into The June 8, 1948 Bombing of Tokdo Island", *International Journal of Korean Histoy,* vol.4, Aug. 2003.

W. 딜타이, 손승남 옮김, 『해석학의 탄생』, 지식을 만드는 지식, 2008.

W. 딜타이, 이한우 옮김, 『체험 · 표현 · 이해』, 책세상, 2009.

신문 · 기타자료

『경북매일』, 「독도영유권 자료조사 나선 日 "넋 놓고 있다 당할라"우려」, 2014.8.1.
『경향신문』, 「정체모를 비행기 울릉도어선 폭격」, 1948.6.12.
『공업신문』, 「독도의 국적은 조선, 입증할 엄연한 증거자료 보관」, 1947.10.15.
『대구시보』, 「왜적 일인의 얼빠진 수작 – 울릉도 근해의 작은 섬들」, 1947.6.20.
『대구일보』, 「1948년 미공군 폭격연습 표적 "어민 150여명 무고한 희생"」, 2015.2.6.
『독립신문』, 「울릉도 소요」, 1899.9.13.
『독립신문』, 「울릉도 사건」, 1899.9.27.
『독립신문』, 「울릉도 보고」, 1899.10.25.
『동아일보』, 「독도문제 중대화」, 1947.8.3.
『동아일보』, 「독도조사단 9일 보고회 개최」, 1952.10.8.
『동아일보』, 「소속불명의 비기(飛機) 어선을 폭격 소사(掃射)」, 1948.6.12.
『동아일보』, 「우리의 국토 추(秋) 일본과장담(談)」, 1947.8.3.
『동아일보』, 「판도에 야욕의 촉수 못버리는 일인의 침략성」, 1947.7.23.
『동아일보』, 「울릉도 방면(6) 절벽마다 산림 울창한 완연한 洋上 仙境」, 1928.9.6.
『동아일보』, 「울릉도 방면(7), 옛화전 낡은터에 풍작 전하는 결천지」, 1928.9.7.
『동아일보』, 「눈 속에 묻힌 哀話 ④ 우산국의 옛자취」, 1934.2.24.
『민국일보』, 「독도는 옛날부터 우리 땅 – 9순 노옹의 증언」, 1962.3.20.
『수산경제신문』, 「전민족은 감시, 진상 밝혀라! 독도사건」, 1948.7.8.
『조선일보』, 「국적불명의 비기(飛機)가 투탄 기총소사, 독도서 어선파괴, 16명이 즉사」,
　　　1948.6.11.
『조선일보』, 「독도사건 배상책 강구. 책임 비행사, 군법회의 회부」, 1948.7.8.
『조선일보』, 「바다의 개척자」, 1963.8.11.
『연합뉴스』, 「日정부 '독도영유권' 주장 자료 조사」, 2014.7.13.
『황성신문』, 「울도일인(鬱島日人)」, 1899.9.16.
『황성신문』, 「일인철귀(日人撤歸)」, 1899.9.23.
『황성신문』, 「울릉도사황(鬱陵島事況)」, 1899.9.23.
『황성신문』, 「울릉도 시찰 보고서」, 1902.4.29.
『황성신문』, 「논설 – 논울도보고사건」, 1902.5.1.
『TV조선』, 「日 정부, 독도 영유권 증언 · 자료 수집」 2014.7.14.
『MBN』, 「일본, '독도 영유권' 자료 조사」, 2014.7.14.
일본외무성, 「竹島 – 다케시마 문제를 이해하기 위한 10가지 포인트」

찾아보기

130, 147, 148, 156, 164, 165, 166, 169,
171, 172, 178, 189, 190, 191, 193, 211,
250, 267, 268, 301, 315
물골 226, 233, 235, 236, 237
미군정 164, 166, 200, 201, 203, 204, 212,
220, 231
미극동위원회 168
미역 49, 50, 52, 53, 55, 56, 57, 59, 60, 61,
63, 69, 71, 72, 75, 77, 78, 82, 83, 86, 174,
197, 198, 199, 220, 227, 229, 230, 231,
232, 233, 234, 235, 236, 237, 269, 270,
271, 310
민국일보 51, 52, 71

(ㅂ)

박어둔 14, 46, 248, 249
박운학 46, 51, 52
박은식 293, 294, 295
배계주 297, 298

(ㅅ)

산목(算木) 31, 33
삼봉도 163, 188
샌프란시스코 평화조약 163, 168, 260
서울신문 179, 180, 182, 192
석주명 182, 186, 187, 188
선박 21, 42, 44, 48, 49, 50, 51, 53, 64, 65,
67, 70, 86, 87, 127, 139, 148, 202, 204,
206, 248, 249, 251, 252, 254, 261, 270,
271, 272, 273, 277, 278, 279, 280, 310
선입견 15
세종 92
세종실록지리지 92
손정현 293, 294, 295, 296, 297, 299, 300,

302
송도 35, 69, 89, 90, 91, 100, 102, 106, 107,
109, 110, 115, 116, 117, 118, 123, 125,
126, 127, 128, 130, 131, 133, 134, 135,
136, 139, 140, 146, 147, 148, 149, 150,
155, 160, 246, 252, 312
송도개척원 118, 123, 125
송석하 169, 182, 186, 187, 188, 190
쇄환정책 70, 87, 98, 122
수로부 140, 155, 254
수로지 70, 138, 139, 140, 141, 142, 143,
144, 146, 155, 159
수산경제신문 182, 183, 192, 204, 274, 280
수토사 35, 70, 87
숙종 14, 17, 22, 30, 35, 47, 106
숙종실록 14, 17, 47
순천승 14, 17, 47, 309
술비소리 45, 52, 53
스기하라 다카시(杉原隆) 243, 245, 246,
247, 248, 250, 251, 253, 254, 255, 256,
257, 259, 260, 262, 263, 264, 316
승담(勝淡) 17, 47
시마네현 89, 123, 125, 126, 129, 130, 131,
138, 144, 145, 146, 150, 155, 156, 158,
159, 208, 209, 225, 243, 252, 253, 254,
255, 256, 258, 261, 316
신문 43, 50, 51, 69, 151, 164, 165, 166, 171,
172, 178, 179, 180, 181, 182, 183, 185,
187, 190, 191, 192, 198, 200, 218, 231,
233, 235, 280, 302
신석호 168, 169, 187, 188
신증동국여지승람 92
신천지 187, 188, 193, 202
실질적 지배 217, 219, 228, 241, 310, 316

저자약력

이태우

영남대 독도연구소 연구교수
(전)대구가톨릭대 학술연구교수
(전)영남대 인문과학연구소 연구교수
(전)한국근대사상연구단 연구교수
(전)20세기 민중생활사연구단 연구교수

저서: 『해방후 울릉도·독도 조사 및 사건 관련 자료해제 Ⅱ』(2022)
　　　『독도영유권 확립을 위한 연구 ⅩⅡ』(2021)
　　　『울릉도·독도로 건너간 거문도·초도 사람들』(2019)
　　　『일제강점기 한국철학』(2018)
　　　『해방후 울릉도·독도 조사 및 사건 관련 자료해제 Ⅰ』(2017) 외 다수

논문: 「1947년 조선산악회 울릉도·독도 학술조사단의 독도조사활동과 성과」(2023)
　　　「독도의용수비대 활동의 주민생활사적 의미」(2022)
　　　「거문도·초도 사람들의 울릉도·독도 도항과 영속적 경영」(2021)
　　　「1696년 안용복 뇌헌 일행의 도일과 의승수군에 관한 해석학적 연구」(2020)
　　　「1948 독도폭격 사건의 경과와 발생배경」(2016) 외 다수

이메일: twlee62@ynu.ac.kr

영남대학교 독도연구소 독도연구총서 **29**

방법·사료·언론기사로 확인하는
독도영토주권의 재인식

초판1쇄 인쇄 2023년 08월 05일
초판1쇄 발행 2023년 08월 15일

저　자 이태우

발행인 윤석현
발행처 박문사
등　록 제2009-11호
전　화 (02)992-3253(대)
전　송 (02)991-1285
주　소 서울시 도봉구 우이천로 353

책임편집 최인노
전자우편 bakmunsa@daum.net

ⓒ 영남대학교 독도연구소 2023 Printed in KOREA

ISBN　979-11-92365-39-8　93340　　　　　　　　　　**정가** 30,000원